哈尔滨工程大学精品教材出版资助

U0868812

保密概论

主　编　郎大鹏　刘泽超　刘　爽　李思照

哈爾濱工程大學出版社
Harbin Engineering University Press

内容简介

本书从保密技术和保密法律法规两条线展开介绍，按照纵向时间线对国内外相关领域进行论述，通过大量史实和案例，结合不同国家的文化背景，对保密工作和保密制度制定进行详细介绍。

本书内容涵盖了保密技术的发展评述及保密领域法律法规的现状介绍，可作为保密、计算机等专业的教材，也可供从事保密技术、保密管理岗位的工作人员和相关专业的高校师生参考。

图书在版编目(CIP)数据

保密概论/郎大鹏等主编. —哈尔滨：哈尔滨工程大学出版社，2024.3

ISBN 978-7-5661-4291-7

Ⅰ.①保… Ⅱ.①郎… Ⅲ.①保密-工作-中国
Ⅳ.①D631.3

中国国家版本馆 CIP 数据核字(2024)第 067789 号

保密概论

BAOMI GAILUN

选题策划 刘凯元
责任编辑 王丽华
封面设计 李海波

出版发行 哈尔滨工程大学出版社
社　　址 哈尔滨市南岗区南通大街 145 号
邮政编码 150001
发行电话 0451-82519328
传　　真 0451-82519699
经　　销 新华书店
印　　刷 哈尔滨市海德利商务印刷有限公司
开　　本 787 mm×1 092 mm　1/16
印　　张 13
字　　数 324 千字
版　　次 2024 年 3 月第 1 版
印　　次 2024 年 3 月第 1 次印刷
书　　号 ISBN 978-7-5661-4291-7
定　　价 60.00 元

http://www.hrbeupress.com

E-mail:heupress@hrbeu.edu.cn

前　言

中华民族在五千年的历史长河中经历了无数的历练与考验，从自然灾害到外来入侵，从政治动荡到经济困境，每一次挑战都被中华儿女坚定的意志和团结的力量所战胜。我们的祖先留下了无数智慧和经验，建立了伟大的文明和制度，无不证明了中华文明强大的生命力。透过历史，我们能够了解先人的奋斗与牺牲，感受历史的沧桑与变迁；透过历史，我们学会珍惜和平，避免重蹈覆辙；透过历史，我们汲取智慧，培养批判思维，塑造自己的价值观和人生观。

本书结合我国源远流长的历史，调研了各主要时期的军事、政治、文化和社会发展情况，以保密工作为切入点，调研了各个时期的保密手段和保密技术，回顾和记录了保密工作中的重大历史事件，总结了保密规章制度的发展特点。通过结合美国、德国、日本等国家的保密管理制度和技术发展史，对各国保密法律法规的建设进行了比较和分析。本书编写的初衷在于总结和记录保密工作的经验和教训，为今后的保密工作提供参考和借鉴。通过回顾历史，我们可以了解保密工作的起源、发展和演变的过程，了解保密工作在各个时期的重要作用和面临的挑战，以帮助我们更好地认识保密工作的重要性，提高保密意识和能力。同时，本书也可以加强对保密工作的宣传，提高公众的保密意识和对保密的理解。希望本书的出版能够促进保密工作的发展和完善，对信息安全和国家利益起到保护作用。

本书编写的具体分工：郎大鹏负责编写第 3 章外国保密工作及保密技术发展；刘泽超负责编写第 4 章保密技术发展史、第 5 章涉密信息系统分级保护制度的发展和应用；刘爽和李思照共同负责编写第 1 章中国古代保密工作及制度，第 2 章中国近现代保密工作、法律及制度，以及第 4 章中档案保密部分的相关内容。

在本书的编写过程中，特别要感谢几位同学，他们利用课余时间为本书补充了许多有益的资料和案例。他们是：针对中国古代、近现代时期的社会发展和政治文化特点，对保密工作中涉及的法律及制度进行了汇总和总结的陈骏豪同学；从国内外保密工作比较的角度，收集了大量国内外保密技术发展的论文和资料，使相关章节的内容有更高的可靠性，同时也更加翔实的叶笑君同学；查阅大量论文和资料，对我国分级保护领域的相关要求、规章制度进行了收集和汇总，内容涵盖了主要的制度要求和行业实施规范的乔天同学。另外，本书中涉及大量史实和资料，在此对相关文献作者一并表示感谢。

由于编者水平有限，书内难免挂一漏万，欢迎各位读者批评指正。

最后，祝愿祖国繁荣昌盛，祝愿所有读者学有所成。

编　者

2024 年 1 月

目　　录

第1章 中国古代保密工作及制度

中国是一个有着悠久保密传统的国家。早在先秦文献中,对保密的重要性即有明训,如《周易·系辞上》曰:“君不密则失臣,臣不密则失身,机事不密则害成。是以君子慎密而不出也。”在法制上,汉律有“漏泄禁中语”罪,唐律有“漏泄大事”罪,明清律有“漏泄军情大事”罪,情节严重者均处死刑。清朝皇帝将机密性(“密”)作为施政三大信条之一(另外两个信条为“勤”与“速”),并以此自许;雍正时期形成的奏折制度更以其保密措施之完备著称于世。但自清末以来,这一传统就不断受到批评。

近年来,类似的批评文章更是不胜枚举。但据历史记载,这一看法有失全面,也稍显简单化。中国古人不但对保密的重要性有充分的认识,而且对于保密的弊端也不乏深刻的见解,有识之士还提出了保密应当适度的主张,并在一定程度上付诸实践。本书在前人研究的基础上,对中国古代的有关情况进行考察,希望可以揭示中国古代保密文化的更多面相,增进人们对传统文化与保密工作的理解。

在中国古代保密领域,大多学者偏重于唐宋时期抑或是秦汉时期的保密工作制度;而全面介绍中国古代保密制度发展的相关期刊或作品相对较少,尤其是关于古代战乱时期的保密工作制度,因历史战争抢夺等事件留存至今的一手史料少之又少,所以当时具体的保密制度难以考察。本书通过对相邻时代的保密制度进行推导,给出了一个基于时间线的从上古时代到晚清时期的保密工作制度的发展历程,并在最后通过对不同时代的保密制度进行纵向对比,对中国古代保密工作及制度做了进一步讨论。

1.1 先秦时期保密制度

保密工作在我国有着漫长的历史。自原始氏族社会后期出现氏族部落组织以后,实际上即有保密萌芽;奴隶社会正式产生阶级,亦即随之正式产生了保密工作;到了封建社会,尤其是中央集权制之后,窃密与保密斗争十分激烈,于是逐渐形成我国封建社会较完备的保密工作。保密是一项政治性、服务性很强的机要工作,属于秘书工作范畴,统治者总是将其置于十分重要的地位。

1.1.1 上古时期保密史

原始公社制氏族社会末期,存在各氏族部落组织,部落组织彼此之间经常为争夺领地而频繁发生战争。战争双方都要探听对方虚实,了解敌情,制定对策,这就有了保密工作。

有个关于黄帝与蚩尤的传说。黄帝预先获悉南方苗族首领蚩尤带领部族来犯的信息,秘密训练好一猛兽准备让它打头阵,这一计策对本部落也十分保密,以防蚩尤部落知道。当蚩尤果真来犯时,黄帝率部族事先埋伏于树林中,当暗号发出,猛兽直扑对方族队,狂吼乱咬,黄帝率队乘势冲杀,杀死凶猛的蚩尤并大获全胜。

公文的保密管理制度,最早体现在对公文的收藏和保管上,从古到今都有比较具体的制度与规定。

夏朝是奴隶制社会,存在奴隶主和奴隶两大阶级和国家政权。统治者将保密工作提到维护和巩固统治秩序的重要位置。他们确定专门人员——史官,掌管国政一切机要及王之言行记录,王命起草、抄写、发布、传达和下属进谏,以及图籍秘文(即文书档案、图书,下同)的整理、存贮诸事项。掌管一切机要的史官,都是贵族子弟及其亲属,实行世袭制,为王侯所信赖。

据史书记载,夏朝太史令负责将国家的“图法”(即国家的重要典志、档案)进行“宫藏”,设立了守藏史一职,专门负责收藏、保管政府公文和典册,并将甲骨公文收藏在有专人严加看管的王室宗庙之中,一般臣民不可进入。

所保管之图籍秘文,只能给王侯中极少数人阅读,其他人无权阅读。我国部分上古珍贵图籍得以流传下来,是与史官们的严格管理分不开的。从这里可以看出古代公文保密制度的雏形。

中国最早的间谍是个女子,名叫女艾。女艾原是一名能征惯战的女将军,她接受刺探敌人情报的特殊任务后,便乔装打扮来到想要篡夺王位寒浞的统治中心旧都,四处打探消息,了解各方面情报。女艾为夏王少康提供了许多宝贵的情报资料。后来少康一切准备就绪后便迅速出兵,一路势如破竹,攻克旧都,诛杀了寒浞,夺回王位,建都阳夏。

这是中国历史上最早有文字记载的间谍活动,而女艾则成为中国历史上第一位间谍。女艾的出现无疑将中国间谍的历史推进到公元前 21 世纪,远远地刷新了世界其他所有国家最早使用间谍的纪录。女艾不仅是中国历史上第一位间谍和第一位女间谍,而且也是世界上第一位间谍和第一位女间谍。

1.1.2 商周时期保密史

谍报侦察曰:“间谍”古时称为“细作”。历代帝君都高度重视“间谍”的作用,也会设置各类机构,培养间谍人才。在帝国的主要道路上,每隔一段距离就设立一个驿站,为往来于帝国首都和各地的使节提供服务。它“通远迩于一脉,继往来以无穷”。同时,驿站也充当了皇帝的耳目,为皇帝提供所在地的动向。

先秦时期情报传递手段十分原始,几乎没有任何技术装置,只能通过人力、畜力传递。为了向京都传递边境敌情,中国的西周王朝在全国修建了大量的烽火台,并派士兵日夜驻守。《史记·周本纪》载:“幽王为烽燧、大鼓,有寇则举烽火。”《墨子·号令》篇对烽燧解释说:“城上烽燧相望,昼则举烽,夜则举火……”当敌人侵犯边境的时候,烽火台上的哨兵立刻点燃烽火,向相邻的烽火台报警,这样一路传递下去,边境发生的情况很快就能传到京城。如图 1-1 所示为古代的报警系统烽燧。

由于文字的使用,情报传递过程中出现了加密技术。最早的加密方法是密写术(隐文术)。密写术是古代间谍传递情报较常用的手段。密写术实际上很简单,就是借助一些材料,让写在纸上的字迹消失,收到“白纸”之后再借助简单的东西让字迹再次出现。

图 1-1　古代的报警系统烽燧

上古时期的情报工作最具特色的是对情况认识的全面性及情报与决策的高度统一。上古时期没有“战略”这一名词，但战略的观念已经形成。

周武王在伐商之前，曾在孟津观兵，虽然发现诸侯都极其痛恨纣王的暴政，但因为其谋臣比干、箕子等人尚在，就放弃了伐纣的念头。周武王一面加紧练兵，一面派人去侦察殷商的动向。当得知殷商已是“谗恶进用、忠良远黜”，百姓不敢口出怨言时，周武王觉得殷纣众叛亲离、征伐纣王的时机已经成熟，便立即发兵渡过黄河。这实际上是一个精彩的战略形势分析，其中已经涉及人心向背等至关重要的战略情报因素。

1.1.3　春秋战国保密史

春秋时期，各国国君和卿大夫在文书上用玺印封缄以示慎重已成为惯例，以防止文书传递时泄密，并且在文书传递过程中已使用“封泥”的方法。所谓封泥，就是在传递前，将公文装入特制的匣子或布袋竹筒内，匣外面用绳捆绑，于绳子打结处或开口处，皆填入胶泥，盖上官印缄口。

最早明确君主应将保密作为一种统治手段的是法家代表人物韩非子。《韩非子·说难》中提出“事以密成，语以泄败”的观点。《韩非子·备内》中还提出多项保密措施。如“备内”，即要防备王后、后妃、太子及左右服侍之人。“独寝”，即防止说梦话时泄露机密。

《孙子兵法》中首倡“知己知彼，百战不殆”，《孙子兵法·用间篇》中专门提到使用间谍侦探敌情的重要性。相应地，对于我方军情则强调保密，不但不能让敌人知悉，对自己的士兵也要保密。《孙子兵法 · 九地篇》中说:“将军之事,静以幽,正以治。能愚士卒之耳目,使之无知。易其事,革其谋,使人无识。”意思是说,统帅军队这种事情,要沉着冷静、幽深莫测、严肃认真、有条不紊。能蒙蔽士卒的耳目,使他们对军事计划毫无所知,当改变任务、变更计划时,使他们不能识破。

春秋末期和战国初期,社会变革,一部分出身贫贱的人得到读书的机会,出现“士”,他们陆续充当了政府官吏,其中一部分人做机要秘书工作。战国时一些列国虽仍有史官,但新增加许多机要秘书官员,如秦国有尚书,魏国有主书,赵国有御书,楚国有左徒。他们在国君王侯身边辅佐机务。

情报投递中的保密是军事情报保密工作中的一个重要环节,譬如将情报写于丝绸或纸张上,然后搓成圆球用蜡裹住,藏在信使身上或信使将其吞入腹中传递,这种保密性传递方法一直沿用到清朝。春秋战国时期还出现了“火漆”等秘密通信方法。

1.2 秦汉三国两晋南北朝保密制度

1.2.1 秦朝的保密制度

秦朝以国家法律的形式实行保密制度,对于泄密之人有严格的刑罚,并规定专人传送公文,建立起一套相对完整的保密措施。而由于秦始皇确立了皇帝身份的至高无上性,秦朝初期的保密信息侧重于皇帝本人的行踪,包括居所、行为言论甚至死亡信息。在《史记 · 秦始皇本纪》中就有所记载:“(秦始皇)所居宫毋令人知……行所幸,有言其处者,罪死自是后莫知行之所在。”而对于君主言论的保密更甚。秦始皇曾因怀疑随行人员泄露了他说的话,下令将当时所有在场的人“皆杀之”。秦始皇画像如图 1-2 所示。

图 1-2 秦始皇画像

由于对信息保密的迫切需要,在这一时期,统治者建立了较为周全的保密制度来维护帝国的信息安全。其中最重要的是创建了周密的公文管理制度。在史料中,能够发现当时的统治者曾经通过颁布诏书、制度约束等多种方式,告诫各级官员要注重保密,并着重强调泄露秘密的后果。《史记 · 秦始皇本纪》记载,“制诏,三代无文,秦始有之”“天子之命为制,天子之令为诏”。秦朝还设立了专门负责公文起草、送呈、归档的机构,负责人被称为“尚书”。尚书机构的所在地戒备森严,有利于公文的安全与保密。不仅机构秩序森严,对出任尚书的官员也有保密要求:“国家旧法,选尚书郎,取年未五十者,使文笔真草,有才能、谨慎。”关于公文收发的程序,《行书律》规定:“行传书,受书,必书其起及搭配日月夙暮。”

为防止公文在传送过程中被私自拆阅,秦朝专职人员都要对公文进行一定的处理,以保证其机密性。这种传统可以追溯至春秋战国时期,各国国君和卿大夫在文书上用玺印封缄以示慎重,以防止文书传递时泄密。到秦朝时,将文书的保密处理称为“封”,如图 1-3 所示。

文书封缄的方式是:书写有文字的竹简或木牍被捆扎之后,在绳结处敷以特制的胶泥,再在胶泥上钤戳呈报人或部门的印章,可以防止文书在传递途中泄露,如图 1-4 所示。

图 1-3 现存封泥文物

图 1-4 封缄的文物实物

秦朝的保密制度以法律的形式予以规定,以刑法的手段强制执行和遵守,在一定程度上为后来保密史的发展奠定了基础。纵观历史,秦朝是一个无法定性的时期,学者众说纷纭、褒贬不一。但不可否认的是,秦朝对后来的社会发展做出了积极的贡献。

1.2.2 汉朝的保密制度

两汉王朝是我国历史上的一个重要时期。“独尊儒术”“丝绸之路”“汉文化圈形成”等都对后世产生了深远的影响。作为政治文化重要组成部分的保密文化,在这个时期也是值得关注的。

各种典籍中记载的故事及思想观念都体现出汉朝对于保密工作的高度关注,如《三略》《淮南子》。因为当时西汉武器精良,而匈奴人“兵刃朴钝,弓弩不利”,汉军在战场上常能以一对三甚至以一对五取胜,所以就有将军提出应谨慎保护汉朝的兵器制作技术。在政治方面,《史记》和《汉书》中记载了不少关于保密的典型事例。比如,地方的诸侯王东平王刘宇进京见皇帝的时候,请求皇帝赐予《太史公书》等典籍,但遭到拒绝,理由是《太史公书》有“汉兴之初谋臣奇策,天官灾异,地形扼塞”,故不可赐予诸侯。这样的记载还有很多,这些思想和故事无不体现出汉朝对于保密工作的高度重视。汉朝官文书制度记载如图 1-5 所示。

图 1-5　汉朝官文书制度记载

1. 保密事项的多样性

汉朝的保密事项涉及多个方面。其中最多的是与君主相关的信息。比如，君主行踪要保密，君主健康状况要保密，君主死亡的消息有时也会出于政治需要而保密，如汉高祖、汉安帝死后都经历了一段“秘不发丧”的时间。皇宫是皇帝生活起居的地方，有关事项也在保密之列。著名的孔光“不言温室树”就是这个意思。史载，孔光掌管机密十余年，放假回家，与亲戚聊天，不谈及朝省之事。有人问他：“皇帝居住的宫殿中有何树木？”孔光也装作没听见，答以它语。孔光经常向皇帝上奏，每次都将草稿销毁，孔光销毁奏稿的做法被流传下来，称为“焚草”。至于政治军事决策，包括官员选任、地方政务、经济决策等，自然更在保密之列。总体看来，汉朝保密事项种类丰富。如图 1-6 所示为《汉书》中的文字记载。

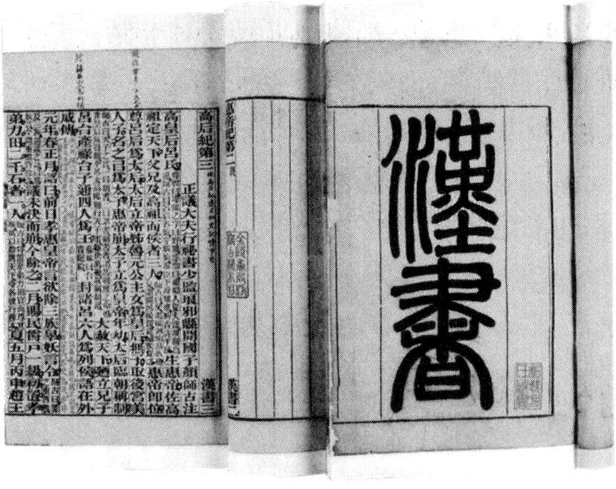

图 1-6　《汉书》中的文字记载

2. 保密措施及其处理

在强烈保密意识的指导下，汉朝采取了复杂多样的保密措施。有关泄密处理的记载，如汉武帝时，侍中严助与淮南王交私论议被弃市；汉宣帝时，太常苏昌“以秘书借霍山”被免官；汉成帝时，京兆尹齐宋登“漏泄省中语”后下狱自杀；等等。因泄露密事而家破人亡的比比皆是。违反保密纪律的人无论是三公九卿、皇帝侍从，还是地方守官以及王侯，都要受到严厉惩处。而处置方式则根据实际情况复杂多样。

3. 保密制度的社会影响和政治影响

一方面，这一时期的保密制度是适应当时高度集权的君主专制政治体制需要而产生的，带有浓烈的专制色彩。从各种史料的记载可以看出，汉朝保密制度的方方面面，基本都是围绕君主政治展开的，无一不是出于适应皇权专制的需要。另一方面，汉朝“罢黜百家，独尊儒术”，其保密观在一定程度上受到儒家思想的影响。从《汉书》的相关记载可以看出，汉朝皇帝通过一系列制度和措施，成功地将保密渲染为一种道德要求和做人准则，所谓“忠臣不显谏，大臣奏事不宜漏泄”“为尊者讳，为亲者讳，为贤者讳”“有善归主，有恶自与”，在这里融为一体。详言之，为什么要保密，其根本是出于维护君主权威的需要。大臣若泄露怎样为皇帝出谋划策，就有宣扬自己的功劳和智慧，甚至收买人心之嫌，不仅可能降低君主的威信，暴露君主的过错，还可能直接威胁君主的统治。保密不仅是臣子的一项义务和责任，还是对皇帝忠诚的表现。

汉朝作为短暂的秦朝之后出现的大一统王朝，承前启后，文化繁荣，与当时欧洲的罗马帝国并列为世界上最先进的文明及强大帝国，其保密制度和经验无论是从历史研究还是现实建设来说都有重要意义。

君主的安全和身体状况与王朝的稳定息息相关，而对于君王行踪的保密，是保证其居住与出行安全的重要措施之一。因此，出于政治需要，汉朝时就存在要求对君主行踪与健康状况予以保密的情况。如东汉元和元年，章帝巡狩之时，即“下诏沿途地方不得‘探知起居’，否则‘二千石当坐’”。要求所经之处，郡县不得探求皇帝行踪及日常生活作息情况，违者其长官当受处罚，以使君主居止情况不为外人所知，并在一定程度上保证其出行安全。对于君主身体情况，尤其是君主死亡之事，有时也需要暂时予以保密。竟宁元年，汉元帝身体不适，对于其具体情况，得以知情的仅皇后、太子、傅昭仪及定陶王等后宫人员，至于诸朝政官吏，仅有尚书史丹“以亲密臣得侍视疾”。可见在皇帝卧病之时，一般官吏是无探视知晓其具体病情的。至于皇帝突然驾崩之事，在皇位继承尚未定论之时，就更要严格保密以定后策。如汉高祖逝世之时，吕后就曾有过秘不发丧的考虑。《史记·高祖本纪》载：“四月甲辰，高祖崩长乐宫。四日不发丧。吕后与审食其谋曰：‘诸将与帝为编户民，今北面为臣，此常怏怏，今乃事少主，非尽族是，天下不安。’人或闻之，语郦将军。郦将军往见审食其，曰：‘吾闻帝已崩，四日不发丧，欲诛诸将。诚如此，天下危矣！陈平、灌婴将十万守荥阳，樊哙、周勃将二十万定燕、代，此闻帝崩，诸将皆诛，必连兵还乡以攻关中。大臣内叛，诸侯外反，亡可翘足而待也。’审食其入言之，乃以丁未发丧，大赦天下。”

汉高祖驾崩于长乐宫，时过四日吕后仍未发丧，其考虑在于诸将领与高祖本同为平民，而后向汉称臣，已常为不满，高祖逝世消息传出，将领转而侍奉少主，必定导致天下不安。后尚未诛杀诸将，便于丁未日发丧，其原因则在于各将领如若知晓吕后意图，必然联合军队进攻关中,最终导致汉朝的灭亡。由此看来,在政局尚未稳固的情况下,君主身体情况的保密及公开,对于王朝局势确能产生重大的影响。

同样,在东汉时期,也发生过类似的事件。东汉延光四年,“幸宛,帝不豫……幸叶,帝崩于乘舆,年三十二。秘不敢宣,所在上食、问起居如故。庚午,还宫。辛未夕,乃发丧。尊皇后为皇太后”。对于安帝在出巡途中病逝一事采取秘不发丧的态度,并做出安帝起居如常的假象,其目的在于维持政局稳定,保证朝政走向。安帝还宫后发丧,太后临朝,与其兄阎显定策禁中,立北乡侯刘懿为帝,刘懿在位数月即因病逝世,“车骑将军阎显及江京,与中常侍刘安、陈达等,白太后,秘不发丧,而更征立诸国王子,乃闭宫门,屯兵自守”。少帝在位时,阎显等人把持朝政,及至少帝逝世,对此事秘而不宣,并秘密计划更立诸国王子,以求继续掌握大权。

西汉时高祖逝世,时正处于汉朝统治初期,政局尚未稳定,将领人心浮动,吕后隐瞒此事,希冀可以在诸将领尚未发觉之际将其诛杀,使刘氏统治得以有效维续;而安帝之时,已属于东汉中后期,太后临朝与外戚干政导致政治腐败、局势混乱,对于安帝、少帝的突发性死亡事件予以保密,同时关闭宫门自守、秘密择立新帝,则是防止其他势力乘虚而入控制政权。也就是说,对皇帝死亡之事加以保密这一举动,通常是由当时的政治形势所决定的,是政局动荡情况下统治阶级经由形势判断后采取的维稳举措,故而这并非两汉常例,而且保密的时效性也较短。

汉朝皇宫的建筑设计,前为“朝”,是君主朝见群臣与商议政事之所;后为“寝”,为皇族生活起居之地。皇宫内部,又有“省中”之概念。谢彦明先生考察汉朝禁省范围,指出其有静态省中与动态省中之分。所谓静态省中,即包含“皇宫内太后、皇帝居所以及殿中”;动态省中,则指“凡皇帝日常行止活动之所皆设禁中”。也就是说,“省中”之范围实则以皇帝为中心,是君主及其家族居住区域及殿中议政之所。又《汉书 · 樊哙传》有汉高祖刘邦“尝病,恶见人,卧禁中,诏户者无得入群臣……独枕一宦者卧”的记载;《后汉书 · 和熹邓皇后纪》载邓皇后抱病在身,得和帝特许其亲族久居宫中陪视,仍劝谏和帝不应“使外舍久在内省”,可见在汉朝之时,“省中”是严格禁止群臣、外戚等非侍卫者擅自进入的。

既然“省中”为君主日常居住区域与商议要政之地,那么宫省事务及省中情况必然需要予以绝对保密。汉成帝时,近臣孔光执掌枢机、出入禁省,“沐日归休,兄弟妻子燕语,终不及朝省政事。或问光:‘温室省中树皆何木也?’光默不应,更答以它语,其不泄如是”。孔光休沐在家,与亲属谈话,不仅对朝省政事绝口不提,甚至对省中环境情况也予以保密,从其谨慎态度可见汉朝宫省事务保密要求的严格程度。

在汉朝行政保密体系中,重要决策保密的意义尤为重要,这关系着各项行动的成败和国家政局的走向,故而统治者对这类事项的保密情况更加重视并予以严格要求。其主要涉及以下层面:

1. 人事选任保密

人事选任决策属于朝政机要事务,是国家行政中重要而敏感的事项,与国家政局走向息息相关,这类决策的保密对于保障各项工作正常有序进行具有一定意义。尚在楚汉之争时,汉王刘邦采纳萧何的建议欲封韩信为大将,然这一具体人选未事先向诸将领透露,以至于“至拜大将,乃韩信也,一军皆惊”。东汉时期,朝廷曾采取了“选举皆归三司”的方案,由太尉、司空、司徒负责官吏选举事宜，其结果导致了宾客填集，送去迎来，财货无已。“其当迁者，竞相荐谒，各遣子弟，充塞道路，开长奸门，兴致浮伪”的现象，使得选举之风不正，难以有效选拔人才为国家所用。阳嘉二年郎顗应汉顺帝公车征召，上奏言事，其中一项即言“尚书职在机衡，宫禁严密私曲之意，羌不得通，偏党之恩，或无所用。选举之任，不如还在机密”，主张由执掌枢机、严禁私通的尚书来专掌选举，以保证官吏任用这一决策的保密性。事实上，以尚书选任官吏这一方案在西汉时就曾得到采用，《汉书・冯野王传》载武帝时“使尚书选弟中二千石”补御史大夫，结果以冯野王为第一。然西汉史料中这一记载仍属特例，及至东汉时期，置尚书令“掌凡选署及奏下尚书曹文书众事”，这既是尚书职权在东汉的新发展，也是人事选任事宜在保密要求上的进一步落实。而东汉后期所施行的以三司掌选举之法，致使政治腐败、选举混乱，则是从反面证明了人事选任保密对于王朝行政统治的重要意义。

由于史料记载的缺失，有关汉朝其他君主在位时期对于官吏选任保密的记录较少，但我们可以看到，汉朝之时，对妄谈朝廷官员选任的行为也是持否定态度的。汉元帝时，长安令杨兴与金马门待诏贾捐之合谋互相举荐一事中，贾捐之有言“捐之前言平恩侯可为将军，期思侯并可为诸曹，皆如言；又荐谒者满宣，立为冀州刺史；言中谒者不宜受事，宦者不宜入宗庙，立止”，标榜元帝对自己举荐人员的信任，意指由自己举荐，杨兴必得纳用。贾捐之后因“以上语，相风”等罪名被处以弃市之刑，这当中也有其妄言人事选任这一朝政重要事务的原因。

2. 政治行动保密

为了保证政治行动能够不折不扣地执行，需要减少其中不必要的环节以达到保密的效果。如东汉光武帝时，真定王刘扬造谶记惑乱民众，光武帝派遣耿纯持符节出使真定，同时密令耿纯“刘扬若见，因而收之”，最终成功诛杀刘扬及其兄弟；又桓帝延熹二年，召单超、左悺等人商讨诛杀梁氏，并要求将此事“密图之”，后得以悉杀梁冀及其宗室党羽。而相异于这两起事件的顺利进行，献帝时曾密诏车骑将军董承等人诛杀曹操，然而机密泄露，导致计划以失败告终，“曹操杀董承等，夷三族”。由此可见，此类重大政治行动保密的重要性是防止政治动荡、保证政局稳定的必然要求。除了上述诛杀重要人物这类重大政治行动外，在汉朝行政生活中，对一些日常行政事务也提出了保密性要求。在中央向地方下达行政任务时，为了保证任务顺利进行，汉宣帝曾向山阳太守张敞下达玺书，要求其“谨备盗贼，察往来过客”，并要求此事秘密进行；汉元帝时诏书令京兆尹王尊派遣吏卒捕人，也强调“诏书所捕宜密”。此外，地方长官处理日常事务，有时也存在保密需要。例如和帝时，蜀郡太守黄昌在抓捕诸县恶人之时，即先秘密逮捕强盗之一，令其具陈“诸县强暴之人姓名居处，乃分遣掩讨”，因此事隐秘不为外人所知，故而这些强盗暴徒在毫无准备的情况下被捕归案，“无有遗脱”。

3. 经济决策保密

经济是国家行政有效运行的物质基础，朝廷要求对各项经济决策，尤其是商业政策进行保密，在一定程度上可以防止有心之人投机取巧、从中谋私，并保障该项政策的顺利运行和国家经济的发展。汉武帝时，曾发生过“吾所为，贾人辄知，益居其物”的事情，怀疑有人告知商人即将实行的经济政策，以致他们事先囤积物资、破坏商业公平。事情经查是由御史大夫张汤在每次奏请时将情况泄露给其下属田信等人，待“居物致富，与汤分之”。其罪责无法补救，张汤最终被迫自杀。

汉朝重视文书保密工作，其表现之一就在于对文书主管人员的严格要求。根据史料记载，朝廷要员擅自传写、泄露秘书的行为要受到严厉处罚，汉宣帝地节年间，太常苏昌因“以秘书借霍山”罪至免官，与此同时尚书令霍山“坐写秘书”，霍光妻显为其上书求以城西宅第及一千匹马赎霍山擅自抄写秘书之罪，然而此事为宣帝所不许，加之随后霍氏谋反事发，霍山最终被迫自杀。苏昌以太常之职得以接触中央秘书，对这些重要信息加以保密是最基本的职责之一，然其以职位之便出借秘书，可以想见，为了做好中央重要公文的保密工作，对这类擅用职权的人，对其最基本的惩处必然是免除职务。同样，在地方官府中，日常行政公文也被要求严格保密，不可为无关人员所知，因此汉简中才会有“坐外吏窥府书，甚无状”等记载。除日常公文之外，对于有关行政或可能对汉朝政治生活产生不良影响的典籍也需要控制知晓范围。如汉成帝时，东平王刘宇“上疏求诸子及《太史公书》”，成帝加以拒绝，原因就在于诸子之书与《史记》的内容诸多，其中“诸子书或反经术，非圣人，或明鬼神，信物怪；《太史公书》有战国从横权谲之谋，汉兴之初谋臣奇策，天官灾异，地形扼塞”，这些事项如为诸侯王所知所用，可能将不利于君主统治秩序的稳定。

汉朝之时，存在一种特殊的上行官文书——封事，其最早记载见于西汉宣帝地节二年“令群臣得奏封事，以知下情”。宣帝之时，霍氏权重，霍山领尚书之职，一般奏议需要由霍山拆封检查并提出处理意见，其后又经中朝诸官等最终传达至君主手中，这一运作流程使得尚书等官得以知晓奏议内容、左右言路，甚至可能因臣僚所奏事宜不满而“屏而不奏”。而封事的出现，就是针对这一状况所采取的增强封事保密性的有效措施。王允亮先生在考察汉朝章奏的运行程序时曾指出，西汉之时，不仅尚书在奏议管理中具有重要的地位，其他官吏如御史大夫、中书谒者令也与奏议传达有着很大的关系。奏议运行所经环节、机构、人员众多，不适于机密文书的传递；而相较之下，在封事的传达中，王云庆先生将其主要方式归纳为通过公车司马令丞送呈奏章、假借他人传递封事、宴见奏封事、朝会奏封事、邮驿传递封事五种，其共同特点就在于“绕过尚书台的拆封和审阅处理”，只经过少数人员和机构直达皇帝，这既有效提高了传送速度和办事效率，同时也大大降低了章奏内容的泄露概率。

汉朝的侍从，并非这一时期的官职制度，而是一类群体概念，是对受到皇帝信任和赏识、侍奉皇帝左右的人员的泛称。杨允先生在分析汉朝文学侍从的社会性身份时指出，从实质性的职官身份上看，他们都有各自的官位职守。实际上这一结论也可适用于整个侍从群体，作为皇帝身边随侍及顾问应对之人，其对应的职位就集中于中朝之中。

根据《汉书》所载，中朝包括“大司马、前后左右将军、侍中、常侍、散骑、诸吏”，这一说法虽并不全面，但大致包含了当时中朝人员的范围。择其中几者，观其与天子间的关系，《通典·职官三》有载“御登楼，与散骑常侍扶，侍中居左，常侍居右。备切问近对，拾遗补缺”，可见侍中、常侍等部分中朝官员作为帝王近臣，具有陪伴君主左右、等待皇帝咨询的职能，他们在实际上确实充当着侍从的角色。

对于一般官员来说，为官谨密就已经成为其素质的评价标准之一，那么对于负责诸多机要事务的尚书来说，无疑有着更加严格的保密要求。在尚书的选任条件上，《曹操集·选举令》言“国家旧法，选尚书郎，取年未五十者，使文笔真草，有才能谨慎”，此处“旧法”就是东汉时期的法律,这条有关东汉选举之法的记载,对尚书的年龄、文才、品性等提出明确要求,其中之一即为"谨慎"。尚书作为内朝重要职官,其具体职责使得他们涉入了汉王朝多项机密事务、决策的议定,也成为执掌文书上呈下达工作的主要人员,其中所涉及的重要行政信息的泄露可能会对朝政大局产生影响,因而对于他们来说,谨慎周密的素质就成为为官必不可少的条件之一,而禁止私交、断绝宾客等规定也是进一步加强保密性的必要举措。

1.2.3 三国两晋南北朝的保密制度

三国两晋南北朝是古代中国进入封建社会后第一个长期分裂割据的历史时期,其间持续三百余年的混战,先后建立过几十个国家政权,各国之间的军事斗争异常尖锐,盗密与反盗密斗争也异常复杂。这其中,档案的安全关系到统治者的切身利益,为了政治斗争的需要,各国都十分重视保密工作,各国也不断加大档案保密工作的力度。

1. 起居注的保密制度

起居注是中国古代记录帝王言行的书面日志,也是修史的一手参考资料。起居注起源较早,明末清初著名思想家顾炎武在《日知录》卷之十八《记注》说:"古之人君,左史记事,右史记言,所以防过失而示后王。记注之职,其来尚矣。"大致从西汉武帝以来,历代都有这一官职。从南北朝时期开始,起居注就实行密为记注、不许皇帝查看的传统。但是,按照起居注保密制度,包括皇帝本人也无法对原始记录及时进行检查和审核,这也使得其中存在的错误与疏漏之处可能永远无法得到纠正。北魏史官柳虬曾对此提出异议,并建议起居注定期公布,然而并未被采纳。

与此同时,这一混战时期的统治者们一方面对己方的核心机密文件注意收集、整理、保管,如三国时期,魏蜀吴各自先后设置"东观"档案机构,并由专人主掌;另一方面对他国政权机密文件也极力探查搜索。

2. 盗密与反盗密斗争

乱世之中,统治者们都很清楚从敌国文件中可以了解大量机密,而这些机密往往决定着战争的发展。在战争期间,总是你抢我夺地搜查对方机密,战胜国又总是抢先搜查战败国机密档案。这一时期盗密主要靠内线,通过装扮成敌军的人,得到消息后再快马赶回通报消息。

3. 档案的毁损与保密工作的挑战

战争导致保留至今的档案极其稀少。三国前两汉之"天禄阁""石渠阁""兰台阁""东观阁"等所保存汉及汉以前一批珍贵档案图书遭毁。"及董卓移都之际,吏民扰乱,自雍辟、东观、兰台、石室、宣明、鸿都诸藏,典策文章,竞共剖散,其缣帛图书,大则连为帷盖,小乃制为縢囊。及王允所收而西者,载七十余乘,道路艰远,复弃其半矣。后长安之乱,一时焚荡,莫不泥尽焉"(见《文史通考》)。又南朝梁武帝太清三年发生之侯景叛乱,"烧东官台殿,所聚图籍数百橱,一皆灰烬"(《南史·侯景传》)。"惠、怀之乱,京华荡覆,渠阁文籍,靡有孑遗,齐末兵火延烧秘阁,经籍遗散,梁武帝克平侯景,收文德之书,及公私经籍归于江陵,凡七万余卷,周师入郢,成自焚之"(《隋书·经籍志》)。可见,大量密文图籍被散失、抢夺、焚毁,这既是对封建军国机要的毁坏,又是对中华古籍的摧残。

《三国志·魏书·文帝纪》载:“金策著令,藏之石室。”曹魏为防中央的重要档案散失,将其秘藏于石室之中。三国时期的档案保密工作的重视程度还属于正常,而到了魏晋南北朝时期,档案的记录工作略显荒唐。魏晋南北朝统治者有一个共同点,是利用文史资料大兴编书纂史之风,各自以“史”夸耀门面,妄图永远统治下去。所以,有所谓编国史的、纂家族史(谱牒)的,还有纂志修起居注的。其中有官编的,也有民纂的。他们对编纂人员利用文件史料提出的要求是:不得泄露朝廷机务,如有违者,将予惩处。

北魏太武帝拓跋焘命崔浩纂国史《魏书》,崔受命即组织一批人员协助编纂。在编纂过程中查用了朝廷许多密文记录,如实地反映了情况,披露了内部党羽夺权的罪恶事实,编成《魏书》初稿。结果,拓跋焘竟对崔浩以“国恶,罪名,夷了三族,崔浩一家及其亲戚以及协助编书之郎吏以下人员,共158人全遭诛戮”(见《魏书·崔浩传》)。

谱牒是适应世家大族式的需要而兴起的,在唐末五代,随着世家大族式家族组织的瓦解,谱牒也彻底衰绝了。

4. 保密事项的多样性

政治保密包括重大政治决策的保密、人事任免的保密、皇帝安全的保密等多个方面,这些方面都关乎着王朝政局的安全与稳定。

三公九卿制向更高级的三省六部制演进的过渡时期,为了适应战争的需要,原来一些正规职官或被撤销,或空有虚名,而一些临时性的“职务”反倒发挥了重要作用。这就造成这一时期职官设置的纷繁芜杂。尽管如此,这一时期职官制度的主流还是与秦汉一脉相承的。

官员的保密工作如不在私宅撰写文件,怕被家人知悉泄密;地方官的家属随任,不许进入签押房,即办公室,也不许轻易走出住宿所在的内衙。三国时魏文帝的黄门侍郎任嘏,凡住宿公府期间写家信,一律不封,以示绝不涉及公务。这些做法,皆是出于保密的考虑和需要。

这一时期的保密制度大体上与汉相似。在长期的混战背景下,保密工作的内容多与战争相关,集中在盗密与反盗密斗争,以及在历史档案记录上的保密工作。起居注保密制度在一定程度上保留了真实档案,遗憾的是在统治阶级内部倾夺混战中,作为我国古文化遗产之一的档案,受到了极大浩劫和毁损。

1.3 唐朝保密制度

1.3.1 唐朝的政治制度

中书与门下二省是唐朝的中枢部门,中书令“掌军国之政令”,侍中“掌出纳帝命”,二省长官相互配合,共同“佐天子而统大政”。尚书省则执行决策,“但听命受事而已”。朝廷机密在三省流转,如果内部官员不密,非常容易发生泄密事件。为了防止泄密事件的发生,三省长官不仅要保密,三省中下层官吏的保密工作更要做好。中下层官吏不仅数量庞大,而且人员驳杂。因此,对于三省中下层官员的选拔显得尤为重要。

显庆二年(657 年),刘祥道以铨综之术犹有所阙,乃上疏陈其得失。“其六曰:尚书省二十四司及门下中书都事、主书、主事等,比来选补,皆取旧任流外有刀笔之人。纵欲参用士流,皆以俦类为耻,前后相承,遂成故事。且掖省崇峻,王言秘密,尚书政本,人物攸归,而多用胥徒,恐未尽铨衡之理。”都事、主书、主事都是三省官员的重要组成部分,尚书省各司及门下、中书二省的主要官吏均选用流外之人,不利于中枢决策的保密。因此,在刘祥道看来,要改变这种现状就需要“望有厘革,稍清其选。”

三省之中,中书省尤重。永淳二年(683 年)七月以后,宰相议事之所——政事堂就位于中书省。“中书令之职,掌军国之政令,缉熙帝载,统和天人。入则告之,出则奉之,以厘万邦,以度百揆,盖佐天子而执大政也。”因此,对中书省官员的选任尤为重要。《全唐文》收录的《授秘书少监赐紫卢光启守中书舍人制》有言:“西省设官之重,实代吾言。故修禁之章,漏泄居其首而稽缓次之。受选者率用靖默专敏之士,然后为得。”显然,在西省最大的禁忌就是泄露机密。因此,唐朝选择机要部门人员的首选条件是“率用靖默专敏之士”,即沉静自守、能够保密而又思维敏捷之人。除了三省外,翰林院的地位也非常重要。“至德已后,天下用兵,军国多务,深谋密诏,皆从中出。”自贞元以后,“(翰林院)为学士承旨者,多至宰相”。不但如此,翰林院的地位还有超越宰相之势。“学士、院长参天子密议,次为宰相。”显然,在唐朝中后期,翰林院已经逐渐成为朝廷的中枢机构和机要部门。因此,翰林院的选人也尤为重要。元和初,“(钱徽)入拜左补阙,以祠部员外郎为翰林学士,三迁中书舍人,加承旨。宪宗尝独召徽,从容言它学士皆高选,宜预闻机密,广参决,帝称其长者”。钱徽认为学士都是用高标准选拔的官吏或者是科举考试中高榜者,都应该预闻及参决机密之事。不但如此,翰林院选人“尤择名士,翰林学士得充选者,文士为荣”。可见,在唐朝能够参与机密之事的人选,不仅是“靖默专敏之士”,而且是高素质人才,或是当时名士,或是高选之人。

唐朝的中枢机要部门不仅对官员的自身素质和品格要求严格,而且对官员之间的关系也有不成文的规定,即不允许亲属同居枢密之地。虽然没有明文规定,但是唐朝大臣对此却十分重视。高祖武德初年,温大有“从太宗击西河”“及破西河而还,复以本官摄大将军府记室,与兄大雅共掌机密。大有以昆季同在机务,意不自安,固请他职”。温大有与温大雅是直系血亲,兄弟二人同居机密之地,极易发生兄弟二人互通消息之事,于保密不利。因此,温大有固请任职枢密之外。虽然高祖并未同意温大有的请求,但“大有虽应命,然每退让,远避机权,僚列以此多之”。

不仅直系血亲不能同居机密之地,而且姻亲之间也禁止同时在机要部门任职。睿宗即位之后,徐坚“自刑部侍郎加银青光禄大夫,拜左散骑常侍,俄转黄门侍郎”。由于徐坚的妻子是侍中岑羲的妹妹,于是“坚以与羲近亲,固辞机密,乃转太子詹事。”

唐朝对亲属同居机密之地的限制是一个逐步发展的过程。唐高祖李渊对温大有兄弟共掌机密“不以为疑”,否决了温大有“固请他职”的请求。睿宗则对禁止近亲同居机密采取了默认的态度,同意了岑羲固辞机密的请求。而到了唐朝后期,则明确禁止亲属同居枢密之地。唐哀帝天佑二年(905 年)三月敕:“翰林学士、户部侍郎杨注是宰臣杨涉亲弟,兄既秉于枢衡,弟故难居宥密,可守本官,罢内职。”

中书、门下二省与翰林院都是朝廷的机要部门,在加强内部保密的同时,还需要防范外来的压力。皇亲国戚尤其是驸马,虽无实权,但地位特殊,往往会对机要部门的官员产生较大的影响。唐朝对此有明确的规定,“伏见国朝故事,驸马缘是亲密,不合与朝廷要官往来”。玄宗朝对于驸马与中枢要官往来“禁止尤切”。但在安史之乱之后,此项规定逐渐流于形式。于是在长庆元年(821 年)正月,翰林学士、司勋员外郎李德裕上书穆宗,指出“近日驸马多至宰相及要官宅,此辈无他才可以延接,唯是漏泄禁密、交通中外”。驸马与机密之官往来不利于中枢决策的保密,于是穆宗特别宣示驸马等“今后有事任至中书见宰臣,此外不得至宰臣及台省官私第”。

唐朝对居于翰林院的翰林学士也有严格的要求,即禁止学士与外班往来。唐昭宗铲除刘季述反正后,韩偓以翰林学士处机密。“初,偓侍宴,与京兆郑元规、威远使陈班并席,辞曰‘学士不与外班接’。主席者固请,乃坐。既元规、班至,终绝席。”韩偓身处翰林院枢密之地,而郑元规、陈班俱是中央朝廷之外的官员。

如图 1-7 所示为铜匭,是由武则天命人所造铜制的匣子,类似于检举箱、报冤盒,用来随时接纳天下表疏。

图 1-7　铜匭

1.3.2　唐朝的政治保密体系

1. 行政体系保密

“自古奸臣皆以货赂厚结左右及宫掖之内,是以动静先知,迎合上意。”由于皇帝身边之人很容易被心怀叵测之人所收买,不利于重大国事的保密。因此,皇帝遇有大事时,为了保密起见,往往与心腹之人商议或者发密诏行事。证圣中,武后欲杀薛怀义,“乃密诏太平公主择健妇缚之殿中,命建昌王武攸宁、将作大匠宗晋卿率壮士击杀之”。大历十二年(777 年),中书侍郎、同平章事元载专横不悛,“上欲诛之,恐左右漏泄,无可与言者,独与左金吾大将军吴凑谋之。凑,上之舅也”。

文宗即位,欲诛杀宦官王守澄等人,于是倚以宰相宋申锡,并“除王璠京兆尹,密谕帝旨”。可见,皇帝欲诛杀在宫中的重要人物时,为了做好保密工作,往往依靠的是身边的可信任之人,并且以密诏或者密谋的方式行事。武则天依靠的是自己的女儿太平公主,唐朝宗选择的是自己的舅舅吴凑,他们都是与自己有直接关系的可信赖的亲属,并且都取得了成功,诛杀了欲杀之人。而唐文宗选择的密谋之人是宰相宋申锡、京兆尹王璠,此二人并非与文宗有直接关系的亲属,所托非人导致行事不密。“璠漏言,而守澄党郑注得其谋”,从而导致除宦官计划的失败。行事不密往往会导致计划的失败,因此,唐朝的君主非常注意做好保密工作。唐宣宗密召学士韦澳谈论关于密访地方风俗物产之事,首先要做的就是“尽屏左右”,以防漏泄。另外,宫中大事除任用亲近之人外,君主还经常告诫臣下要注意做好保密工作。开元二年(714 年),唐玄宗“恐(崔澄)漏禁中语,以‘慎密’字亲署笏端”。天复后,崔胤“请尽诛中官,以宫人掌内司事。韩全诲等密知之,共于帝前求哀”。宫廷大事不密很容易引起动乱发生、政局不稳,于是昭宗“乃诏胤密事进囊封,勿更口奏”。自此以后,“宦官无由知其谋”。

当朝廷向地方下达重大决策时,出于保密目的的考虑,经常会以密诏的形式予以传达。乾元二年(759 年),“宋州刺史刘展有异志,诏拜展为淮南节度使,密诏峘与扬州长史邓景山图之。”光启二年(886 年)五月,朱玫拥立襄王僭越帝位。十二月,“朱玫爱将王行瑜受密诏,自凤州率众还长安”。如果密诏遇阻不能传达地方,为了保密往往将诏书置于蜡丸中派信任的人送达。大历二年(767 年),“帝诏郭子仪密图之(周智光)同、华路闭,诏书不能通,乃召子仪婿赵纵受口诏,书帛内蜜丸,遣家童走间道传诏”。代宗密发诏书令郭子仪讨伐周智光,由于道路被阻诏书不能通,就召见郭子仪身边的亲属赵纵,先授予口诏,然后将诏书藏于蜡丸内,并派自己信任之人传送诏书。需要特别指出的是,受口诏的是赵纵,并且赵纵在京未去传诏书,传达诏书的是赵纵的书童,而书童并不知口诏的内容。因此,即使书童被周智光的手下抓获也不能从书童的口中得知诏书的内容。可见,唐朝对诏书的相关保密工作做得十分周密。中央与地方军政大臣奏事涉及重大国事时亦经常以秘密的形式上达。“元轨每朝,数上疏陈得失,多所裨正,帝尊重之,有大事,常密驿咨逮。”“始为相时,帝欲事吐蕃,说密请讲和以休息鄣塞。”贞元十九年(803 年),“(上官)涚卒,它婿田偁胁涚子袭领其军,谋杀监军。(王)沛知其计,密告之,支党悉禽”。咸通九年(868 年)十一月,“庞勋以兵劫乌江,(崔)雍不能抗,遣人持牛酒劳之,密表其状”。可见,不管是在中央的李元轨、上官说,还是地方官崔雍、王沛,在遇到对外战争、内部叛乱等重大国事时,为了大事不漏泄都是以秘密的形式上书皇帝,以便行事。

唐朝大臣在殿中奏议之时也需要做好相关的保密工作。唐朝中后期,延英殿成为群臣面见皇帝商议军国大事的最主要场所,其他诸殿已经退居到比较次要的地位。关于延英召对的具体做法,据宋白《续通典》载:“唐制:内中有公事商量,即降宣头付合门开延英,合门翻宣申中书,并榜正衙门。如中书有公事敷奏,即宰臣入榜子,奏请开延英,只是宰臣赴对。”可见,延英召对只是皇帝与宰相商议军国大事的方式之一。

2. 人事任免保密

太子是一国储君,是皇位的未来继承人。对皇位继承的保密既有利于皇族内部的稳定,也有利于百官各司其职、安心效命,是封建王朝政局稳定以及政治长治久安的保证。虽然唐朝并未明确推行秘密建储制,但对册立太子方面的保密工作相当重视。自唐建立以来,册立太子一直是政治生活中的大事。皇帝在讨论太子人选时,只允许心腹重臣参与讨论。贞观十七年(643年)四月,“太子承乾废,帝欲立晋王,未决,坐两仪殿,群臣已罢,独留无忌、玄龄、勣言东宫事”。在参与立储的这三人中,长孙无忌和房玄龄是太宗皇帝夺取皇位的功臣,李勣是太宗朝平定东突厥的统军将领,三人都位列凌烟阁二十四功臣之中,都是太宗非常信赖的心腹重臣。这些重量级人物的参与,反映了做好立储保密工作的重要性。大臣参与太子册立之事往往以密奏的方式上达,这既是对册立之事的保密,也是对参与大臣的保护。一旦事泄,又不符合当权者的利益,可能会给参与者带来祸事。景云二年(711年),睿宗密召开府仪同三司韦安石论东宫事,“谓曰:‘闻朝廷倾心东宫,卿何不察也?’安石对曰:‘陛下何得亡国之言,此必太平之计。太子有大功于社稷,仁明孝友,天下所称,愿陛下无信谗言以致惑也。’睿宗矍然曰:‘朕知之矣,卿勿言也。’太平于帘中窃听之,乃构飞语,欲令鞫之,赖郭元振保护获免”。

正是由于讨论太子事不密被太平公主所窃听,从而给韦安石带来祸事。总之,立储之事的保密性,既会影响政治的稳定,又涉及官员自身的安危。正因如此,在唐朝不仅册立太子之事需要保密,而且事关太子的废黜更需要严格保密。贞观十七年(643年),唐太宗立晋王李治为太子。“帝又欲立吴王恪,无忌密争止之。”废立太子是朝廷大事,事关政局的稳定,即使是长孙无忌这样的朝廷重臣、皇亲贵胄亦需要以秘密的方式上达不同意见。如果废立太子之事行事不密很容易引起朝廷动乱。武德四年(621年),“时太宗功业日盛,高祖私许立为太子,建成密知之,乃与齐王元吉潜谋作乱”。唐高祖李渊在册立嫡长子李建成为太子后,因秦王李世民功勋卓越,欲废太子李建成,立李世民为太子。但由于保密不严被李建成得知,建成“潜谋作乱”,从而为以后的“玄武门之变”埋下了隐患。虽然事件的真伪有待考证,但这一事件从侧面反映了废立太子之事不密所带来的严重后果。册立太子之后,太子就是国家的储君,是皇位的未来继承人。但由于唐朝中后期朝廷政局并不稳定,宦官把持朝政,甚至掌握皇帝的废立。因此,当朝皇帝驾崩之前,会秘密授予心腹大臣诏书以“皇太子监国”的形式进行皇位过渡,以巩固太子的皇位继承权。“(开成)五年(840年)正月二日,文宗暴疾,宰相李珏、知枢密刘弘逸奉密旨,以皇太子监国。”宗朝一直致力于除掉宦官势力,从而与护军中尉仇士良等人矛盾尖锐。文宗暴疾之后,为了避开宦官耳目让太子成美顺利继位,就授予心腹大臣密诏,以达到保密的目的,从而促成太子继位的既成事实。由此可见,保密对于皇位继承的重要性。太子的册立与废黜以及传位的顺利完成,关乎国家的根本、政局的稳定。因此,相关保密措施的制定,可以有效防止宫闱之中、王孙贵胄之间为了抢夺帝位而骨肉相残事件的发生,从而巩固唐王朝的统治。

历朝历代的官员中,最位高权重者莫过于宰相,可谓“一人之下,万人之上”,对宰相的任免会直接关系到朝廷政局的稳定与否。因此,做好任免宰相方面的保密工作至关重要。唐朝皇帝对于任免宰相的保密工作十分重视。天宝十三年(754年)正月,“时安禄山入朝,玄宗将加宰相,命垍草诏。国忠谏曰:‘禄山不识文字,命之为相,恐四夷轻于唐。’玄宗乃止。及安禄山归范阳,诏高力士送于长乐陂。力士归,玄宗问曰:‘禄山喜乎?’力士对曰:‘禄山恨不得宰相,颇有言。’国忠遽曰:‘此张垍告之也。’玄宗不察国忠之诬,疑垍漏泄,大怒。黜垍为卢溪郡司马,兄均为建安郡司马,弟埱为宜春郡司马”。“上(唐宣宗)每命相左右无知者。壬辰前一日,令枢密宣旨以萧邺名付学士院。王归长覆奏邺所判度支应罢否,上以为漏泄,即手书户部侍郎崔慎由以易之。”

事实上,不但皇帝注重对除拜官员事的保密,唐朝其他大臣对此也同样重视。“(陆)元方在官清谨,再为宰相,则天将有迁除,每行以访之,必密封以进,未尝露其私恩。”每当武则天咨询除拜官员事时,宰相陆元方必定“密封以进”。这种做法既可以不显露他对升迁官员的私恩,又有利于任命官员事的保密。“宝历初,(李绛)入为尚书左仆射。宝历二年(826年)九月,昭义节度使刘悟卒,遗表请以子从谏嗣袭,将吏诣阙论请。绛密奏请速除近泽潞四面将帅一人,以充节度,令倍程赴镇,使从谏未及拒命,新使已到,所谓‘疾雷不及掩耳’。”安史之乱之后,地方节度使的势力不断扩大,成尾大不掉之势。因此,朝廷更换地方节度使更需要保密,以防止地方为乱。基于此,李绛便密奏更换昭义节度使,以达到“从谏未及拒命,新使已到”的局面,从而促使更换节度使事的顺利进行。

3. 皇帝安全方面保密

皇帝身边之人,如内臣、侍臣等都与皇帝的行踪保密直接相关,他们对皇帝每天的衣食住行都甚为了解。他们不仅是皇帝安全的直接威胁人,而且是最容易漏泄皇帝行踪动态之人,因此,对皇帝“身边之人”的选择尤为重要。在唐朝,对皇帝“身边之人”的首要要求就是有德行之人。“肃宗欲以李辅国为常侍”,遭到了苗晋卿的反对,“奏曰:‘常侍近密,非贤不可居,岂宜任等辈?’”此事遂罢。唐朝不但对皇帝身边的内臣的德行要求严格,对于侍臣亦是如此。唐宪宗“欲召(段)文昌为学士,(韦)贯之奏曰:‘文昌志尚不修,不可擢居近密。’”皇帝内侍不仅要有德行,而且必须是能保密之人。高力士正是由于“谨密善传诏令,为宫闱丞”。不但如此,唐朝大臣如果势力颇大,也不宜成为侍臣。开元初年(713年),王毛仲颇受玄宗信任,“毛仲请奏无不从”。但由于与掌握兵权的龙武将军葛福顺“相婚嫁”,吏部侍郎崔漪就认为王毛仲不宜为近密之臣。“福顺典兵马,与毛仲为婚家,小人宠极则奸生,不预图,且有后患。高力士小心谨畏,加宦人可备禁中驱使,腹心所委,何必毛仲哉?”

皇帝出行的保密性关系到皇帝的安全,间接影响到朝廷政局的稳定。因此,皇帝出行是一个国家的政治大事,做好皇帝出行路线方面的保密工作对于保护皇帝的安全至关重要。景龙四年(710年)春正月,“丙寅上元夜,帝与皇后微行观灯,因幸中书令萧至忠之第”。中宗与皇后以微行的形式出宫观灯,微行即微服私行,也就是说中宗的出行路线以及目的地是严格保密的。唐朝皇帝几乎每年都会“幸洛阳”或者至温汤等地,唐高宗曾六次出行洛阳。唐玄宗也曾“数幸东都”。玄宗尝有言:“朕常游幸于外,至长杨、鄠杜之间。”皇帝出行之前往往首先要做好出行准备。

敬宗即位之初“欲幸华清宫”,张仲方认为“万乘所幸,出须备仪。无宜轻行,以失威重”。即不做好出行准备不应该轻行。另外,皇帝出行不仅仅要做好出行准备,而且要选派可信任的官员,只有如此才能做好皇帝出行各个方面的保密工作。高宗永徽时,“帝将幸汝汤泉,故拜(卢承庆)汝州刺史”。“帝幸汾阳宫”,则以狄仁杰为“知顿使”。不仅如此,皇帝巡幸之时,“两京文武官职事五品以上,月朔以表参起居;近州刺史,遣使一参;留守,月遣使起居;北都,则四时遣使起居”。也就是说,皇帝出行之时,两京的五品以上执事官、北都等地的“一州之长”都要按时询问皇帝起居,了解皇帝的近况,以保证皇帝的安全。皇帝车驾离开皇宫之后,《唐律》明文禁止官员“从驾先还”。“诸官人从驾稽违及从而先还者笞四十,三日加一等;过杖一百,十日加一等,罪止徒二年。”从驾先还者,一方面是对皇帝的大不敬，属于官员渎职的范畴；另一方面从驾的官吏对于行走路线都会有一定的了解，“先还者”极易泄露皇帝出行的线路，对于皇帝安全不利。其中皇帝身边的侍臣，即“中书、门下省五品以上，依令应侍从者”，他们都是皇帝身边之人，对皇帝的各个方面都比较了解，侍臣“从驾先还”更容易漏泄与皇帝出行相关的机密。因此，对侍臣“先还者”依法“加罪一等”。皇帝车驾行幸及所至安置之处谓之行宫。行宫就相当于皇宫宫殿。依《唐律》：“诸行宫，外营门、次营门与宫门同，内营牙帐门与殿门同，御幕门与上合同。至御所，依上条。”即“外营门、次营门与宫门同，阑入者得徒二年。内营牙帐门与殿门同，阑入者得徒二年半。御幕门与上合同，阑入者绞。至御在所，依上条，合斩”。行宫和宫殿的作用是类似的，是皇帝起居及商议国家大事之地，因此，对于行宫的保护有利于皇帝的安全以及对国家大事的保密。

宫禁之地是皇帝起居及与近密大臣的办公之所，对宫禁之地的防范既关系到皇帝的安全，也关系到重大国事的保密。在唐朝不仅对皇帝起居与办公之处进行严加防范，而且形成了一套完整的保密体系，即从宫门到宫禁之地的层层防范体系。

首先是推行门籍制度。“应入宫殿，在京诸司皆有籍。”应入宫殿者，“唱名始过”。无籍应入者，皆需专人引入。对于无籍不应入而诈言有籍及冒承人名而入者，“宫门，徒二年；殿门，徒二年半”。即使是有门籍也不能随意出入宫殿，“诸于宫殿门虽有籍，皆不得夜出入”，只能在白天出入宫殿。对于应出宫殿之人，即改任、行使、假患、番下、事故等，“门籍当日即除”。除去门籍后不得“辄留不出”“犯者各以阑入论”。

其次是对擅自进入皇宫各门，即以“阑入罪”定。“阑入者，谓阑入宫殿及应禁之所，各自身犯，亦无首从。”据《唐律疏议》卷第七《卫禁》记载：“诸阑入宫门徒二年，阑入宫城门，亦同。”“殿门，徒二年半。持仗者，各加二等。”“入上合内者绞；若有仗卫，同阑入殿门法。其宫内诸门，不立籍禁而得通内者，亦准此。”“若持仗及至御在所者斩。迷误者，上请。”可见，在唐朝形成了一套从宫城门、宫门到宫殿门，再到上合内、御在所的防范体系。正是由于对皇帝安全的重视，阑入罪的处罚才比较重，处罚最轻者就是徒刑，而且离皇帝越近，处罚也越严厉。从宫城门到上合内、御在所的处罚依次是徒刑、绞刑、斩刑。由于御在所是皇帝所在之处，所以阑入御在所的处罚最重。即使是“迷误者”，即“非故阑入者”，也要“上请听敕”。只有经过皇帝的赦免才能免于处罚。

再次是对入皇宫及宫内之人的防范。非阑入之人，即有门籍或应诏而入者，进入皇宫之内不但不能“私与宫人言语”，而且“若亲为通传书信及衣物者”，即“亲于宫人处领得书信、衣物将出，及将外人书信、衣物付与宫人讫者，并得绞坐”。虽然处罚较重，但可以有效地防止宫内与宫外之人互通消息或者泄露宫内之事，从而更好地保护皇帝的安全。不仅如此，因事入宫之人，“即朝参、辞见、迎输、造作之类”，不得留宿宫中，宫内容止所宿之人也要受到处罚。“在宫内，徒一年；殿内，徒一年半。”另外，对于宫内营造之人“门司皆须得牒，然后听入。若未受文牒而辄听入，及所入人数有剩者，门司各以阑入论。若入上合内及御在所，应至死者，门司各加役流”。未受文牒而听入，是门司的失职。如果有人阑入上合内或者是御在所，门司也要受到严惩，这正是唐朝为了更好地保护皇宫的安全而推行的问责制度的一种体现。不仅是门司，皇宫侍卫同样在问责制度的范围之内。“宿卫人以非应宿卫人冒名自代及代之者，入宫内，流三千里；殿内，绞。”由于宿卫之人会直接影响皇宫的安全，因此对于冒名自代者的处罚甚至重于“阑入”之罪。

最后是对宫外之人的防范。宫外之人对于宫殿之所，皆不得登高临视。“诸登高临宫中者，徒一年；殿中，加二等。”登高临视宫中易造成宫内情况的外泄，不利于宫内情况的保密。不仅如此，《唐律》还禁止向宫殿内射箭。一是为了宫人安全，二是为了预防宫外与宫内之人传递消息。“诸向宫殿内射，宫垣，徒二年；殿垣，加一等。箭入者，各加一等；即箭入上合内者，绞；御在所者，斩。”

1.3.3 唐朝军事保密制度

军事部署包括兵力和城防部署。兵力包括军事人员和武器装备，是一个国家军队实力的真实写照。城防则是有效阻击敌人进攻和占据重要战略位置、保护战略资源的保证。兵力和城防部署在战争双方的对抗中占据了重要的地位。因此，这些军事情报必须建立在严格的保密措施之下，否则己方的军事实力就会公之于敌，处于被动状态。军营是军队的住所，一支军队的兵员数量、人员配置、武器装备都会体现在军营之中。因此，唐朝统治者严禁外部人员随意出入军营。“故事，京城诸司、诸使、府、县，皆季以御史巡囚。后以北军地密，未尝至。（贞元）十九年（803 年），监察御史崔薳不知近事，遂入右神策，中尉奏之，帝怒，杖薳四十，流崖州。”御史按季巡囚是唐朝的传统，即使如此也不能进入军事重地，擅入者都要受到处罚。即使是朝廷重臣不受诏也不能随意出入军营，可见唐朝统治者非常注重对军营内部军事信息的保密。对于地方军事部署最为了解的人员之中，除了带兵将领外就是一州刺史等地方官吏。地方官吏对于州郡的兵员数量、武器装备以及城防部署可谓知之甚详，其中地位最重要的就是灵、胜等五十余州的边要之官。他们地处边防重镇，是唐王朝对抗少数民族入侵的前沿阵地。他们一旦泄露军事部署，在战争当中唐朝军队就会处于极为不利的境地。因此，唐朝对官吏，尤其是边要之官无故私逃有着明确的规定。“诸在官无故亡者，一日笞五十，三日加一等；过杖一百，五日加一等。”对于位置更为重要的边要之官则“亡者加一等”，即“一日杖六十，三日加一等”。在唐朝，对军事人员的军事部署保密的要求更为严厉，“漏泄军中阴谋及告事者皆死”。因为这关系到整支军队的生死存亡，甚至是整个战争的胜败。“与敌私交通斩之。”不仅如此，即使是亲朋好友来往军队中军事人员的书信也要严格检查。“吏士在行营，切防为人谄诱。如有亲故赠遗书信，使人往来，即领见本将诘辨真伪，或射掷遗书获者，不得辄开，密封送上总帅，而违者违津。”可见，在唐朝对于可能直接导致军事部署泄露的隐患要进行严格控制。此外，唐朝统治者还鼓励告发泄露军事情报者，“有告得与敌通情者，其家妻妾、仆马、资产悉以赏之”。告发泄露军事机密者可以得到重赏，甚至是泄密者的全部家产；而知情不报者则罪同泄露军机者，也就是处以死刑。优厚的奖励和严厉的处罚，可以有效地刺激唐朝人对泄露军事机密者告密的积极性，从而最大限度地减少泄密的可能性。将帅是军队的领导者，军事行动、城防部署都由他们来制定。因此，将帅更要重视军事部署的保密。

如图 1-8 所示为中国历史上第一部体例完备的政书——《通典》。据《通典》卷一百五十七《兵十》记载，军队大总管制定军事部署时应该“每晨朝即共诸军将论一日事，至暮即共论一夜事”。统帅将每天的军事部署分为白天和黑夜两部分，诸军将只能得知白天或者夜晚的军事计划。即使军将想泄露军事机密，也不能得知全部的军事计划。这样可以有效地防止军事部署漏泄导致满盘皆输。并且还规定统帅制定的军事号令不能“为久长定法”，恐有漏泄导致“贼知误人也”。

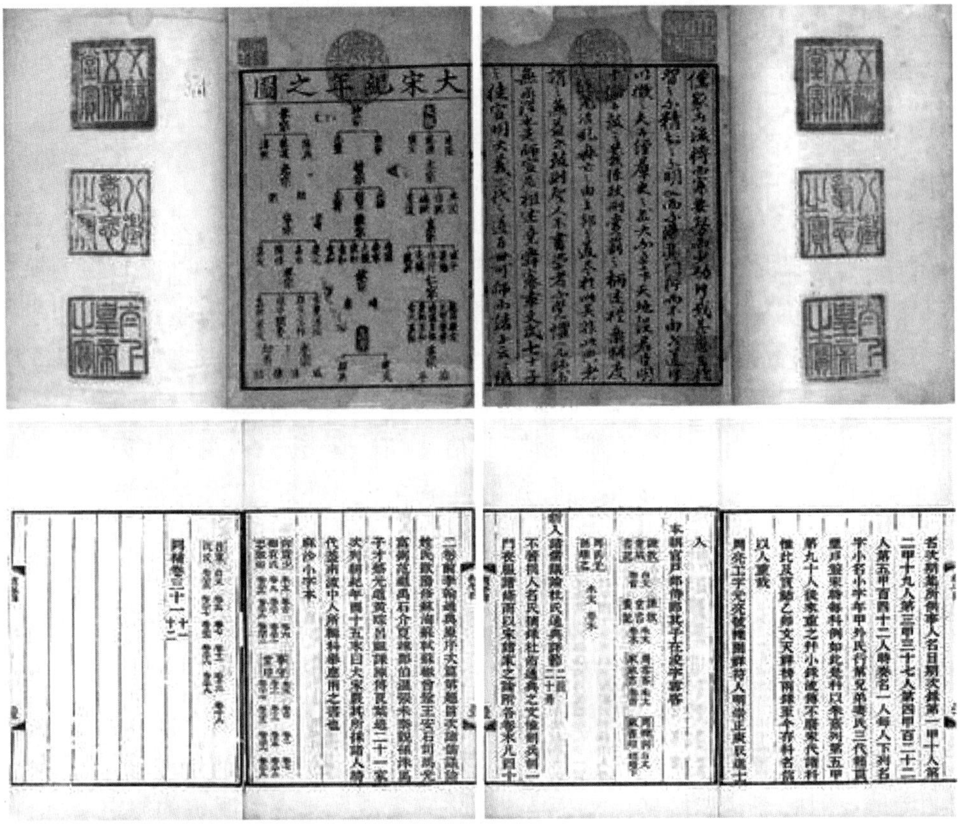

图 1-8　中国历史上第一部体例完备的政书——《通典》

在战争当中，战场形势瞬息万变，抓住时机则无往不利，一旦己方失策被对方抓住战机则会一败涂地。正因如此，唐朝将领非常注重做好战场形势的保密工作，以防失去战机或者被对方抓住战机。

乾元元年(758 年)，唐朝十节度大军围攻安庆绪于襄州。次年，史思明自范阳来救援，王师不利。“时诸节度以回纥战败，因而退散，尽弃军粮器械。”正是由于将领未做好军队失利的保密工作，使军队败亡消息泄露，直接影响了军队的士气，导致大军溃败。可见，消息保密的重要性。

古代的后勤供应基本上都是粮饷的供给，武器装备等并不占主要地位。正所谓“兵马未动，粮草先行”，粮草是战争获胜的重要组成部分，因此对粮草的保管非常重要。一旦粮草被毁，很容易导致战事的不利。宪宗讨吴元济“久未有功”的一个很重要的原因就是粮草问题。元和十年(815 年)淄青节度使李师道秘密派遣“盗数十人攻河阴转运院，杀伤十余人，烧钱帛三十余万缗匹，谷二万余斛”，从而导致“人情恇惧”“群臣多请罢兵”。正是由于未做好粮草的保密工作，从而被获悉“河阴院积江淮租赋”，导致粮草被毁以及军心不稳。如果做好粮草的保密工作，则会推动战事的顺利进行。贞元元年(785 年)，德宗以河东节度使马燧与河中节度副元帅浑瑊及镇国军节度使骆元光、邠宁节度使韩游瑰、鄜坊节度唐朝臣会兵同讨李怀光，“是岁，天下蝗旱，物价腾踊，军乏粮饷，而京师言事多请舍怀光，上意未决”。马燧“虑上为左右所惑，且兵事尚密”，于是亲自“舍军以数百骑朝于京师”，并允诺“得刍粮支一月，足以平河中”。同年秋，“朔方部将牛名俊斩怀光首以降燧”。李怀光之乱的顺利平定，正是由于马燧亲自面圣，从而做好了粮饷不足的保密工作，以及正确分析了当时的战场形势，才能以一月之粮平定河中。

军事行动即有组织地使用武装力量的活动。秘密的军事行动可以达到出其不意的效果，能够减少伤亡，甚至决定战争的胜负。元和九年(814 年)十月，唐宪宗正式对淮西吴元济用兵。但由于唐军各自为战、淮西李师道与承德王承宗的牵制等因素，战事进行多年而并未取得很大的进展。元和十二年(817 年)十月，李愬出兵偷袭蔡州。“辛未，李愬命马步都虞候、随州刺史史旻留镇文城，命李佑、李忠义帅突将三千为前驱，自与监军将三千人为中军，命田进诚将三千人殿其后。”为了保证偷袭成功，李愬实行严格的军事行动保密制度。“军出，不知所之；愬曰：‘但东行！’行六十里，夜，至张柴村，尽杀其戍卒及烽子。据其栅，命士少休，食干糒，整羁靮，留义成军五百人镇之，以断洄曲及诸道桥梁，复夜引兵出门；诸将请所之，愬曰：‘入蔡州取吴元济！’诸将皆失色。”由“军出，不知所之”以及诸将得知“入蔡州取吴元济”皆失色可知，大部分军队将领均不知行动计划。为了行动的保密，李愬甚至尽杀沿途的敌军戍卒及烽子。正是由于军事行动的严格保密，突袭才达到了出其不意的效果，“愬至城下，无一人知者”。甚至是李愬到了吴元济住所的外宅，“元济尚寝，笑曰：‘俘囚为盗耳！晓当尽戮之。’”由此可见，军事行动保密是事关战争胜负的重要因素之一。

敌方军队实力的强弱很容易对己方的将领或者士兵造成影响，对方实力强则己方士气低迷，对方实力弱则己方骄傲轻敌，这些都是兵家大忌。因此，做好敌情的保密工作非常重要。李靖有云“贼情主将自知”，即“一承受到军，密约号令，及关报贼情，声息事宜文字，只使自知，常作堤备，不许漏泄，令众人知之，如漏泄致贼变生者斩”。做好敌情保密工作的首要之人就是主将，对于敌情消息只能自知，不得漏泄于外。如果漏泄导致情况有变，即使是主将也要处斩。其次是其他将领或者士兵，“擒获敌人，或有来降者，直领见总帅，不得辄访问敌中事。若违，因而漏泄者，斩之”。另外，还规定：“凡言觇候，或更相推托，谬说事宜，兼复漏泄者，并斩之。”由此可知，能与俘虏以及投诚之人交谈敌中事的只能是军队的最高指挥者，其他将领或者士兵都不得随意与之交谈。而对于斥候侦察而来的敌军消息不得随意谈论以及漏泄与其他人，并且违反条令之人都要处以死刑。可见在唐朝对于敌情的保密工作重视程度之高，处罚之严厉。

朝廷为了加强对兵器的管理，专设了武库与武器署。武库“令掌藏邦国之兵仗、器械，辨其名数，以备国用”。武器署令则“掌在外戎器，辨其名物，会其出入”。二者相互配合，严密控制武器的流向。天宝十年(751 年)，“其年八月六日，武库灾，烧二十八间十九架，兵器四十七万件”。武库失火，被损毁的兵器达四十七万件。可见，唐朝兵器的最大储藏地就是武库。“武库，甲兵之本也。”因此，为了防止武器被盗取，进而可能导致武器被周边国家或者少数民族政权仿制，《唐律》明确禁止随意接近武库。“诸越州、镇、戍城及武库垣，徒一年。”唐朝不但禁止私人越过武库墙，而且明确规定私人不得出入武库水渠。“从沟渎内出入者，与越罪同。”沟渎，即通水之渠。从沟渎出入罪同越武库，也要处以徒刑一年。为了加强对武库的保密管理，不仅外部人员不得随意接近武库，对武库内部人员也有严格的要求。为了防止武库令监守自盗，《贼盗律》规定：“假有武库令自盗禁兵器，计赃直绢二十疋。凡人盗者，二十疋合徒二年半，以盗不计赃而立罪名，计赃重者加凡盗一等，徒三年；监主又加二等，流二千五百里。”另外，《唐律》还规定武库门应按时开关，违律者都要受到处罚。“州、镇、关、戍城及武库等门，应闭忘误不下键，若应开毁管键而开者，各杖八十。”

除武库之外，军队就是武器装备的最大集散之地。因此，为了防止军队的武器装备流向外族，唐朝对于分配给士兵的武器装备进行了严密的控制与管理。

首先，对分配的武器装备进行登记造册。“诸应请甲叶数行数，于甲襟上抄记，其袍，秤知斤两，于袍背上具注斤两，并枪，量长短斤两同即纳。”不但如此，士兵也要随身注明携带的军事装备数目，并要在所在州县以及军营中立文案登记。“诸兵士随军皮袋上，具注衣服物数，并衣资、弓箭、鞍辔、器仗，并令具题本军营、州县府衔及已姓名，仍令营官视捡押署，营司抄取一本立为文案。”其次，按时据文案检查，并严惩遗失者。在唐朝不仅对武器装备进行登记造册，而且要按时上报检查。“如有破用，队头、火长须知用处，即抄为文记，五日一申报营司。如其勘捡衣资，与簿不同，物有胜数，即是偷来。并仰当火队见有他物，即须看当，状送营司。”《太白阴经》卷三《军令誓众篇》的要求更为严格。“遗弃五兵、军装者斩；不谨固检察者同。”“五兵”即弓、戟、矛、剑、楯。不仅遗弃者要斩首，即使是不按时上报的检查者也要处斩。在唐朝不仅完好无损的军器不能丢失，损坏的武器亦不得毁弃。再次，鼓励上缴拾取的军事装备。对拾取并按时上缴武器装备者给予奖赏，“诸拾得阑遗物，当日送纳虞候者，五分赏一”。最后，对拾取的武器装备不按时上交者予以惩罚。《唐律》规定“即得阑遗（武器），过三十日不送官者，同私有法”。依唐朝军防令：“‘阑得甲仗，皆即输官。’不送输者，从‘违令’，笞五十。满五日者，依杂律‘各以亡失罪论’。”由此可见，唐朝对遗失的武器也进行了严密的控制，对及时上交者予以奖励，对不按时上交及不交者予以严厉的处罚。奖励与惩罚并存，尽全力寻回遗失的武器，以避免武器的大量外流。

由于唐朝对武库及军队军事装备的严密控制，外族基本不能获取朝廷的优质武器，因此从民间获取就成为一个可能的有效途径。唐朝统治者为了避免优质武器装备的外流，对民间能拥有的武器规格进行了严格的限制。唐朝对于武器装备分为“私家不合有”与“私家听有”两类。私家不合有者，即禁兵器，“谓甲、弩、矛、矟、具装等，依令私家不合有”。私家听有者，即“谓非弓、箭、刀、楯、短矛者，此上五事，私家听有”。可见，禁兵器或是杀伤力大，或是防御性能好，都是战争利器。因此，《唐律》明确规定私家不能拥有禁兵器，“诸私有禁兵器者，徒一年半”。需要特别指出的是“弩”和“甲”。弩即“弓有臂者”，是一种用机械力量射箭的弓。相较于普通的弓，弩的杀伤力更大、射程更远。唐朝的骑兵部队普遍弱于少数民族的骑兵，而弩的强大杀伤力在一定程度上缩小了这种差距，可谓是战争中的一大利器。甲即围在人体或物体外面起保护作用的装备，又称为铠。《唐律疏议》中的《擅兴律》将“禁兵器”中的“甲”定义为皮甲和铁甲。“甲，谓皮、铁等。”皮甲和铁甲的防护性十分牢固，可以尽量减少士兵的伤亡，有利于部队的冲锋陷阵。弩和甲都是战争利器，是十分重要的军事装备。因此，《唐律》规定：“（私有）弩一张，加二等；甲一领及弩三张，流二千里；甲三领及弩五张绞。”唐朝不但不允许私家拥有禁兵器，而且严厉禁止私人铸造。“私造者，各加一等。”

由上可知,唐朝对于民间的禁兵器,从私有的规格到禁止携带出关,再到禁止与化外人贸易兵器,都进行了严密的管理和监控,有效地预防了外族从民间,尤其从商人手中获取本朝的优质武器的图谋,从而最大限度地保持了唐朝廷对于外族在武器方面的优势地位。

为保证军情的机密和军队的稳定,唐朝廷在调发军队或传信军令时都必须有发兵符或者传符,在验符正确后方能生效。发兵符"以铜为之,左者进内,右者付州、府、监及提兵镇守之所,并留守应执符官人"。由于"发兵事重",因此必须左右铜符勘合,地方将领才会应诏发兵。"传符"的流程更为严密,"依《公式令》:'下诸方传符,两京及北都留守为麟符,东方青龙,西方白虎,南方朱雀,北方玄武。两京留守二十,左十九,右一;余皆四,左三,右一。左者进内,右者付外州、府、监应执符人。其两京及北都留守符,并进内。'"朝廷如需传令地方,皆给将乘驿者所传令之处的左符。为了进一步保密,还要"书于骨帖上,内着符,裹用泥封,以门下省印印之"。传令者所至之处,必须以右符勘合,然后才能承用。由于发兵符和传符涉及军情机密,事关军队和国家的稳定,因此,《唐律》对盗窃和伪造发兵符和传符都做了严密的规定。《贼盗律》明确规定:"诸盗宫殿门符、发兵符、传符者,流二千里。"对于伪造发兵符者,亦加以流二千里的处罚;而对于伪写及伪造传符者,则处以死刑。《诈伪律》规定:"伪写及造此等符(传符)者,并合绞。"军队之间互相联络的军事号令也要严格保密。"凡承受到军期密约号令,及关报贼情事宜文字,只可传到将领等人员自知,常作提备,不许漏泄令众知之。如漏泄致贼乘我者,军法不贷。"可见,唐朝非常注重对于军事通信号令的保密,通信号令只能由最高将领自知,他人不得预闻。对于漏泄号令者,即使是将领也要处以死刑。军队内部各营在夜间受袭时有一整套求救的互相联络方式。一旦敌军夜间来犯,"被犯之营但击鼓拒战,不得叫唤"。其他诸营听到鼓声也要互相击鼓传警。"被犯之营既鼓声不止,大总管自将兵救。"听到持续不断的鼓声,大总管就会得知何营受到袭击,于是"先于诸将平章,兵士或随身将胡桃铃为标记,不然打鼓从内向外,以相救助"。被犯之营"闻鼓铎之声,即知大总管兵至"。为了防止联络方式漏泄导致"贼知误人",唐朝还规定"其胡桃铃或铎之类,皆不可先定"。传讯方式亦不得为"久长定法"。

军事通信的内容往往都会涉及重大军事信息,或是皇帝的战争指令,或是军队之间的军事行动等军事动态,一旦泄露很可能导致战争的失利,甚至是国家政局的动荡。通信方式的保密并不能完全保证军事信息的安全。因此,加强通信内容的保密无疑可以为军事信息的保密加上双保险。军事通信可以分为两个方面,一是朝廷军事指令的下达,二是军队之间的通信联络。唐朝统治者非常注重军事诏令的保密性,尤其是涉及对地方节度使进行图谋的诏令。一旦泄密很容易导致地方节度使的迅速反叛,甚至是多个节度使互相联合,不利于保证朝廷将领平定地方的军事行动的突然性。"大历二年(767年),帝诏郭子仪密图之(周智光)。同、华路闭,诏书不能通,乃召子仪婿赵纵受口诏,书帛内蜜丸,遣家童走间道传诏。"代宗皇帝欲使郭子仪讨伐周智光,然而道路被阻断,诏书不能传达。为了诏书内容不被泄密,代宗不但授予口诏,而且"纵裂帛写诏置蜡丸中",达到了很好的保密效果。郭子仪得到诏书后马上宣布讨伐周智光,并且是不战而胜。会昌三年(843年)四月,刘缜拒朝旨自为昭义留后。九月,武宗下制兴师讨伐。十二月,李德裕上陈平昭仪方略,欲在正月良日乘其无备突袭叛军。为了军事内容的保密,李德裕要求传达诏令的中使必须在行动前两日到达行营。"戎事尚密,所降中使望计行程,令取事前两日到行营。"为了加强计划的保密性，李德裕还特别指出：“又恐漏泄此意，并望不赐诏示，如蒙允许，望付翰林各赐诏处分。”不但朝廷下达的军事诏令内容要保密，军队之间传达的信息内容更要做好保密举措。《李靖兵法》有云：“主将在内统兵，偏裨领兵出战在外，凡军前有所缺用，及贼兵事宜变动，若用公文往来告报，被奸人于路接之，或贼军捉去，即漏泄事机，反遭其害。合将递书题内，于月日下书号，即知所言事宜，若被搜捉，了无知号。故置簿两相符合，配字定号，主帅、统将各收一本随身。如字号用古诗，或千字文。假令配定天字号弓箭，地字号添步兵，如统将军前要弓箭，即书天字号，军前动静可知，应报若神，庶免漏泄军机，反遭所害。”可见，为了防止事关军情的公文内容漏泄，唐朝各军队之间制定了相应的公文内容保密措施，即设置公文密码。军队的主帅和统将各有一部配字定号的簿书随身，字号用古诗或者千字文的内容来表示。天字号表示弓箭，地字号表示步兵。统将需要弓箭就于公文内书天字号，需要增添步兵就书地字号。统帅或者将领通过公文内的“月日下书号”即知公文所言事。即使来往的公文被截，敌方因不知公文密码也不能得知公文的内容。公文密码的设置，大大加强了公文内容的保密性。

1.3.4 唐朝反间谍措施

唐朝形成了一套从内而外防范敌方间谍的系统。唐朝统治者十分重视对间谍的防范，明确规定“敢舍谍者族”。可见，在唐朝对于与间谍相关人的处罚十分严酷。《唐律疏议·贼盗律》规定：“诸谋反及大逆者，皆斩；父子年十六以上皆绞，十五以下及母女、妻妾、祖孙、兄弟、姐妹若部曲、资财、田宅并没官。”由此可见，唐朝对防范敌方间谍的重视程度几乎与谋逆等严重危害国家安全的犯罪等同。

唐朝在国境缘边皆设有城戍，其存在的作用就是防止敌方间谍出入以及守卫国土等。对于玩忽职守、候望不觉者给予严惩。《卫禁律》规定：“诸缘边城戍，有外奸内入，谓非众成师旅者。内奸外出，而候望者不觉，徒一年半；主司，徒一年。”外奸内入，即指蕃人为奸或行间谍之事。内奸外出，指国内人为间谍，出向化外。对于此类人出入而不觉，不但候望者要受到处罚，而且主司也要连坐受到惩罚。如果是间谍入出而戍守者不能力敌，要及时传告邻近的城戍。“若不速告及告而稽留，不即共捕，致失奸寇者，罪亦如之。”另外，在水陆关栈皆设有防禁。行人来往皆有公文，包括驿使验符券、传送据递牒，军防、丁夫所有的总历等。门禁守卫之人验勘之后才能通过。“若无公文，私从关门过，合徒一年。”关不由门，津不由济而度者，即越度之人，加一等，徒一年半。《唐律》还规定，往来公文皆不得冒领或者转给他人。“冒名请过所而度者，各徒一年。”对于“以所请得过所而转与人，及受他人过所而承度者，亦徒一年”。如果是主司玩忽职守或者知法犯法，与不应度关者同罪。“诸不应度关而给过所，若冒名请过所而度者，各徒一年。”军队之中也有一套防范内外间谍的措施。所谓化外间谍，指“声教之外，四夷之人，私入国内，往来觇候者”。对于化外间谍，《擅兴律》明确规定要处以绞刑。“若化外人来为间谍，或传书信与化内人，并受及知情容止者，并绞。”唐朝将领对抓获的化外间谍往往采取屠杀的政策。“回鹘常有酋长监奚、契丹以督岁贡，因诇刺中国。”卢龙节度使张仲武派遣裨将石公绪等，“厚结(奚、契丹)二部，执谍者八百余人杀之”。唐朝军令还规定，“舍贼谍者屠其家”。可见，唐朝统治者是通过严酷的刑罚来限制化外间谍在唐境内的活动空间。正是由于唐朝政权对于化外之人的严格限制,压缩了化外间谍在唐境内的活动空间。为了扩大对唐情报的搜索范围,敌对势力往往会将唐朝人培养为己方间谍。唐朝统治者对此也有相应的解决对策。《擅兴律》规定:“诸密有征讨而告贼消息者斩,妻、子流二千里。”可见,不仅是漏泄消息的内奸要受到处罚,其妻子、儿女也要受到牵连。如果没有征讨之事,唐朝人做间谍不会牵连妻子、儿女,但与抓获的化外间谍的下场相同,都要处以绞刑。“其非征讨,而作间谍;若化外人来为间谍;或传书信与化内人,并受及知情容止者,并绞。”防范敌方间谍不仅要限制间谍的活动空间,而且还要防范其设下的计谋。唐朝军令规定:“军中不许采撰风言及飞章论人是非,恐有贼谋枉害良善也,亦防用间之义。”此项规定禁止军队中传播流言以及随意论人是非,针对的就是敌人的反间之计,因为这些流言很有可能就是敌方间谍散布的。

军事方面的反间谍,仅仅靠防范敌方间谍在唐境内的活动是不够的,还要适时派遣己方间谍到敌方以达到获取敌方情报以及间接保护己方情报不被窃取的目的。《孙子兵法》中对间谍进行了明确的分类,“用间有五:有因间,有内间,有反间,有死间,有生间。五间俱起,莫知其道,是谓神纪”。因间又称乡间,即敌人的同乡;内间指敌国的官吏;反间指收买的敌方间谍;死间指向敌人散布谣言,事败后必死的间谍;生间指能活着回来的间谍。间谍在军事情报方面的地位非常重要,故《通典》卷一百五十一《兵四》中记载:“故三军之亲莫亲于间,赏莫厚于间,事莫密于间。”如果不懂得正确使用间谍,很容易使己方间谍“反为敌用,泄我情实”,导致“间事不密,则为己害”。因此,唐朝对间谍的要求很高。正所谓“非圣智不能用间,非仁义不能使间,非微密者不能得间之实”。用间者必须是圣智者、仁义者、微密者,只有如此才能更好地使用间谍,获取更多的情报以及预防己方间谍的反叛。《李靖兵法》中对于如何用间有更为详尽的阐述。“且间之道,其有五焉:有因其邑人,使潜伺察而致词焉;有因其仕子,故泄虚假,令告示焉;有因敌之使,矫其事而返之焉;有审择贤能,使觇彼向背虚实,而归说之焉;有佯缓罪戾,微漏我伪情浮计,使亡报之焉。”对于此类用间就必须“隐秘重之”“以赏密之”,只有如此才能成行。另外,将敌方内部高层人员收为己用也是唐朝加强保密的一个可行有效的手段。“若敌有宠嬖,任以腹心者,我当使间遗其珍玩,恣其所欲,顺而旁诱之;敌有重臣失势,不满其志者,我则啖以厚利,诡相亲附,采其情实而致之。”以敌方内部人员为己方间谍,既有利于间谍身份的隐蔽性,又能达到迷惑敌人的目的,最大限度地获取敌方情报。正所谓“且夫用间以间人,人亦用间以间己”。己方在用间获取敌方情报的同时,对方亦在用间获取己方情报。针对这种情况,《李靖兵法》中除了阐述如何使用间谍、收买敌方间谍外,还提到如何使用反间之计来应对。对于敌人的来朝使臣,应该“稽留其使,令人与之共处,矫致殷勤,伪相亲昵,朝夕慰谕,倍供珍味,观其辞色而察之”。为了消除使臣的防范性,应该“仍朝暮令使独与己伴居”。然后派遣间谍“潜于复壁中听所间,使既迟违,恐彼怪责,必是窃论心事,我知事计,遣使而用之”。对于敌方派遣来收集情报、行反间之计之人,即“欲候我虚实,察我动静,觇知事计而行其间者”。己方应当“佯为不觉,舍其厚利而善啖之,微以我伪言诳事,示以前却期会,即我之所须,为彼之所失者,因其有间而反间之,彼若将我虚而以为实,我即乘其弊而得其志矣”。正是由于熟谙用间之道,李靖认为防范间谍最有效的方式就是文臣武将能够忠君爱国、不爱名利,即使敌方有擅于用间之人也不能有所作为。“若束发事主,当朝正色,忠以尽节,信以竭诚,不诡伏以自容,不权宜以为利,虽有善间,其可用乎?”在战争当中,唐朝将领对于行反间之计可谓得心应手。贞观三年(629年),“突厥诸部离叛,朝廷将图进取,以靖为代州道行军总管,率骁骑三千,自马邑出其不意,直趋恶阳岭以逼之。颉利可汗不虞于靖,见官军奄至,于是大惧,相谓曰:‘唐兵若不倾国而来,靖岂敢孤军而至。’一日数惊。靖候知之,潜令间谍离其心腹,其所亲康苏密来降”。李靖以三千骑兵突袭突厥颉利可汗部,不仅兵微将寡,而且孤军深入,缺少后援。但李靖取得了成功,“自破定襄后,颉利可汗大惧,退保铁山,遣使入朝谢罪,请举国内附”。

李靖能以三千骑兵取得成功的根本原因就是成功地离间了突厥诸部,在这其中发挥重大作用的就是间谍。调露元年(679年),突厥阿史那伏念与阿史德温傅二部发动叛乱。调露二年(680年),“(裴)行俭复总诸军讨之。顿军于代州之陉口,纵反间说伏念与温傅,令相猜贰。伏念恐惧,密送降款,仍请自效。行俭不泄其事,而密表以闻。数日,有烟尘涨天而至,斥候惶惑来白,行俭召三军谓曰:‘此是伏念执温傅来降,非他。然受降如受敌,但须严备。’更遣单使迎前劳之。少间,伏念果率其属缚温傅诣军门请罪,尽平突厥余党。”裴行俭正是充分运用了反间之道以及做好了军事决策的保密,使突厥二部互相猜忌、互相攻伐,从而不费一兵一卒平定叛乱。反间政策的运用,首要的要求就是要对敌方的军事动态有一个充分的了解,只有如此才能对症下药,制定正确的反间政策或者是军事行动。为了尽可能地获取敌方军事情报,《唐律》明确禁止斩杀归降之人。“若寇贼对阵,舍仗投军及弃贼来降而辄杀者:斩。”唐朝将领对于间谍也并非严格按照军令来处置,而是根据形势灵活应变。元和十一年(816年),李愬奉命统兵平定淮西吴元济之乱。“旧令,敢舍谍者,族。”李愬并没有按此军令行事,而是废除了此项军令,并优待敌方间谍。“愬除其令,使厚待之,谍反以情告愬,愬益知贼中虚实。”正因如此,李愬才能收服吴元济所派遣的间谍,并尽知吴元济军中虚实,为第二年雪夜突袭做好了情报方面的准备。唐朝的军事保密制度涉及众多方面。军事情报保密的实施,保证了兵力和城防部署、军队后勤供应、军队战场形势等信息的机密性;军事装备保密的推行,使得唐军能够独享先进武器的威力;军事通信保密则可以保证军队的安全调动和有效运行;反间谍措施的实施,又使得敌军间谍难以窃取唐军机密,并起到了扰乱敌军的作用。唐朝军事保密制度的制定和实行,有效地保证了军队的稳定,提升了军队的作战能力和战备水平。

1.3.5 唐朝公文保密制度

按唐制,公文即“在官文书”。由于官文书涉及众多保密信息,关系到了统治者的切身利益。因此,唐朝统治者十分重视对文书的保密管理。

首先是文书的书写与用印。唐朝统治者对文书书写的准确性要求很高,对在文书撰写过程中有“脱剩文字”“文字错失”等错误者都要进行处罚。《唐律疏议》卷第九《职制》载:“诸受制忘误及写制书误者,事若未失。笞五十;已失,杖七十;转受者,减一等。”误即指脱剩文字及错失者。官文书用印既是文书权威性的体现,也是保密的需要。因此,唐朝统治者加强了对文书用印的保管。唐朝在各官府衙役置印,都要派专人进行监管。“司录、录事参军掌勾稽,省署钞目,监符印。”如果御史台官员需要用印,而又并非“切要之事”,需要“既于所在求印”。如果是谏官所上封章，由于“事皆机密”，那么“每进一封，须门下中书两省印署文牒”。但由于存在“每有封奏，人且先知”的情况，对于保密不利。因此，唐朝统治者“别铸谏院印”，以避免漏泄机密。唐朝统治者对于文书用印方面的犯罪往往严惩不贷。其次是文书的归档。对于官文书都要进行归档，唐朝设有专门机构进行文书的整理与归档工作。“凡文案既成，勾司行朱讫，皆书其上端，记年月日，纳诸库。”唐朝还明确规定了文书的归档时限，分为月末与岁终两个时间段。凡是施行的公文，要求“每月终纳诸库”。对于“天下制敕计奏之数，省符宣告之节”，则“以岁终为断”。另外还规定：“京师诸司，皆以四月一日纳于都省。其天下诸州，则本司推校，以授勾官。勾官审之，连署封印，附计帐，使纳于都省。常以六月一日，都事集诸司令史对覆。”除此之外，为了防止地方隐匿不报，唐朝统治者还将此与每年的考课联系在一起。“若有隐漏不同，皆附于考课焉。”为了加强管理，唐朝采用卷轴装帧的方式进行立卷归档。“其承制敕之司，量为卷轴，以备披检。”不同地位的文书使用的卷轴也不同。唐宪宗元和八年(813 年)，吏部上奏：“请差定文武官告纸轴之色物。五品以上，用大花异纹绫纸，紫罗里，檀木轴。六品下朝官，装写大花绫纸，及小花绫里，檀木轴。命妇邑号，许用五色笺，小花诸杂色锦褾，红牙碧牙轴。其他独窠绫褾，金银花笺，红牙，发镂轴钿等。”唐朝对文书的立卷归档及分类，既加强了文书的管理，又适应了公文保密的需要。

公文制作完成之后就要进行上传下达，在这一过程中涉及的部门较多，很容易导致公文内容的漏泄。尤其是中央与地方之间的公文传递，由于中央与地方的距离相对较远，公文传递中的突发状况也较多，于公文内容的保密不利。正因如此，唐朝统治者制定了一套严密的公文传递制度。公文下达后，对誊写、传达、处理等环节都有明确的时间限定。《唐律》明确规定，制、敕皆“当日行下”。“若行下处多，事需抄写，依公式令：‘满二百纸以下，限二日程；每二百纸以下，加一日程。所加多者，不得过五日。赦书，不得过三日。’”对稽缓制书者，“一日笞五十，一日加一等，十日徒一年”。对于收到的文书，相关部门都要按期办理。“据文案大小、道路远近，皆有程期，如或稽违，日短少差，加罪。”具体的日期，依公式令：“小事五日程，中事十日程，大事二十日程。徒罪以上狱案，辩定后三十日程。”唐朝还规定公文在传达地方的过程中，必须严格遵守驿传制度。首先是严禁驿使稽程。《职制律》规定：“诸驿使稽程者，一日杖八十，二日加一等，罪止徒二年。”如果是征讨、掩袭、报告外境消息及告贼之类的“军务要速”，稽缓者“加三等”，即“稽一日徒一年，十一日流二千里”。唐朝的公式令明确规定：“在京诸司有事须乘驿，及诸州有急速大事，皆合遣驿。”而所司稽缓不遣驿者，按律杖一百。其次是严禁在传递过程中不依照驿路而行。唐朝规定，乘驿马者须依驿路而向前驿，若不依驿路而别行他道，是为“枉道”。《职制律》规定：“诸乘驿马辄枉道者，一里杖一百，五里加一等，罪止徒二年。越至他所者，各加一等。”对于不按注明的地址送达者，按稽程罪加以处罚。“诸驿使受书，不依题署误诣他所者，随所稽留以行书稽程论减二等。”

唐朝的公文在发送之前，都会加上印封，即封闭印记。白居易在《私发制书判》中言道：“请验迹于紫泥，方定刑于丹笔。”可见，公文的印封是否开启，是判断公文是否漏泄的一大标准。因此，印封的开启必须请示“所由官司”，经同意后才能打开。“诸官物有印封，不请所由官司而主典擅开者，杖六十。”如果涉及漏泄机密事，则依漏泄罪坐减二等。《唐律》规定:“诸漏泄大事应密者,绞。”减二等,即徒三年。“非大事应密,徒一年半。”减二等,即处以杖刑一百。如果是误发视者则依律减二等处罚,而误发不视书者则不予处罚。“‘误发视者各减二等’,谓误发,因视制书,杖六十;官文书,笞四十;大事应密,视者,徒三年上减二等,徒二年;非大事应密,视者,杖一百上减二等,杖八十。‘不视者坐’,谓初虽误发,竟不视书者,无罪。”由于公文内容往往会涉及重大国家机密,因此,唐朝统治者严惩盗窃公文者。《贼盗律》规定:“诸盗制书者,徒二年。官文书,杖一百;重害文书,加一等。”其中的官文书指在司寻常施行文书。重害文书则是指徒罪以上狱案及婚姻、良贱、勋赏、黜陟、授官、除免之类的文书。根据文书的重要程度不同,对于盗窃的处罚也相应地增减。如果盗窃的是“应除文案”,即年久应除,非见行文案,则依凡盗之法加以处罚。为了进一步加大对公文的保密力度,唐朝统治者还严禁弃毁公文。“诸弃毁制书及官文书者准盗论,亡失及误毁者各减二等。”弃即故意丢弃;毁指毁坏文书,导致“失文字”。按照《贼盗律》对弃毁公文者加以处罚。弃毁制书者,徒两年;弃毁官文书者,杖一百。

唐朝形成了一整套比较严密的公文保密制度,巩固了唐王朝的统治。公文的书写、用印、处理及归档都有一定的流程和时限,从而加强了公文的保密管理,减少了泄密的可能;邮传制度的严密实施,保证了公文的安全传达;《唐律》对私开公文印封及盗窃、弃毁公文的处罚,对唐人起到了警示的作用,为公文的保密加上了双保险。

1.3.6 唐朝司法保密制度

唐朝的案情保密包括抓捕罪犯、上诉内容、审判内容等方面的保密。首先是抓捕罪犯方面的保密。《斗讼律》规定:“知谋反及大逆者,密告随近官司。”收到密告的官司必须要及时行动,抓捕罪犯。为了防止抓捕罪犯行动的泄露,导致罪犯有所防范或者逃亡,《唐律》规定:“诸漏泄大事应密者,绞。”大事即指潜谋讨袭以及收捕谋叛之类。也就是说,对于泄露抓捕谋叛类罪犯行动之人予以严惩。如果是非谋叛大罪类的犯罪,则依《捕亡律》:“诸捕罪人,有漏露其事令得逃亡者,减罪人罪一等。”此项规定主要是防范抓捕之人以权谋私,从而漏泄抓捕行动致使罪犯逃亡。其次是上诉内容方面的保密。原告上诉被告,被告不能第一时间得知上告的内容,以防被告有所准备。唐朝御史当庭弹劾大臣,被弹劾者不能第一时间得知弹劾内容。“旧制,大臣有被御史对仗劾弹者,即俯偻趋出,立于朝堂待罪。”可见,唐朝被御史弹劾的大臣需要出朝堂待罪,就是为了案情的保密。除此之外,为了进一步保证弹劾内容的保密,唐朝统治者特别铸造了御史台印。“比来御史出使推按,或用废印,或所在取州县印文状。伏以使臣衔命推案,事须用印,无非切要,既于所在求印,事以漏泄。”正是由于唐初御史台无印,只能取地方州县印,所以导致内容的漏泄。为此,穆宗于长庆三年(823 年)八月特命铸造了御史台印,使御史台获得了单独用印的权力,从而最大限度地保证了弹劾内容的保密。再次是审判内容的保密。在古代封建社会,皇帝具有司法的最高审判权。大臣对于皇帝的审判决定只能谏诤,同时必须要第一时间对外保密,尤其不能漏泄于被审判者。贞观五年(631 年)八月,“河内人李好德坐妖言下狱,大理丞张蕴古以为好德病狂瞀,法不当坐。太宗许将宽宥,蕴古密报其旨,仍引与博戏。治书侍御史权万纪劾奏之,太宗大怒,令斩于东市。”张蕴古正是由于漏泄了皇帝对李好德的审判决定,最终名败身死。

监狱是国家的重要机关之一,其最重要作用就是关押人犯。唐朝统治者非常注重对监狱的管理,并制定了严密的狱情保密制度。狱情保密主要包括监狱的分隔设置、关于囚犯的押送、对狱吏的防范三个方面。首先是监狱的分隔设置。唐初,御史台并未专门设置监狱,只能系囚于大理寺。“故事,台中无狱,须留问,寄系于大理寺。”贞观二十二年(648年)二月,李乾祐为御史大夫,别置台狱。“由是大夫而下,已各自禁人。”开元十四年(726年),御史大夫崔隐甫“引故事奏掘去之”,后来“恐罪人于大理寺隔街来往,致有漏泄狱情。遂于台中诸院寄禁”。此后,此项措施在唐朝推行下来,一直延续到宋朝。由此可见,台狱与刑狱的分隔设置是有利于狱情保密的。其次是关于囚犯的押送。在历朝历代中,甚至是现代社会都会发生某地的囚犯同伙在另一地被捕的现象。此事件发生后,需要将所犯同一罪的两地囚犯押送到同一地来对质审理。在这一过程中,极易发生囚犯逃脱以及漏泄案情、狱情的现象。在现代社会有先进的交通工具来押送囚犯,距离较近的两地可以用囚车押送;距离较远的两地可以用火车甚至飞机押送。相比于现代,唐朝并没有先进的交通工具可以押送囚犯,只能靠人力押送,既费时又费力,而且更容易使囚犯逃脱以及漏泄狱情。虽然如此,唐朝亦有相应的对策来解决。《唐律》中对此类情况有详细的规定:“诸鞫狱官,囚徒伴在他所者,听移送先系处并论之,违者杖一百。”《唐律》将此类情况分为百里之内与百里之外两种。如果是两地相距百里之内,则有以下三大原则。一是后从先原则,即“听移后发之囚,送先系之处并论之”。二是轻从重原则,即“轻罪发虽在先,仍移轻以就重”。三是少从多原则,即若两县之囚罪名轻重相等,则“少处发虽在先,仍移就多处”。若罪名的多少相同,则依照后从先原则。如果两地相距百里之外,“既恐失脱囚徒,又虑漏泄情状,故令当处断之”。最后是对狱吏的防范。狱吏,顾名思义,是管理监狱的官吏,他们是监狱的直接管理人,是与囚犯距离最近者。如果狱吏玩忽职守、以权谋私,最容易导致案情和狱情的泄露。因此,需要加强对狱吏的管理和防范。对此,《唐律疏议》卷第二十九《断狱》有明确的规定:“诸主守受囚财物,导令翻异及与通传言语,有所增减者以枉法论,十五疋加役流,三十疋绞。”主守即指专掌囚犯、典狱的狱吏。狱吏以权谋私、收受贿赂导致囚犯翻供,以及为囚犯通传消息导致罪行增减,都要以“枉法罪”论处。“一尺杖九十,一疋加一等,十五疋加役流,三十疋绞。”另外,为了防止囚犯逃脱,导致狱情泄露,《唐律》还规定:“诸囚应禁而不禁,应枷、锁、杻而不枷、锁、杻及脱去者,杖罪笞三十,徒罪以上递加一等;回易所着者,各减一等。”对狱吏的处罚是随着囚犯罪行的严重程度而增减。“徒罪者,笞三十;流罪,笞四十;死罪,笞五十。”

唐朝司法保密制度的推行,在一定程度上保证了司法的公正性,遏制了审判不公、狱吏不廉的现象,同时维护了统治者的威严。唐朝司法保密制度的建设,为后世司法保密制度的推行与完善提供了借鉴。

1.3.7 唐朝经济保密制度

经济历来是一个王朝赖以生存的基础,国家的财政收入则是国家机器运行的柱石,而维护国家财政经济秩序的一个关键因素就是国家仓库的安全。景龙三年(709年),宰相韦嗣立就曾上书中宗,切陈国家仓库的重要性,“倘有水旱,人须赈给,征发时动,兵要资装,则将何以备之？其缘仓库不实，妨于政化者，触类而是”。由于仓库事关社会救济以及军事供应，关系到了社会和政权的稳定，因此，加强仓库的保密管理至关重要。唐朝对于仓库储藏物的出纳有着严格的程序，专门设置了仓部和司农寺对其进行管理。仓部设郎中和员外郎各一员，“掌判天下仓储，受纳租税，出给禄廪之事”。司农寺设司农卿一员，“掌邦国仓储委积之事，总上林、太仓、钩盾、导官四署与诸监之官属，谨其出纳”。仓库粮食的出纳，首先由仓部进行审核，审核合格后下符牒，然后给木契至司农寺。“乃置木契一百枚，以与出给之司合。”司农寺负责执行，根据仓部下发的木契、符牒下发命令，相关仓库依命出给粮食。仓库出纳粮食并不代表出纳程序的完结。唐朝还规定：“凡出给，先勘木契，然后录其名数及请人姓名，署印送监门，乃听出。”可见，诸仓在支给粮食时，必须据仓部符牒勘木契，并记录收受粮食官吏姓名及粮食的种类和数量。粮食出仓门之前，诸仓官吏还得在相关记录上盖上印章，交给监门卫，监门卫方可放行。“凡财物器用，应入宫者，所由以籍傍，取左监门将军判，门司检以入之。应出宫者，所由亦以籍傍取右监门将军判，门司检以出之。”通过对仓储物出纳的层层监督和检查，加强了对仓库的有效管理，有效地预防了仓储物的意外流失。另外，唐朝统治者将仓库的管理与官吏的考课联系在一起：“流内之官，叙以四善；……善状之外有二十七最。”二十七最之二十一最，即“谨于盖藏，明于出纳，为仓库之最”。如此一来，这给仓库官吏增加了考课的压力，有效地增强了官吏加强仓库管理的积极性，减少了仓库内部仓储物泄露的可能性。为了便于管理，唐朝的仓库管理官员都要将仓储物的种类、数量记录到档案簿书之中。簿书一旦丢失，很容易导致仓储物的种类、数量漏泄于敌方，便于敌方了解唐朝的经济情况，不利于唐朝内部经济情况的保密。对此，唐朝的法律有明确的规定。《唐律疏议》卷第二十七《杂律》云：“诸主守官物，而亡失簿书，致数有乖错者，计所错数，以主守不觉盗论。”根据《厩库律》对“主守不觉盗”的规定：“五疋笞二十，十疋加一等，过杖一百，二十疋加一等，罪止徒二年。”可见，唐朝对亡失仓库簿书的惩罚也相当严厉。为了防止仓库内容的漏泄，唐朝还实行严密的仓库警卫制度。在日常的护卫中，仓库守卫的任务就是“昼则外四面常持仗为之防守，夜则击柝，而分更以巡警之”。不管是白天还是黑夜，守卫者都要对仓库出入之人进行严格的检查。“诸有人从库藏出，防卫主司应搜检而不搜检，笞二十；以故致盗不觉者，减盗者罪二等。若夜持时不觉盗，减三等。”仓库内还禁止燃火，“诸库藏及仓内，皆不得燃火，违者，徒一年”。此项规定，一是为了防止燃烧仓储物；二是为了防止敌方放火制造混乱，出现盗窃簿书等间谍活动。如果出现了失火的情况，《唐律》明文禁止仓库守卫擅离职守。“其守卫宫殿、仓库及掌囚者，皆不得离所守救火，违者杖一百。”“虽见火起，不告，亦不合罪。”唐朝的仓库不但不能离职救火，即使是见到火起而不告也不会受到惩罚。唐朝的仓库出纳制度，涉及了仓部、司农寺、门司等诸多部门，仓储物的出纳必须经过层层的监督和检查；仓库警卫实行严格的出入检查制度，有效地防止了擅离职守；与考课制度相联系，更是增强了仓库官员的管理积极性。这些措施都有效地加强了对仓库的管理，减小了敌方间谍制造混乱，以此窃取仓库信息的可能性，加强了唐朝的经济保密性。

唐朝为了保持自身在经济方面的优势地位，严格禁止与化外人私相贸易。“依《关市令》：‘锦、绫、罗、縠、绸、绵、绢、丝、布、牦牛尾、真珠、金、银、铁，并不得度西边、北边诸关及至缘边诸州兴易。’”绫罗绸缎、铁器、金银等，都是唐朝的优势产品，也是外族缺少之物。这些物品被列入禁物的范畴,不但可以加强唐朝的经济优势,而且可以大大地增加外族对这些禁物的需求,从而可以在外交中对外族施加更大的压力。此项措施的实施,可谓政治需要大于经济需要。商人往往唯利是图,为了谋取巨额的利益,不惜铤而走险。因此,唐朝统治者对要道设置关卡,尤其是对缘边关塞进行严密的控制,以此来抑制商人与化外人贸易。水陆关栈,两岸皆有防禁。

《唐律》规定:“诸私度关者,徒一年。越度者,加一等。”对于靠近化外之人的缘边关塞的越度者的处罚更为严厉。“诸越度缘边关塞者,徒二年。”缘边关塞存在的目的就是隔绝华夷,为此《唐律疏议》特别指出:“但以缘边关塞,越罪故重。”由此可见,唐朝统治者对于隔绝与夷族贸易以维持内部经济的决心。对于一般罪行,唐朝统治者鼓励自首认罪。“诸犯罪未发而自首者,原其罪。”但是私度关之人并不在可以自首免罪的范围之内。《唐律疏议》卷第五《名例》有云:“度关有三等罪:越度、私度、冒度。其越度、私度,自首不原;冒度之罪,自首合免。”度关三宗罪之中,除了冒度外,越度和私度关塞,在统治者眼中并不等同于一般的犯罪,因此,不在自首免罪的范围之内。可见,唐朝统治者对于经济保密的重视程度之高。唐朝统治者不仅严格控制缘边关塞,而且严禁商人私自与外族贸易。“共化外人私相交易若取与者,一尺徒二年半,三疋加一等,十五疋加役流。”唐朝控制关塞只是对于经济漏泄的防范,而私相贸易则是触犯了统治者的底线,是属于直接漏泄的犯罪。如果是涉及禁物贸易,如禁兵器等,甚至要处以死刑。可见,相对于私度关者而言,唐朝对于私相贸易者的处罚更为严厉。

1.3.8 唐朝文化保密制度

国史通常指的是当代人修撰的本朝实录和历史或者是前朝历史。由于国史往往会涉及本朝众多不足为外人道的机密信息,因此需要加强对史书修撰方面的保密。

唐朝编修国史的史官往往由他官兼任,甚至是由宰相监修国史。“史官无常员,如有修撰大事,则用他官兼之,事毕日停。”唐朝对兼修国史的他官有明确的规定。唐高宗总章三年(670 年)十月颁布《简择史官诏》,其中规定了他官具备修史资格的四个标准。“修撰国史,义在典实,自非操履贞白,业量该通,谠正有闻,方堪此任。所以承前纵,居史官,必就中简择,灼然为众所推者,方令著述。”可见,在唐高宗以后他官兼修国史者必须具备的四个标准是:操履贞白、业量该通、谠正有闻、为众所推。“操履贞白”应当是史德的标准,“业量该通”应当是史学的标准,“谠正有闻”应当是史识和史才的标准,“为众所推”应当是得到同行或朝野认可的综合考察的标准。因此,只有达到了这四个标准的官员才有资格兼修国史。在这四个标准之中,“操履贞白”这一史德标准居于首位,可见,唐朝统治者首先考虑的是修史者的品德。往往史书内容涉及的机密大事仅靠一个人的道德来约束是不够的,唐朝统治者还在选择史官的程序上有严格的规定。在《简择史官诏》中还谈道:“非唯编辑疏舛,亦恐漏泄史事。自今以后,宜遣史司于史官内,简择堪任修史人,录名进内,自余虽居史职,不得辄令闻见所修史籍及未行用国史等事。”也就是说,不是所有的史官都能参与修史,只有史司钦定的史官才有资格进入史馆修撰史书。为了进一步加强史事的保密性,唐朝统治者明确规定:领史职者不得兼谏议。贞元十一年(795 年),唐德宗拜张荐为谏议大夫,仍充史官修撰。裴延龄上书德宗:“谏官论朝政得失,史官书人君善恶,则领史职者不宜兼谏议。”

谏官与史官不得互相兼任,说明“操履贞白”“业量该通”“谠正有闻”“为众所推”是他官有资格兼修国史的必要条件,而非充分条件。显然,他官能够兼修国史的充分条件是不漏泄史事。

关于国史史料的收集主要依靠的就是皇帝的起居注。自汉献帝之后,历代的封建君主都有起居注。在唐朝,起居注主要由起居郎和起居舍人负责。正如宪宗元和八年(813 年)十月李吉甫所言“时政记”“古者左史记言,今起居舍人是;右史记事,今起居郎是。”起居郎“掌起居注,录天子之言动法度,以修记事之史。凡记事之制,以事系日,以日系月,以月系时,以时系年。必书其朔日甲乙,以纪历数,典礼文物,以考制度,迁拜旌赏以劝善,诛伐黜免以惩恶”。起居舍人则“掌修记言之史,录制诰德音时,如记事之制”。唐高宗时期,“许敬宗、李义府为相,奏请多畏人之知也,命起居郎、舍人对仗承旨,仗下,与百官皆出,不复闻机务矣”。由此可见,在高宗以后为防止政治大事机密外泄,起居郎与起居舍人是不得进入正殿记录朝廷议事内容的。唐文宗大中年间,庾敬休为起居舍人,建言:“天子视朝,宰相群臣以次对,言可传后者,承旨宰相示左右起居,则载录,季送史官,如故事。”既而“执政以几密有不可露”,废止了庾敬休的建议。可见,虽然事有反复,但注重保密的大趋势是不会改变的。国史记录的就是有关皇帝和朝廷的大事,其中就包括皇帝的诏令和朝廷的决议。因此,起居郎和起居舍人不得进入正殿记录朝廷大事,并不代表他们不会有关于这方面的记录。元和八年(813 年)十月,李吉甫就曾对此有过详细的论述:“面奉德音,未及施行,总谓机密,故不可书以送史官;其间有谋议出于臣下者,又不可自书以付史官;及已行者,制令昭然,天下皆得闻知,即史官之记,不待书以授也。”也就是说,唐朝史官的史料收集有两个方面的前提。一是皇帝的诏令事关机密不得令史官闻知;二是臣下关于朝廷大事的谋议不得私自告知史官。只有皇帝诏令和臣下谋议都已经实施,在天下皆知的情况下史官才能充分收集相关史料来书写相关的史事。如此一来,既保证了史料的收集与国史的撰写,又预防了朝廷机密的泄露,从而保证了朝廷政令的顺利实施。

唐朝对史书内容也有所限制。由于在旧录中常载有禁中之言,不利于机密大事的保密,因此,会昌元年(841 年)十二月,中书门下奏修实录体例。第一,众所闻见之事方可记载。“伏以君上与宰臣、公卿言事,皆须众所闻见,方可书于史册。”第二,实录中不得记载禁中之言。“且禁中之语,在外何知,或得之传闻,多涉于浮妄,便形史笔,实累鸿猷。今后实录中如有此色,并请刊削。”第三,朝廷大臣共知的章奏才能记载于实录中,密疏不得记载。“又宰臣与公卿论事,行与不行,须有明据。或奏请允惬,必见褒称;或所论乖僻,因有惩责。在藩镇上表,必有批答,居要官启事者,自有着明,并须昭然在人耳目。或取舍存于堂案,或与夺形于诏敕,前代史书所载奏义,罔不由此。近见实录多载密疏,言不彰于朝听,事不显于当时,得自其家,未足为信。今后实录所载章奏,并须朝廷共知者,方得纪述,密疏并请不载。”只有如此才能做到“理必可法,人皆向公,爱憎之志不行,褒贬之言必信”。唐朝关于史书修撰方面保密措施的特点是步步完善、层层推进。首先是史臣的选择范围。唐朝开国之初,史臣由他官兼任。他官可以是三省长官——宰相,也可以是宰相之外的官吏,如谏议大夫等谏臣。“永徽初,拜(敬播)著作郎。与许敬宗等撰《西城图》。后历谏议大夫、给事中,并依旧兼修国史。”至高宗总章三年(670年)十月颁布《简择史官诏》,其中规定了修史的四个标准:操履贞白、业量该通、谠正有闻、为众所推,从而使史官的选择范围得到缩减。但符合标准的谏官仍然可以兼任史职。“开元三年(715年)服阕,(吴兢)抗疏言曰:‘臣修史已成数十卷,自停职还家,匪忘纸札,乞终余功。’乃拜谏议大夫,依前修史。”到了德宗朝谏议大夫不再具有兼任史官的资格,史臣选择的范围进一步缩减。贞元十一年(795年),德宗恩准了裴延龄的上书,“谏官论朝政得失,史官书人君善恶,则领史职者不宜兼谏议。”其次是史料的搜集。

唐初,起居郎与起居舍人尚可随宰相出入正殿记载朝廷大事。在高宗朝则不得居正殿,“与百官皆出,不复闻机务矣。”至宪宗朝,则对史料的收集做了进一步的限制。只有在皇帝诏令和臣下谋议都已经实施、天下皆知的情况下史官才能充分搜集相关史料来书写相关的史事。最后是史书的内容。唐初,史书尚可记载朝廷机密,“旧录有载禁中之言”。至武宗朝,对史书内容做了进一步的限制,史书只能记载众所闻见之事和朝廷大臣共知的章奏,严禁记载禁中之言以及大臣密疏。唐朝统治者对于史书修撰方面的保密措施,防止了朝廷机密的漏泄,保证了朝廷政令的顺利实施。

天文在中国古代社会中居于特殊地位,它涉及了制历、测天、观象、授时、星占、择日等一系列国家重大活动。在政治上,它通过颁布历法来“敬授人时”,这不仅仅是服务于农业生产的活动,更是一种象征代天统治的仪式,是治国安邦的重要组成部分。因此,唐朝统治者非常重视天文的保密工作,认为“司天台占候灾祥,理宜秘密”。凡是与天文相关的祥瑞灾异都要以密封的形式上达,严禁漏泄。“所见征祥灾异,密封闻奏,漏泄有刑。”

唐初,设置太史局来管理天文工作,由太史令“掌观察天文,稽定历数。凡日月星辰之变,风云气色之异,率其属而占候之”。乾元元年(758年)三月,别置司天台,专掌天文工作。为保证天文的保密性,统治者禁止司天台以外的官吏干预天文工作。“凡玄象器物、天文图书,苟非其任,不得与焉。”不仅如此,唐朝统治者还严禁监司官吏与非相关人等交通往来,以防漏泄占候结果。开成五年(840年)十二月,唐武宗专门发布敕令:“自今以后,监司官吏不得更与朝官及诸色人等交通往来,委御史台察访。”

《唐律》将天文漏泄划入“非大事应密”的范畴,即“‘仰观见风云气色有异,密封奏闻’之类”。对于漏泄天文者,徒一年半;如果是漏泄于外族使者,则加一等,徒两年。“有漏泄者,是非大事应密,合徒一年半。国家之事,不欲蕃国闻知,若漏泄于蕃国使者,加一等,合徒二年。”对于漏泄天文于外族之手的,只对首传之人加以处罚,对中间转传之人则不加处罚。“非大事虽应密,而转传之人并不坐。”可见,唐朝统治者虽然重视对天文的保密管理工作,但与政治大事漏泄的处罚相比较,对于漏泄天文者的处罚力度相对较轻。

禁书政策自古有之,最耳熟能详的就是秦朝的“焚书坑儒”。在唐朝同样推行禁书政策,这既是愚民政策的手段,也是巩固统治的需要。

唐朝统治者将禁书列入禁物的范畴。据《唐律疏议》卷第四《名例律》载:“议曰,谓甲、弩、矛、矟、旌旗、幡帜及禁书、宝印之类,私家不应有者,是名‘犯禁之物’。”其中将“甲、弩、矛、矟之类”划入“非私所应有”的范畴,而“谓天文、图书、兵书、七曜历等,是名‘禁书’”。可见,唐朝的天文、图书、兵书、七曜历等都是禁书。在《唐律疏议》卷第九《职制律》中对禁书做了更为明确的划分与说明。“诸玄象器物、天文、图书、谶书、兵书、七曜历、太一、雷公式，私家不得有，违者徒二年。”“玄象器物”即指测量天象的各种仪器。“玄象者，玄，天也，谓象天为器具，以经星之文及日月所行之道，转之以观时变。”“天文”则指各种有关天文星象的书籍。“天文者，史记天官书云天文，日月、五星、二十八宿等。”“图书”“谶书”即图谶，指那些宣扬符命占验、妄言吉凶休咎的书籍。“图书者，‘河出图，洛出书’是也。谶书者，先代圣贤所记未来征祥之书。”“兵书”指《太公六韬》《黄石公三略》之类书籍。“兵书，谓太公六韬、黄石公三略之类。”《七曜历》是根据日月五星计算的历书。“七曜历，谓日、月、五星之历。”“太一、雷公式”则是占卜类的书。“太一、雷公式者，并是式名，以占吉凶者。”另外，祆书也是禁书的一种。祆书即构成怪力、诈为鬼言之书。《唐律疏议》卷第十八《贼盗律》规定：“诸造祆书及祆言者，绞。”除了法律规定的禁书外，唐朝统治者也会根据当时形势的需要规定部分禁书。贞观二十二年(648 年)十月，因在吉州发生有道士宣扬欲为天子、欲为皇后者可读《三皇经》的事件，太宗发布敕令，以《三皇经》不足传授令禁毁。自此以后，《三皇经》成为禁书。武宗朝推行灭佛政策。会昌三年(843 年)六月，太子詹事韦宗卿撰写《涅槃经疏》二十卷进呈武宗，武宗大怒。遂有敕文，严厉斥责韦宗卿“溺于邪说，是煽妖风。”还言道：“而韦宗卿素儒士林，衣冠望族，不能敷扬孔、墨，翻乃溺信浮屠，妄撰胡书，辄有轻进。”武宗还命人焚毁此书，不得外传。会昌五年(845 年)四月，武宗在全国范围内展开全面毁佛运动。僧尼不论有牒或无牒，皆令还俗；一切寺庙全部摧毁；所有废寺的铜像、钟磬悉交盐铁使销熔铸钱，铁交本州铸为农具。可见，在当时佛教经典也是禁书的一种。

1.4 宋朝保密制度

1.4.1 宋朝保密制度及文献概述

在宋朝，一些涉及国家大政方针的决策，都是由皇帝和一些中枢大臣进行商议的。比如宋太祖在商议如何攻取江南时，要求“屏左右，召升殿问状”，只选取一部分皇帝信任的心腹(中枢大臣)进行商议。——《续资治通鉴长编》

侍臣回避制度：宋朝有专门的侍臣回避制度，如果是中书门下或者枢密院的宰相、执政向皇帝汇报国家大事的时候，皇帝身边的侍卫近臣都需要回避。这些侍臣多数是宦官，以及品秩比较低的下级官员，即“朝夕出入在左右，侍臣之任也”。——《曾巩集》

司马光在仁宗朝时曾上过这样一份奏疏：“臣等窃闻，自先帝以来，应两府台谏官等上殿奏事，左右侍臣悉皆屏退，盖以君不密则失臣，臣不密则失身，重慎枢机不得不尔。”——《论臣僚上殿屏人札子》

通过上面这段史料我们可以发现，在皇帝和中枢亲信大臣商议国策的时候，侍臣回避已经成为一种惯例。这种回避就是一种政治保密措施之一。

《周易》中曾有这样的记载：“君不密则失臣，臣不密则失身，机事不密则害成。”这句话强调的就是保密制度的重要性。当时的官员担心奏疏的内容会泄露出去，所以他们比较畏惧，没有人敢向皇帝直接进言。——《周易》

宋仁宗在位时，有大臣提出这样的建议：“乞圣慈念先帝漏言之诫，思《周易》失臣之文。”自此之后,宋朝改变了大臣奏事的制度。在大臣向皇帝奏事的时候需要其他官员退下,这样才使得官员可以上书直言。

这一项制度在王安石变法期间展现得淋漓尽致。因为在王安石变法期间有很多反对派处处阻挠,所以颂时曾多次向宋神宗表示:“此事自不敢不密。”可见宋朝对于政令的管控还是非常严格的。——《宋史·兵制》

储君选择的保密为秘密立储制度的雏形。我国历代王朝对储君问题都非常重视,所谓储君就是未来的皇帝。由于储君的人选涉及多个政治集团的利益,因此一旦储君的问题处理不好,小则政局不稳,大则引发宫廷政变,江山易主。

比如明神宗因为没有处理好储君册立的问题,导致了“争国本”问题的发生;康熙没有处理好储君的问题,导致了九子夺嫡的发生。直到清朝的雍正建立了秘密立储制度,才使得储君的问题得到了初步解决。

宋朝册立储君的保密制度,实际上就是雍正创立的秘密立储制度的前身。宋太宗和宰相寇准商议储君的人选,要求:“屏左右,不令他人闻见”。这实际上就是一种保密措施。——《续资治通鉴长编》

在宋仁宗时,皇帝和宰相韩琦商议储君人选,韩琦向皇帝提出:“此事若行,不可中止。陛下断以不疑,乞从内批出。”通过这句话可以看出,当时宋朝的各方政治势力对于储君人选的关注。——《续资治通鉴长编》

宋朝规定:“建储皆大臣议定,召学士锁院。”储君的人选关乎国家的稳定和安全,因此宋朝采取了储君人选的保密措施,防止了宫廷之中发生政变,避免了兄弟和子侄之间为争夺皇位而骨肉相残。

宰相的废立保密:除了太子的任免外,宰相是人事任免当中最重要的一个。在朝,虽然对宰相的权力有所削弱,但宰相依然是位高权重的。宰相是一人之下万人之上,宰相的任免直接关系到政局的稳定。所以宋朝在废除和任免宰相方面都遵循严格的保密制度。

任免宰相时,宋朝有这样的保密规定:“凡拜宰相及事重者,晚漏上,天子御内东门小殿,宣召面谕,给笔札书所得旨。禀奏归院,内侍锁院门,禁止出入。”——《宋史·职官志》

如图1-9所示为《庆元条法事类》八十卷,保存了有关政治、经济、军事、刑法等各方面的法令,是研究中国法制史的珍贵资料。

1.4.2 宋朝人事任免保密制度

任免宰相的方式为:皇帝和大臣要在一个封闭的空间之内商谈宰相的人选,而且在时间选择上多是傍晚。在此期间,所有的官员都不能随意出入这个区域。这种方式降低了任免宰相的信息被泄露的风险。总之,宋朝宰相的地位是非常高的,可以说是牵一发而动全身。所有的事务都要先汇总给宰相,然后再由宰相向皇帝报告。所以宋朝非常重视宰相的任免保密。这种保密制度极大地降低了宰相的废立对政局的影响。

宋朝并没有在完全意义上实现大一统,在其存在的300多年时间里,一直有一些敌对政权存在。比如北宋时有辽和西夏与之并存,南宋时又有金和蒙古与之并存。如何防止这些使臣窃取国家机密,一直是宋朝统治者考虑的一件大事。为此宋朝统治者专门制定了一套针对外国使臣的保密措施。具体内容如下：

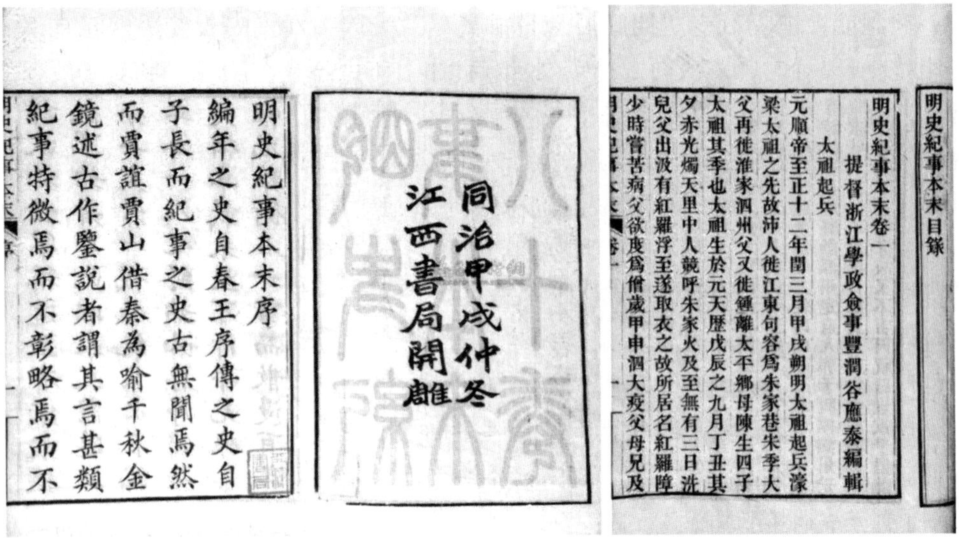

图 1–9 《庆元条法事类》八十卷

1. 选择精明的接待官员

接待官员的选择是一件很重要的事情。作为接待外国的使臣，不仅要具有一定的人际交往能力，而且还要足够精明，不至于让外国使臣获取核心机密。一般来说，统治者都会选拔一些熟悉军事和边防事务的人员充任接待使者的官员。在宋仁宗时有官员上书表示："窃睹自继好以来，每差臣僚奉使，必须经济得人。欲乞今后文臣令给事中以上，武臣遥郡以上……每至选差，入国之次，预行诏敕，专委奏举，方得差充。"——《续资治通鉴长编》

2. 对外使入境路线进行控制

在北宋时，和宋朝有朝贡关系的国家还是比较多的，在东亚、东南亚、南亚和非洲东海岸都有与宋朝保持朝贡关系的国家。这些国家的社团会不定期地前往宋朝进行朝贡贸易。为了防止这些使臣窃取国家机密，宋神宗规定："缘今来入寇之后，理当羁防。其沿路及到阙出入，当差人监视等事。——《续资治通鉴长编》

对于不同国家的进贡使者，宋朝统治者会对他们的路线进行特别的安排，而且还会派专门的人员对使者的行为进行监视，一旦发现什么异常情况就直接向宰相、皇帝报告。这种方式有效地防止了使者窃听国家机密。

3. 对外文书内容的选择

宋朝朝廷对对外文书的内容有着严格的限制，只有皇帝才有资格以国家的名义对外发布文书。一般的大臣不允许擅自接见外国使者，更不允许私自回复外国的通牒。比如《史书》中记载了这样一个例子：

宋朝的一个知州因为"擅回韦州牒许夏国通和也"而被罢官降职。这样的例子在宋朝并不少见。这种政策对宋朝来说是着眼于国家安全大局的。对外交往的信息必须由宋朝的中枢机构掌握，一般的地方衙门不能擅自处理。——《续资治通鉴长编》

通过以上三个措施就能够有效地减小外国使臣获取国家机密的风险。这是宋朝的整体保密措施的重要组成部分。在这种制度之下,不管是女真还是西夏,都很难获取机密情报。总体来说,这一套制度运行的效果还是有效的。

1.4.3 宋朝官员管理保密制度

皇帝是一国之主,皇帝的安全问题关系到政局的稳定和王朝的根本。所以宋朝对皇帝的安全格外重视。皇帝的出行以及要去哪里都有严格的保密措施。除了皇帝身边的近侍太监外,其他官员一律不知。

这种制度对于皇帝的安全有很重要的保障意义。例如,皇帝如果想去某个大臣的家中,他就可以神不知鬼不觉地到达大臣的家中,出现“会车驾至,仓促不及屏”的局面。由此可见,宋朝皇帝的出行保密制度较严格。

但是这种制度也并不是尽善尽美,比如在宋仁宗快要病逝的时候,宫中的太监都知道不能将皇帝的行踪外泄,却把中书门下和枢密院的宰相急坏了,为此文彦博采取了果断的措施:“引都知等至中书令供状,今后禁中事,如不令两府知,甘伏军令。”自此以后,皇帝的行踪不再对宰相们保密。——《涑水记闻》

宋朝通过限制临时审判机构来维持案情保密。“推勘院”和“制勘院”是宋朝常设的两个临时审判机构。宋朝制勘院的办案官员由皇帝亲自委派,直接对皇帝负责,所审公案,多是涉及命官大臣的要案,因此对于制勘官的保密限制尤为注重。宋朝统治者规定:制勘官及其随从至地方办理案件时,不可泄露案情,“如违,并许逐处官吏举觉”。

在中国古代社会,官员、官民之间相互拜谒请托的现象十分频繁,往往会造成案情泄露。宋初,官吏及宾客可随意出入各审判机构,“泄露之弊,无以隔绝”。宋朝统治者为杜绝拜谒造成的案情泄密,对审刑院、大理寺、刑部实行禁谒制度:“审刑院、大理寺、刑部毋通宾客”,并令官员“常切觉察,仍令尚书省出榜于本寺门晓示”。把司法部门的禁谒制度放于民众监督之下,保证了它的贯彻实施。

宋朝对案卷有严格的保存制度。臣僚所奏案卷,“委大理寺每断奏后一月,实封关送刑部”,然后,由刑部胥吏“别置簿历管勾,立便于中书刑房点对承领,用堂印封送赴省,置库架阁,无得交杂损失”。地方上,案件审问完毕,把案件实封“送本州架阁”。案卷的传递采用实封的方式,案卷的保存依次采取“点对承领”“印封”“置库架阁”等措施,再加上对泄露案卷者的惩处,使得宋朝案卷得以有效保密。

为了选拔优秀的法官,宋廷制定了一系列严格的法律考试,且严格保密考试内容,力求考试的公平、公正。考前,“委考试官等躬亲就库密拣公案,亲自封记”,考试的内容就从公案中产生,“不得仍前令库胥签检,致有漏泄”,选题之后,库房封闭,“无使人吏擅有开闭”。

1.4.4 宋朝军事保密制度

宋朝严厉处罚漏泄军事情报者。南宋时,《庆元条法事类》中规定:漏泄各“军马粮草数”,或“军马机密事辄下司者”,均处以杖刑一百下的刑罚。各军兵马和粮草数目,“非朝廷辄取会及供报者”,杖刑一百下。漏泄“诸军马甲仗若防城、备城物数”者,徒刑二年。

宋朝军队布阵和城防部署信息严格保密。至道二年(996 年),宋太宗“自为阵图与王超,令勿妄示人”。宋朝用兵方略“只主将知委,应行将士不得预知,并候临时唱发”。南宋时,宋廷规定:“诸军马甲仗,若防城、备城物数辄漏泄者,徒二年。”宋朝为了保持对先进武器的垄断,刀剑、弓矢、战马、火器等都被列入禁有兵器的范围,不能流传至外界。宋朝初期规定:“弓矢兵器不入外夷”,无故“以堪造军器物鬻于化外者,以私相交易律坐之,仍编管近里州军”。

为防止敌军窃取先进武器,进而仿造制作,宋廷规定武器不能故意丢失。战兵身无它伤,“遗失器甲”者,斩首。无故丢失神臂弓的兵士,“罪轻者,流二千里,许人告。将校节级不觉察,杖一百”。

兵符是传达命令或调兵遣将的凭证。军事传令符信,一方面需要断绝奸细的涉足,另一方面需要保证传信的机密性。这两项职能相辅相成,缺一不可。为此,宋政府诏令有关部门锻造铜兵符,下发各路将领,发兵三百人或全指挥以上时使用;制作传信朱漆木牌,各部、队、将、军传达号令、通报会合及发兵三百人以下时使用;研发传信字验,作为公文、传信牌上验证信息的密码。

宋朝对密码的使用十分精巧。战前,事先将四十条军情约定各以一字为暗号,在偏裨将校受命攻围的时候,“临发时以旧诗四十字,不得令字重,每字依次配一条与大将,各收一本,如有报覆,事据字于寻常书状,或文牒中书之加印记,所请得所报知即书本字,回亦加印记,如不允即空印之,使众人宋朝经济与文化保密制度不能晓也”。

1.4.5 宋朝经济与文化保密制度

宋朝在边境及边境贸易中推行保甲制度,加大对商人的监管力度。宋政府在与契丹交接的地带,设置榷场,以便双方贸易往来。把在榷场经商的商人,“互相结甲,五人每一保”,以控制禁物的出境,防范奸细的出入。沿江州军,也是如此,“江船户五家结为一甲,如有透漏奸细、盗贼及违禁之物,甲内人一等科罪”。为提高商业监管的力度,宋朝还制定相关的告赏制度,告获者,赏钱二百贯。自首者,免除处罚。

宋英宗嘉祐四年(1059 年),宋政府规定馆阁书籍不许官员私自借阅,“其私借出与借之者,并以法坐之”。“诸架阁库文书”如有散失,当值官吏,杖一百;“藏匿、弃毁、拆换见行及应架阁文书者”,徒刑一年。馆阁书籍中涉及不少机密内容,因此需要严密的书籍管理制度。

宋政府禁止民间拥有禁书,这是一种愚民政策,其用意在于控制民众思想。宋仁宗庆历元年(1041 年),宋政府规定:“除孙子、历代史天文律历五行志,并通典所引诸家兵法外,余悉为禁书。”涉及卜筮、阴阳、历算、术数、兵书、敕令、时务、边机、地理等方面的书籍,均不许外传或私自拥有。

1.5 元明清保密制度

1.5.1 元朝保密制度

1. 元朝的人民等级制度

蒙先统治者入主中原后,将全国各族人民划分为四个等级,蒙古人为上等,色目人为次等,汉人为下等,南汉人为最低等。这种等级制度,旨在制造民族矛盾,破坏民族团结,巩固自己统治,同时为国家的保密提供了重要的保障。

2. 保密和对汉族的压迫

单用高官厚禄勉励掌握重要军事秘密的人要尽职尽责,担任国家机关人员只能为蒙古人,元初大小官府机要官吏,不准任用南人,从官员的选拔上限制汉人。凡是官府高官、主官和机要部位官吏,皆由蒙古人充任,对汉人尤其对南汉人不信任,处处防范。可见蒙古人为了保密下了很大的心思。直到英宗至治二年(1322 年),虽对该政策有所放宽,但只是从事一般青吏之职,重要机务不让经其手。《元史・兵序》又说:“兵籍系军机重务,汉人不阅其数……故有国百年,而内外兵数之多寡,人莫有知者。”蒙古官员大多数是世袭的,每一个蒙古首长,如州长、县长,所管辖的一州或一县,就是他的封建采邑。汉人则是他的农奴,他们对汉人没有政治责任,更没有法律责任。可见,元廷对军机大事的保密是何等重视。

元廷为了加强统治,使保密工作更加完善,对汉人进行无情的打压和欺凌。禁止汉人打猎、学习拳击武术、持有兵器(例如数家才可共用一把菜刀)、夜间走路。杀蒙古人的偿命,杀色目人的罚黄金四十巴里失,而杀死一个汉人,只要缴一头毛驴的价钱。蒙古人殴打汉人,汉人不得还手,蒙古人打死汉人只需流放北边充军。

元廷还规定,汉人、南人不允许学习和使用蒙古、色目文字。把每十户编为一甲,蒙古人当甲长,监视人民的行动。汉族尊师重儒,蒙古贵族却侮辱儒士,认为他们连工匠和娼妓都不如,仅仅比讨饭的乞丐好一些,因此有“七匠、八娼、九儒、十丐”的传说。由此也可想到元廷对汉族风俗习惯的不尊重。

蒙古大汗可以随时把汉人视如生命的农田,连同农田上的汉人赏赐给皇亲国戚——亲王公主或功臣之类。在南宋灭亡后所举行的一次赏赐中,少者赏赐数十户、数百户,多者竟赏赐十万户。每户以五口计,一次就得到五十万个农奴。汉人忽然间失去了祖宗留下来的农田,而自己也从自由农民沦为农奴,没有地方可以申诉。蒙古人可以随意侵占农田,他们经常突然把汉人从肥沃的农田上逐走。蒙古人并不用这些农田耕作,而是任凭农田荒芜,生出野草,以便畜牧。

虽然这么做确实增强了保密性,让大部分汉人都处于封闭的状态,但是这么做带来的弊端要远远大于好处。不仅蒙古族与汉族之间矛盾激烈,而且蒙古贵族之间倾轧频频,政变多发,元廷的气数迅速丧尽,无异于自掘坟墓。元廷处处体现着对被统治者的蔑视和人性的践踏。压迫的结果就是到处爆发农民起义,韩林儿、陈友谅、张士诚、方国珍、朱元璋,都是著名的起义领袖。

3. 公文的保密传递

公文的传递是保密手段的一个重要体现。我国古代的公文传递，有一个长时期的发展、演变和完善过程，整个发展过程，大致可分为口头传递、隧烟符节传递、文字信件传递三个时期。元朝的驿传进一步发展，分为站赤(也被称作驿站)和急递铺。据马可·波罗记载：站赤有华丽房屋，全国有骏马30万匹。紧急公文交急递铺传递。各州县设急递铺，有铺丁、铺卒数人，铺卒送公文，悬铃持枪，夜晚举火，路上行人车马闻铃让道，遇火避开，每夜行百里，像接力赛跑一样。

4. 驿站系统与通信

公文快速和有效传递是实现国家政令畅通的重要手段，我国古代公文传递制度通常被称为驿传制度。到了元朝更加重视公文传递系统的建设，在全国设立了许多驿站和急递铺作为公文往来的大动脉和交通枢纽，建立了程序规范、制度完善的公文驿传制度，保证了公文的及时、有效、准确、安全传递和政令的推行，为后来的公文传递积累了宝贵的经验。尤其是在内蒙古自治区黑水城出土的近2 000多件汉文文献中，有一些反映黑水城地区公文往来的文书，为我们研究元朝公文传递制度提供了宝贵的资料。

1264年，忽必烈迁都大都，建立以大都为中心的水马驿站及急递铺网络系统。据《元史·地理志》记载，元时全国有驿站1 519处，陆驿有马45 000匹，站赤有车3 900辆，水驿有船5 921只，大大小小的急递铺有20 000多处，如此规模庞大的公文传递系统，有效加强了中央与地方、地方与地方之间的沟通联系。正如元人胡祗遹所说："朝廷之发号施令，诞告万方，云行雨施电掣星驰不旬日。而际天所覆，罔有不及万方之察命，朝贡轮蹄络绎，辐辏京师，山行水宿，饮食车马，盘薄休息，所至如家。亿万里之远，不知其劳，此驿传舍馆不可阙者也。圣天子神武仁圣，混一六合，往古不臣之国，书、传、地志不载之异域，来享来庭。"

5. 急递铺系统

提到"急递铺"，人们可能对此感到比较陌生。从字面上也看不出它到底有什么用途。实际上，"急递铺"本不是"铺"，和商业并无关系。"急递"也并不是今天我们所说的商业快递，但在作用上已经有相似之处了。

元廷设置了专用于军政大事公文传递的急递铺系统。"十里或十五里、二十五里，设一急递铺，十铺设一邮长，铺设卒五人""转送朝廷方面及郡邑文书往来"。凡中书省、枢密院、御史台公文及各地紧急重要公文，用木匣封锁，标明号码、日期等，交给急递铺传送。各铺均要验件签押，以保证递件的安全和传送速度。元朝统一中原后，蒙元军队对外侵伐，势力范围急剧扩张，蒙元帝国所控制的土地远超前代。面对着空前广袤的国土，蒙元统治者深知交通通信的重要性，于是在全国范围内大力推行驿传制度。可见元朝的驿传制度也是历代建设得比较好的。

蒙元在保密刑法中规定：如"伪造文书，斟酌勾当轻重，处死或出军""诸中书机务有泄其议者，量所泄事闻奏沦罪"。如发现所递送的文书有稽缓、摩擦、沉匿等现象，根据情节轻重对犯事者进行处罚，一犯笞责，再犯罚俸，三犯处斩。可见文书的保密性是元人非常看重的。

1.5.2 明朝保密制度

1. 明朝的票拟与批红

内阁大臣的建议被写在一张纸上,贴在奏章上面,这叫作“票拟”。而皇帝用红字做批示,称为“批红”。按照规定,皇帝仅仅批写几本,大多数的“批红”由司礼监的太监按照皇帝的意思代笔。以往,按大明祖制,太监读书识字是被严令禁止的。明宣宗不仅修改了这个规矩,而且在他的鼓励下,宫里还成立了专门的太监学堂。后人猜测:明宣宗这一做法,其目的就是让太监牵制内阁的权力。久而久之,一种奇怪的政治格局出现了。

2. 明朝的内外制衡

明朝内廷、外廷的机构完全对称。外廷有内阁、内廷有司礼监;外廷有三法司,内廷有东厂、锦衣卫;外廷有派往地方的总督、巡抚,而内廷有派往地方的镇守太监、守备太监;等等。这样,内廷、外廷相互制约,才能确保皇帝的决策地位。但是,这也造成了内廷、外廷两大政治势力争权夺利。

北京紫禁城东部的这片建筑在明朝叫作文渊阁,明朝的内阁就设在这里,在明朝万历年间,内阁首辅张居正让这个紫禁城里最不起眼的房子成为声名显赫的所在。在文渊阁办公的内阁成为实际上的政务决策者。

表面上,例行的政务流程似乎并没有改变,但决策权却出现了转移。张居正做到这点,理由是:首先,当时的万历皇帝还是个孩子,张居正身为皇帝的老师,很容易影响皇帝的决策。其次,万历帝的“批红”是在司礼监冯保指导下完成的,而冯保跟张居正关系密切。内阁首辅张居正把自己的意见授意他人,写成奏章,再由自己“票拟”赞同。幼年皇帝的批红自然毫无问题。

就这样,大臣的“奏章”、阁臣的“票拟”、皇帝的“批红”,由内阁首辅张居正一手操控,达到空前一致。其实张居正的新政推行得并不是十分顺利,改革必定面临利益冲突的争斗,而张居正、冯保、万历(实际上是万历生母)三个权力体系代表者协作,尤其是万历年幼,冯保、张居正素有交情,二人不对峙,使得张居正掌阁初期拥有绝对的权力,可是万历成人之后,情况则有了变化。自明初以来,明朝的政务中心就在紫禁城这几个地方转换,权力的交替左右着明朝的国运。宫闱重重之中,争权夺权的阴谋时有发生。

通过几代皇帝的努力,明朝已经形成了一套完整的内阁政务体系,它在权力平衡方面堪称完善。

3. 密疏的使用与保密

明朝的密疏是一种有别于一般题、奏本的特殊上行官文书,有别只是体现在密疏的内容相对保密,上呈的渠道较为特殊。皇帝对密疏的处理方式既无须内阁的票拟,也无须司礼监代为批红,更不经过六科的发抄。但这种形式上的不同,只体现为上奏内容的载体差异,就密疏所奏报的内容性质来说,与正常章奏可能并无太大的差异。

研究明朝密疏的内容是十分困难的,除了密疏的内容本身十分繁复外,还因为作为反映明朝密疏原貌的档案资料几乎没有被保存下来。要研究明朝密疏的内容,就必须对密疏的内容进行认真的分类,而密疏内容繁复又给我们对密疏内容进行分类带来诸多困难。明朝密疏的内容大致包括奏报天象异常，奏报地方收成、雨旸、灾害等，奏报民情，奏报军机，禀明政情，参劾官员，举荐官员，官员互讦，规谏皇帝，向皇帝乞请，向皇帝谢恩，与皇帝论学议事或共商国策等。根据不同的分类原则，明朝密疏的内容分类也是多种多样的。如根据密疏的内容属性，可将密疏的内容分为奏事类密疏、乞请类密疏和谢恩类密疏。其中奏事类密疏数量最大，内容也最丰富，史料价值最高。根据皇帝对密疏是否批答，又可将密疏的内容分为已批答密疏和未批答密疏两类。根据密疏呈奏人奏报事务所属的区位特征，可将密疏的内容分为奏报京师事务与奏报地方事务两大类。根据密疏奏报的事由分类，可将密疏内容分为内政、外交、军机、民族事务、天文地理、经济生产、社会生活、宗教活动等。

朱元璋废相以前，由于明初承前元旧制，朝臣及地方官所上密疏，均经中书省丞相之手，所以才有胡惟庸“内外诸司上封事，必先取阅，害已者，辄匿不以闻”的情况出现。

胡惟庸将本来上呈给皇帝的密疏先取阅，遇“害已者”就匿而不呈，以邀截密疏，说明朝臣的密疏在直达御前的过程中保密出现了问题。为防止中书省邀截密疏，并削夺中书省的权力，朱元璋于洪武十年（1377 年）六月下诏，“令天下臣民，凡言事者，实封直达御前”。不久又设通政司转呈密疏，使之直达御前。胡惟庸被杀后中书省也随即罢黜，此后朱元璋重典驭下，私截密疏之事从此少有发生。

密疏的书写和誊录是上呈密疏的第一个环节，也是密疏可能泄密的第一个环节。明朝朝臣进呈密疏，书写与誊录，一般不能由他人代劳，多是进密疏者本人亲自执笔。密疏由进密疏人亲自书写，既可表明进密疏人的诚恳，又同时起到保密的作用。严嵩所进密疏，无论何种情况，都亲自书写誊录，干净整洁的疏面，经常得到世宗皇帝的嘉奖；而夏言所进密疏，疏面不整，且有“改洗字面”，多次遭到世宗诘责。

除了朝臣出于保密的需要而自觉坚持亲自书写密疏外，明朝的皇帝也经常要求朝臣亲书密疏，从而保证密疏的保密性。皇帝强调朝臣进密疏时要亲自书写，就意味着有的上密疏者不是亲自书写的。

令人代书，就存在泄密的可能。余继登的《典故纪闻》卷 16 记弘治十二年（1499 年），阁臣进密疏出现令人代书泄密之事。因此，孝宗特谕内阁：“今后凡有拟票文书，卿等自行书封密进，不许令人代写。”密揭是阁臣上呈皇帝的一种特殊文书，也是密疏的一种，“凡有拟票文书”并不仅仅指阁臣对朝臣章奏的处理意见，密揭亦在其中。

嘉靖六年（1527 年）十月，内阁首辅杨一清患眼疾，所上密疏皆由其侄代书，为此世宗特谕杨一清：“卿近日眼目疾发，不能亲写，令侄代写。目疾卿当用心调摄。凡有密疏，稍轻之事可着侄代书，其至重者，还劳卿自写。又卿侄非他人比，必保无泄事情，变要常加委训。”当然，让家人代书密疏，与内阁中制敕房中书的代书是不一样的，家人代书的保密性显然要更高一些，即便如此，皇帝还是经常要求朝臣注意密疏的保密性。

密疏书写加封后，就进入了呈递的过程。在密疏呈递的过程中，经手的部门和环节更多，特别是地方官上呈的密疏，有时经驿递传送还会迁延更多的时日，这就给密疏的泄密增加了更多的可能。因而，密疏呈递的过程也是防止密疏泄密的重要环节。

如果在密疏的书写时和密封前没有泄密，那么，密疏传递的过程则是密疏泄密的重要渠道。严格地说，只有朝臣利用觐见皇帝之机当面呈上的密疏，才可能不会出现泄密。除此之外，无论是经过通政司转呈，还是至会极门直呈，以及在紧急情况下从宫门门隙递入内廷,都有可能出现邀截密疏从而导致密疏的泄密。

当然,紧急情形下可从宫门门隙递入内廷密疏,这在明朝出现的次数特别少。一般来说,密疏都能及时送至御前,还没有出现过密疏泄密之事。因此,明朝加强密疏呈递过程中的保密措施,对通过通政司转呈和会极门直呈这两种方式的意义更加突出。

如果密疏安全递至通政司而不泄密,只能说已经完成了密疏呈递的一半,和明朝中后期的京官将密疏递至会极门一样,通政司和会极门还须将其收到的密疏送入内廷,直达御前。在这个过程中,也还有密疏被泄密的可能。

朱元璋设置通政司就是为了解决中书省先阅密疏,甚至邀截密疏的弊端,加之朱元璋重典治下,明初通政司的设置,基本上实现了对密疏的保密措施。具体的措施是通政司将臣民所进的密疏直接呈送御前,从而达到密疏保密的目的。所以,明人陆容说:“洪武、永乐间,实封皆自御前开拆,故奸臣有事即露,无幸免者。自天顺间,有投匿名奏本言朝廷事者,于是始有关防。然其时但拘留进本人在官候旨意,出即纵之,未尝窥见其所奏事也。”

对于那些从地方到京师密奏的臣民来说,为了让他们能保密而通畅地实现密疏言事,通政司也做了相应的保障工作,“南京通政司门下有一红牌,书曰奏事使。云洪武间,凡有欲奏事不得至御前者,取此牌执之,可以直入内府,各门守卫等官不敢阻挡”。从而确保密疏在从通政司转入内廷的过程中不会泄密。

1.5.3 清朝保密制度

满人初入关时,因不通汉文,大致参照明朝保密做法。雍正、乾隆时,发出许多保密谕旨,以令的形式要求各级予以执行。中期以后,基本形成了适应封建制度,特别是皇权高度集中需要的系统、详细的一套保密规章制度。

1. 清朝皇权高度集中的保密制度

清朝的皇帝对保守国家机密是相当重视的。乾隆曾针对保密重要性说过:“君不密则失臣,臣不密则失身,理应如是。”这一说法在理论上虽不全面,但他认识到保守国家机密关系到生死存亡的问题。

清朝中枢机构不断更迭,先后设有议政处、内三院、内阁、南书房、军机处等。这些内外廷机构,都是执掌中枢国政机务的。其中军机处和内阁时间持续最长,直到清末所谓“新内阁”出现时方被裁撤。内阁长时间徒有虚名,只成为办理行政例行性事务之机构。而军机处是皇帝直接亲操的机要核心机构。如图 1-10 所示为军机处。

军机处的出现,标志着我国封建专制皇权进入最高峰。皇帝利用它可以“乾纲独揽”,因此,它的保密纪律很严格。凡承旨拟办机密事项,概要保密,如有泄露,有关人员则会受严厉处罚;所撰拟谕旨有两类,一是“明谕”,交由内阁抄发,二是“密谕”,写后加印密封,直接交兵部驿站传递;军机处办公地点,专派监察御史值班看守,严禁无关人入内;所使用杂役人员,皆系十五岁不认字孩童。

2. 清朝的机密文件管理

清朝内阁及内阁大库为贮存机密之所,大门外挂有皇帝谕旨:“机密重地,一应官员闲杂等,不得擅入,违者罪不饶”(分别用满文、汉文书写)。雍正应保密之需,谕令下属用奏本做报告而不要用题本做报告。他说:“盖国家之事有不便宜漏于木章者,亦有本章所不能备悉者,亦有应用密奏请旨者,是奏折之用乃慎密详之意。”(见雍正八年七月上谕)因为奏折(密奏、奏本)属于直接进呈皇帝之机密报告,不需经内阁官员之手,而题本需按办文程序先送内阁“票拟”(提处理意见),然后由内阁转至皇帝。清朝还规定“所有皇考朱批谕旨”“臣工奏折,奉有朱批者”“俱著敬谨封固进呈”。也就是说,凡是皇帝对臣工谕旨和批示,臣下用后均要密封送回朝廷统一保管。

图 1-10　军机处

3. 清朝保密制度的演进

清朝从关外入主中原,要确保政权的稳固,自然要想出种种控制手段。刚开始,由于一切处于草创阶段,这方面做得并不好,连军机处这样的核心机密生成地,也经常有泄密的事件发生。但从雍正皇帝开始,军机处保密规章变得严厉起来。

比如,军机大臣只准在军机处处理当日所奉谕旨(皇上的指示),其他部委机关的文件不准在军机处处理,一般的官员不准到军机处报告事情,甚至,军机处的章京(专职办事官员)办事处,一般官员都不得窥视。这是对保密场所的严格管理,对文件的办理也逐渐完善。

当时每天的奏折,是在寅卯二时发下,由军机处章京分送各军机大臣传阅。凡是在奏折上批有“另有旨”“即有旨”,则由军机处章京用专门的保密匣子装好,请军机大臣到皇帝处请示,军机大臣再根据皇帝的意思,指导章京们起草圣旨,再报经皇帝亲笔改定后,交各机关办理。至于文件的传输,大多交由兵部承担,要层层签字画押,责任到人,确保万无一失。

晚清政府还制定了《惩治漏泄军事机密章程》,其中规定,如探知、搜集、传播、盗窃而泄露军事秘密地图、文件等者,分别轻重,科以三年、五年、十年、二十年以至永远监禁刑和死刑。

1.6 中国古代失泄密事件

在理解和解读古语中的智慧时,我们常常发现其蕴含的深刻含义与当代的理念并无太大的差异。例如“君不密则失臣,臣不密则失身,机事不密则害成”,其核心意义是,君主如果不能妥善地保密,便可能失去臣民的信任;同样,臣民如果不能保密,可能会遭受到威胁;而对于重要的事务,如果不能保密,就可能引发灾难。

然而,这句古语在现代的语境下,经常被修改为“君不密则失身,机事不密则害成”。这一修改不仅反映了对原有句子的理解,也揭示了保密对于国家安全的至关重要性。尤其在古代,君主的地位特殊,关于他们的重要事情一旦泄露,后果可能远超出丧失臣民的信任这一范畴,甚至可能导致君主自身的灭亡和国家的覆灭,进而改变历史的进程。

在下面的章节中,我们将通过一些古代的保密事件,深入探讨保密的重要性,以及保密在古代社会中的实际运作和应用。

1.6.1 东郭牙隐蔽信道窃密

在中国历史上,有一则关于齐桓公和他的首席顾问管仲的经典故事。这二人密谋攻打莒国,然而,在他们的计划公之于众之前,消息已经传播开来。此事的源头竟然是宫中的一名仆役,名叫东郭牙。值得注意的是,东郭牙并未通过偷听而获得这一信息,而是通过观察而得知的。东郭牙解释说,在不同的场合下,人们的表情会有所变化,他看到齐桓公和管仲在高台上有着怒气冲冲的表情,加上齐桓公的口型和手势,他判断出齐桓公和管仲在讨论对莒国的进攻。《重言》一书对此案例的评价是,即使没有听到声音,但通过观察一个人的表情和动作,也能从中获取信息,这是“听”和“视”的最高境界。

齐桓公召集诸侯会盟,因为卫国迟到,齐桓公大怒。事后齐桓公便在朝廷上与管仲商量攻打卫国。待到退朝进入后宫时,夫人卫姬连忙跪下来,替卫国请罪。齐桓公说:“无缘无故的,你请什么罪?”卫姬说:“你进来时,足高气强,说明有对外用兵之心。当你看见我的时候,脸色突然一动,可见要打的是我娘家卫国。”第二天齐桓公上朝,见了管仲,向他拜了又拜,管仲便说:“你放弃攻打卫国的主张了吗?”齐桓公说:“你怎么知道的?”管仲说:“君之揖朝也恭,而言也徐,见臣而有惭色,臣是以知之。”《精谕》中说道:“桓公之所以匿者不言也,今管子乃以容貌音声,夫人乃以行步气志。桓公虽不言,若暗夜而烛燎也。”“听于无声,视于无形”,并不是神秘主义,而是有相当的科学道理。现代语言学研究表明,除了有声语言外,“形体语言”也可以传达信息。国外有所谓“唇读间谍”,可以判读无声画面中人物所说的话,他们就是现代的东郭牙。比如《淮南子》就非常重视反情报,要求将帅必须做好保密工作,进而提出“藏形”的观念:“是故圣人藏于无原,故其情不可得而观;运于无形,故其陈不可得而经。”在作者看来,“藏形”是分境界高下的。如果能达到最高境界,就可以实现“虽有明目,孰能窥其情”的理想效果,从而“使彼知吾所出而不知吾所入,知吾所举,而不知吾所集”,充分掌握战争主动权。

1.6.2 血书密诏，谋刺曹操

《三国演义》第二十回，许田打围之后，汉献帝回到宫中，哭着对皇后表示，曹操用献帝弓箭射中猎物，三军高呼万岁，曹操竟然站到献帝身前接受祝贺。本来献帝历尽磨难，来到许都以为曹操是真心对待自己，没想到依然是把自己当成傀儡。献帝提出："（曹操）早晚必有异谋，吾夫妇不知死所也！"于是皇后说，满朝文武就没有一个人可以解救国难吗？伏皇后的哥哥站出来，推荐车骑将军董承可以担当重任。董承的妹妹是汉献帝的贵妃，董承和献帝是一条绳子上的蚂蚱，应该会出力吧。于是献帝写了衣带诏给董承，希望董承邀请一些有志之士，共同进行诛杀曹操的行动。董承邀请了侍郎王子服、长水校尉种辑、议郎吴硕，王子服邀请了将军吴子兰，之后西凉马腾主动求见，马腾又推荐刘备，一共七人参与密谋。这七人当中，王子服、吴硕是汉末名士，而其他五位都是军中要员，在当时，曹操的地位也并不稳固，北有曹操南有袁术、刘表，朝中更有许多忠于汉室的大臣，可是这次行动竟然在还没有发动之前就夭折了，除去刘备身在徐州，马腾回到凉州，其他五人都被曹操杀死。一场热热闹闹、大有可为的行动，为何最终惨淡收场呢？关键原因是他们各有打算，人心不齐，尤其是刘备，作为大家寄予厚望的英雄人物，采取了消极怠工、徘徊观望的态度，导致迁延日久，秘密泄露。先说董承，他是献帝国舅不假，但他本是董卓女婿牛辅的部将，李傕、郭汜祸乱长安，一些人打着护送的名义挟持汉献帝来到洛阳，以求得更大的利益，而董承就是诸将领之一。后来献帝来到洛阳，封董承为辅国将军。当时曹操派曹洪率军抢夺汉献帝，可是董承率军据守关隘，打退了曹洪，后来董承和另一位将军韩暹不和，就暗通曹操，请曹操率军来到洛阳，打退了韩暹。因此，董承虽然是献帝国舅，但是在许都得到了车骑将军的高位。我们也可以看到，董承并非一个一心忠于汉室的臣子，他始终打着自己的小算盘。

王子服是汉末名士，在太平日子的时候，他经常表现得很有气节。可是，一来，王子服和种辑、吴子兰、吴硕等人在许都不过是小人物，并没有足够的能力除去曹操；二来，当吉平毒杀曹操的事情败落，开始调查王子服四人的时候，还未对四人用刑，他们却已经魂不附体，坚持说自己不知道有衣带诏的事情。可以说这几位成事不足败事有余。剩下就只有马腾和刘备了。马腾是西凉太守，手中有十来万西凉骑兵，实力强悍。马腾是唯一一个主动表示要参与行动的，而在《三国演义》中，马腾也一直作为忠臣出现。可是，最终他也没什么作为。董承等人并不相信马腾。当马腾来到董承府上时，董承竟然拒绝相见。直到马腾执意要见，董承才勉为其难与其见了一面。经一番交谈后，董承怀疑马腾是曹操派来试探自己的，当然最后大家还是选择相信了马腾，毕竟西凉骑兵军团的加入还是非常有诱惑力的。可是马腾是真心锄奸吗？也不是。马腾在面见董承之后，提出的唯一建议，就是邀请刘备进入这个圈子。其实，当时刘备没有什么能力，除了有大汉皇叔的虚名，一无实权，二无兵马，反倒不如马腾。

1.6.3 帝衣带中的密诏

正史对"帝衣带中的密诏"交代不清，只说献帝把谋刺曹操的密诏藏在衣带里，赐给董承，董承遂和刘备等人密谋除去曹操，因事机败露，董承等反曹分子遭满门抄斩。献帝对曹操的跋扈专权忍无可忍，决定委托董承铲除曹操，但曹操耳目遍及朝廷，一点风吹草动也难逃曹操法眼，如何召见董承，交代任务呢？献帝小心翼翼地把谋刺曹操的诏令，以血书写成，秘密缝制在衣带里头，并以犒赏功臣为名，把锦袍玉带赏赐董承，并咬耳朵说："你回去后仔细观看，不要辜负朕的心意。"这就是所谓的"衣带诏"。曹操早就得到密报，说皇帝和董承窃窃私语，他即刻赶到，半途遇到董承，问明来意后，要求查看锦袍玉带，却怎么也查不出什么玄机，只好放行。锦袍玉带面乃是白玉玲珑，碾成小龙穿花，背用紫锦为衬，董承不知其故。"于桌上辗转寻之，不觉疲倦，伏几而寝。忽然灯花卸落于带鞓上，烧着背衬。承惊醒，视之，烧破一处，微露素绢，隐见血迹。故取刀拆开视之，乃密诏也。"董承也机灵，立即拆开衣带，赫然发现血书，指示董承集结忠义之士，除灭曹操奸党。董承一夜难眠，天亮后，到书房再度拿出诏书，反复思量，却无计可施，不觉打盹，他的好友王子服发现诏书，故意收藏起来，唤醒董承，董承醒来，不见诏书，吓得魂飞魄散。算起来运气真好，王子服也是忠心赤胆之辈，愿意共举大事，于是白纸黑字，立下誓约。种辑、吴硕、吴子兰、马腾、刘备等人随后也加入反曹阵营。后来，刘备得了机会离开曹操。董承少了这股力量，束手无策，忧愤成疾，献帝派太医吉平问诊。几日后，董承已无大碍，和吉平对饮成醉，和衣而拥，却因日有所思夜有所梦，梦见他和众路英雄围击曹操，口中连连骂出"操贼"等字眼。吉平听到了，问说："你要谋害曹公吗？"董承吓得面无人色，不能言语。好在吉平愿意共举大事，于是表明心迹，打算利用为曹操看病开药时下毒陷害。

董承大白天打盹，诏书不藏好被发现；半夜醉酒说梦话，吐露反曹心意。两次泄密，若非运气好，加之旁观者本来就有同仇敌忾之心，大事岂不葬送在他手里？当然，如果粗枝大叶的做法不改，运气不可能无限消耗。董承并未得到教训，吉平走后，董承大喜，正好撞见家奴秦庆童和侍妾云英在暗处说悄悄话，大怒，下令逮捕，各责以四十大板，并把秦庆童拘禁起来。秦庆童夜半扭断铁锁，翻墙而出，怀恨在心，向曹操告密，说："王子服、吴子兰、种辑、吴硕、马腾五人，在家主（董承）府中商议机密，必然是谋丞相（曹操）。家主将出白绢一段，不知写着甚的。近日吉平咬指为誓，我也曾见。"秦庆童的指控再度暴露出隔墙有耳的可畏，以及董承的粗心。府里宾客来来往往，无法秘密集会也就罢了，但取出白绢书写，被家奴看见，吉平咬破手指，也被家奴看见，保密防谍不严谨在前，对一切可能看在眼里的家奴不知笼络，反而大责重惩在后，导致家奴告密，计划曝光。接下来的发展是吉平下毒被曹操抓个正着，董承等五人被灭门，连董承的女儿董贵人也难逃一死。汉献帝也差点被废。皇帝想撇清关系？难啊，因为曹操派人搜查董承卧房，搜出衣带诏和五人小组所盟誓的义状，人赃俱获，无法抵赖，这再度显示董承的粗率，一者诏书藏不住，一搜即得；二者一群人指天对地发誓即可，白纸黑字写下被当作证据做什么呢！

1.6.4 借粮官头以安军心

建安二年（197年），袁术在寿春称帝。曹操知道消息后非常震怒，遂"奉天子以令不臣"，率兵讨伐袁术。他亲自率十七万兵马去讨伐，结果打不过袁术，最终被困在寿春城中。袁术仗着城厚壕深，粮多兵锐，紧闭城门，拒不应战，准备用拖延之计把曹操拖垮，使其不战自退。王垕一直打不下寿春城，曹操的十七万军士每日都要消耗大批的粮草，而且补给的粮草未能及时送到,正巧又赶上当时连年干旱,就算是征粮也十分困难。

曹操在城外坚持了一个多月后,眼看粮草就要用完了,无奈之下,他只得写信向孙策借粮,好歹借来了十万斛的粮米,但这也是杯水车薪,仍难以满足大队人马的需要。正在曹操为此事急得焦头烂额之时,粮秣官王垕来到曹操帐中禀报:“丞相,如今兵多粮少,眼看就要无米下锅,我们应当怎么办,请丞相定夺!”曹操看到粮秣官王垕,略加思索,心生一计,他让王垕用小斛分粮给士兵。然而王垕担心这样分粮,士兵们会有抱怨,时间长了容易出现哗变。但是曹操却说:“你只管这样做,我自有计策。”王垕领命而出,等到煮饭时间,他按照曹操的命令,改用小斛分发军粮,弄得将士们纷纷抱怨。曹操趁机派人到各营寨去探听风声,果然各营寨都对这种做法怨声载道。后来,兵士的怨气、怒气越来越大,眼看就要哗变,形势即将难以维持。于是曹操将王垕秘密召到帐中,对他说:“我想向将军借一件东西,以平息众将士的怒气,请你千万不要舍不得呀。”王垕说:“丞相想借什么呢?我一定尽力而为。”曹操说:“我想借你人头示众,以平众怒。”王垕听罢,连忙喊冤,说:“丞相,我这么做完全是按你的命令行事,我真的是无罪啊!”曹操说:“我知道你没有罪,但是,以现在这种情势,如果不杀你,军心就难以稳定。”“你就放心地去吧,你死后,你的老婆孩子我会妥善安置,你就不必多虑了。”之后曹操喊出刀斧手将王垕推出门外一刀斩了,然后,命人把王垕的人头悬挂在高杆上,并通告全军:“王垕故意用小斛散发粮米,盗窃官粮,谨按军法,斩头示众。”众将士看到是运粮官克扣了自己的口粮,并已被军法处置,便逐渐消了怨气。曹操趁机让军士饱餐一顿,用以表明粮草充足。然后,下令进攻敌军。士兵一鼓作气打败敌人,并从敌军手中夺得大量粮草,安然度过了粮食危机。

从这个故事中可以看出,曹操智谋过人,颇有遇事不惊的素质,但同时也有着奸诈无比的本性。有一年,曹操行军打仗归来,在归途中久久寻找不到水源,军士们都口渴难耐,步履维艰。曹操见此情形急中生智,传令三军,谎称前方不远处有一片大梅林,果实丰盈、滋味酸甜,可以解渴。士卒们一听不禁口中生津,充满斗志,于是加快步伐前进。虽然没能找到梅林,但很快在前方发现了一处汲水的地方。

当年曹操刺杀董卓没有成功,就逃出京城。之后董卓派人追捕,并四处张贴告示、画影图形,到处设下捉拿曹操的罗网,情势十分险恶。曹操和救他脱险的陈宫逃到他父亲的老友吕伯奢家。吕伯奢热情款待,因家中无酒,便急忙出去买酒。曹操坐在前堂,忽听后面有磨刀声,顿起疑心。及至悄悄走到后窗,听里面说:“绑起来,杀吧!”曹操顿时大惊失色,没等再认真观察,就决定先下手。于是他提剑闯入内宅,见一人杀一人,老少八口全倒在血泊之中。等他杀到厨房,却见一只猪刚被捆上四蹄待宰。这时才明白是因误会而错杀了真诚待客的主人一家。曹操和陈宫只好匆匆逃离吕家。但在半路上又和兴冲冲、喜滋滋沽酒而归的老翁吕伯奢碰上了。陈宫满面愧疚,抬不起头。曹操却在两马相遇之际,一挥剑,又把慈祥的老翁杀死了!陈宫大惊:“前面杀人,是由于误会;现在明知是恩人,却还要虐杀,太不像话了!”曹操道:“伯奢到家,一见被杀之人,必定告官,追杀我们!”“你这样做,也太不仁义了!”陈宫道。曹操冷笑:“宁可我对不起天下人,但绝不能让天下人对不起我!”

1.7 本章小结

在正反两方面实践和思想交锋的基础上，从唐朝开始，就不断有人提出保密应当适度的观点，至明朝，左懋第提出了较为系统的见解。将左懋第以及其他人的观点综合概括下来，主要分为如下两点：一是应当区分秘密和非密。左懋第提出，涉及军事的事项，关系重大，必须秘密行事，应当确保机密；对地方叛乱或者社会动乱的情形，则应当及时公开，以便朝野共谋对策，也有利于消除各种谣言。二是秘密事项应当及时解密。左懋第提出，对于战争和叛乱的对策，在采取行动之前应当保密，以防敌人知晓；一旦战争结束，则应当公开，以让公众知晓谁是为国家立功之人，也为以后行事积累经验。保密适度思想的提出与现代国家政府机关对秘密的保护和公开的思想有着相当多的相似之处，是中国古代保密制度发展的闪光点之一。

总的来说，中国古代的保密工作和制度是以维护皇权为核心的，体现出较为浓厚的秘密政治文化色彩。在传统社会中，对于君主而言，保密主要是作为一种统治之术而存在的，停留于对国家秘密的消极保护，还谈不上对信息资源的合理利用。

第2章　中国近现代保密工作、法律及制度

自鸦片战争以后，中国保密形势空前严峻。一是保密技术严重落后。在中日甲午战争及随后的马关谈判中，中国往返密电全部被日方破译，而中方对此毫无察觉。二是传统保密制度不能适应新形势的需要。如在中日甲午战争前夕，日本间谍机关在华活动多年，几乎窃取了中国海军的全部情报。而清政府不但不能严守军事机密，反而纵容一些日本间谍活动。三是受新闻自由的冲击。对于一些重要公文，地方尚未接到正式文件，但报纸上已经全文登载。其中大部分属于可以公开的政务文件，但也有一些属于机密外交文件，公开后使政府外交工作处于极大被动状态。

面对危机，中国有识之士提出了加强涉外情报保密工作、改革传统保密制度、平衡新闻自由与保密权等主张。清政府一面改进保密技术，一面积极建立、健全保密法制。

一是建立电报保密制度，定期修订密码本，颁布《处分泄露①电报章程》，确立泄露电报责任追究制度。

二是颁布《钦定大清刑律》，设立专章“泄露机务罪”，确立泄露国家秘密罪及其责任追究制度。

三是颁布《惩治泄露军事机密章程》，建立泄露军事机密责任追究制度。

四是颁布《报章应守规则》(1906年)、《大清报律》(1908年)及《钦定大清报律》(1910年)等新闻法规，初步建立新闻保密审查制度，禁止报纸登载国家秘密事项。

情报战在政治斗争和国家战争层面起着无可替代的作用，从清末北洋时期到新中国成立时期，保密工作在国共内战期间虽然进行得不太顺利，但也得到了发展。在抗日战争期间，雅德利将自己在重庆抗日战争时期破译密码的传奇经历写成了一本书——《中国黑室》，从中可以看出我国在抗日战争时期保密工作的重要性。解放战争，亦称第三次国内革命战争，是中国人民解放军在中国共产党的领导下，为推翻国民党统治、解放全中国而进行的战争。在战火硝烟的背后，我军与敌对势力在重要信息保密领域展开斗争，出色地完成了保密工作，不仅保障了中央军委对各部队便捷畅通的指挥，还通过侦听破译获取了敌军大量情报，在我军通信保密史上谱写出一段传奇。新中国成立后，毛泽东曾多次强调“必须十分注意保守秘密，九分半不行，九分九也不行，非十分不可”。由此可以看出，保密工作的重要性。在新中国成立初期，在动荡的内外大环境中，新中国的保密工作面临着极为复杂的形势和极为艰巨的任务。随着我国改革开放的不断深入，社会主义市场经济体制的建立和建设的高速发展，保密工作体现出了其不可替代的重要地位。

但随着科技和社会的不断发展，保密工作也面临着新的问题。改革开放四十多年来，我国的保密法制有了较为明显的完善。

---

① “泄露”原为“泄漏”，为力求表述一致，本书采用了《现代汉语词典》(第7版)的推荐词形；另外，将具有“利用电波、光波等信号传送文字、图像等”含义的“通讯”一词改为了“通信”。——编者注

2.1 晚清时期的保密工作、法律及制度

2.1.1 晚清时期保密工作的技术管理

就晚清政府言,电码本的编订与使用大抵经历两个阶段。先是单本专用时期。1871年,法国人威基杰从《康熙字典》中,由部首“一”字起,至部首“龠”字止,检出6 800多个常用字,并将其排号,编成第一部中文电码本《电报新书》。就在威基杰完成《电报新书》初稿之际,国人张德彝亦开始编订汉字电码本《电信新法》。该本后经不断修订,逐渐成为使用最广、使用时间最久远的官方专用密码本。至19世纪70年代后期,随着中国不断派出正式驻外使节,他们中的一些人开始另编电码本,以与国内联系,这使得单本专用的格局被打破,并有逐渐增多之态势。

从现有资料看,1882年至1883年,总理衙门似乎只向两广总督曾国藩、江海关道邵友濂等寄送过《电信新法》,而此时的《中信新法》已经是在张德彝的《电信新法》基础上屡经增删汉字的修订本。第一次比较大范围地颁发《电信新法》是在1883年年底。为了应对中法战争,总理衙门向南洋大臣、闽浙总督、福建巡抚、浙江巡抚、江苏巡抚和山东巡抚颁发了《电信新法》。战争使得总理衙门进行更为迅速和统一的信息交换。

总理衙门不断更新电码本,以期保持对电报的监督和管控。1888年后,总理衙门(1901年后改为外务部)又相继颁发了至少9种电码本,分别是厘定电报新法(1890)、红字电信新法(1895)、密新本(1897)、己亥本(1899)、宙字本(1900?)、洪字本(1902)、辰密本(1904)、午密本(1906)、申密本(1908)。1897年之后,逐渐形成了指定电码本两年一换的制度。这些指定电码本的设计与使用也越来越复杂。如红字《电信新法》在统颁发之前就已经在总理衙门与驻外使臣之间开始使用;密新本则统一增加了设密方法;己亥本和宙字本因义和团运动而未能如电码本集体颁发;颁发洪字本时推行了将宙字本作为常行本,而新颁发电码本作为机密电报密本的规则,甚至在1908年出现了申密、午密、辰密、洪密四本在短时间同时发用的情况。总理衙门(外务部)指定电码本的颁发与使用逐渐制度化、复杂化,反映了电报使用范围更为广泛,使用群体更加复杂多样化,因此这意味着对电报的管控愈加困难。

为了解决通信中的保密问题,洋务官员郑观应主张采取“密改号数”的方案,即“随时密改号数,如空谷传声之法,则即经理者尚不知某号为某字,况他人乎”?《电报局招商章程》对此有详细说明,电码本“虽排定号码,尽可两地先自暗约伸缩加减。如寄信者与接信者约定加一百五十号检字,则本来欲寄第一百号爰谛霏之他字,便须缮用第二百五十号爰再批之假字,他人即使按号查检,但知爰再批系属假字,惟接信者查得是他字,惟此变法,只有发信与收信二人明白,即本局亦无从句读,何漏之有”?

以现代密码学来考察,郑观应的这种移位加密技术在当时已然具有一定的安全性,而且当时针对这种加密技术的破译方法尚未出现。但是这种加密方法在使用公开的电码本的情况下,其保密的核心显然在于所约定的“密改号数”,也就是现代密码学所称的密钥。

当对手获取加密前的原文和加密后的密文，便能迅速推算出该密钥。

应该说，郑观应所提出的保密问题解决方案，在中国电报试办乃至大规模建设后相当长时期内较具代表性。1880 年，直隶总督兼北洋大臣李鸿章奏设中国第一条电报大干线——津沪线时，对电报泄密问题即用此案："如传秘密要事，另立暗号，即经理电线者，亦不能知，断无漏泄之虑。"而在李鸿章奏设津沪线前，福建巡抚丁日昌于 1877 年奏设台湾电报线时亦提出："将来仍拟将洋字改译汉字，约得万字，可敷通报军情、货价之用，然后我用我法，遇有紧急机务，不致漏泄。"此处的"我用我法"也大抵不出"另立暗号"的方法范畴。

2.1.2 晚清时期保密工作的人事管理

清政府将电报收归官办之后，电报人为泄密问题开始出现日渐严重之态势。1908 年 3 月 29 日，清政府颁布《处分泄露电报章程》，订明：凡局员"泄露军国要报，查有确实证据者，以军法从事，通同者，监禁十年，知情不告者，监禁五年"；"泄露寻常官报，查有确实证据者，监禁十年，通同者，五年，知情不告者，三年"；"泄露商报，查有漏情形发生，该局委员及驻局总管、正副领班均有失察之咎，应予一并严办"。而对于局内举报泄密之人，分别给予 200 至 1 000 元数量不等的奖励，以资激劝。此外，邮传部还对报房司员办公任事订出规则，诸如外人不得擅入报房、报房之内不得私自抄写、严密保管报底、严格收存机制等。至此，晚清电报保密制度在人事管理上基本完备，从而为电报保密制度的全面形成奠定又一必要基础。

1884 年中法战争爆发后，郑观应于当年 10 月向李鸿章上《防法条陈》，提出"华商所设各处旱电报之处宜归华官办理，不准传递商报，泄露军情"。这一建言尽管表明有识之士对战争期间电报保密工作的高度关注，但从中亦可知此项工作是无规章可循的。

1894 年中日甲午战争爆发后不久，郑观应又致函电报局总办盛宣怀，提出："电报局须传谕严戒，不得与日本人往来、为日本人打报及泄露电报与日人。总办应派委员密查，如司事学生及局内丁役人等但有此等情事者，即照军法从事，不可稍为徇纵。"尽管郑观应在此所提出的"照军法从事"之建言极具建设性，并对后来规章制度的形成产生重要影响，但却提示是时对电报员生保密问题的管理仍存在很大随机性。直至 1902 年 10 月盛宣怀为电局员生请奖还称，在庚子事变及辛丑议和期间，曾严饬各局员生，倘泄露电报，"必从严惩办"，如能"递报慎密，定必从优奖叙"，反映出电局仍未定有专章规防电报泄密问题之情状。

制定专章是在清政府将电报收归官办之后。1902 年 12 月 12 日，清廷颁布上谕，拟将商办电报收归官办。翌年 1 月 15 日，清廷派袁世凯任督办电政大臣，吴重熹任驻沪会办大臣。3 月 29 日，袁、吴正式接任。为加强管理，吴赴任后，对电局司员"再三劝谕，严定案程，于军国要政，不准稍有泄露；于商民各报，不准稍有稽延；于错码误字，亦须认真查究，以重报务"，将保密工作置于加强报务的首要地位。此亦从另一侧面表明，电报人为泄密问题开始出现严重之态势。不久，袁世凯颁定《处分泄露电报章程》，对泄密者量定"罪名甚重"。这一章程的颁定，尽管很不成熟，但毕竟结束了对局员保密工作无章可循的历史，故意义较大。1906 年 11 月，邮传部设立。翌年 7 月，该部对《处分泄露电报章程》重新修订，通饬各局遵行。上述情况反映出自电报官办后，对电报局员的保密工作管理不断加强。但需注意的是,尽管专章已定,且治罪严厉,然"时逾一载,成效未见"。例如:"在局司员领生,因循弊混,营私误公,遂致阻线延误漏泄诸弊,层见叠出。"更有甚者,"近来各处要件,时有登载报纸之事,甚至上日之电,次日即已登报,原电全文,一字不错"。邮传部认为,个中原因,当"必有报生串通奸徒,得贿传抄情弊,更有贿购密本,私通各埠,漏泄机要"。邮传部的判断有其重要事实依据。

2.1.3 晚清时期保密工作的新闻管理

与西方国家相比,中国可谓保密法制的先进、新闻自由的后进。在报业输入中国之后的一段较长时期里,清政府都未意识到新闻业对国家秘密的冲击,当然更谈不上予以法律规范。直到 1906 年 10 月,巡警部颁布《报章应守规则》才首次做出相关规定:"凡关外交内政之件,如经该管衙门传谕报馆秘密者,该报馆不得揭载。"违者按照情节轻重,对发行人、编辑人及印刷人处以一个月以上,一年以下监禁,或十元以上二百元以下罚金。而当清政府意识到保密权与言论自由权的冲突,且认识到可以"国家秘密"为名限制新闻自由之后,即始终坚持"保密优先,公开例外"的强硬立场。与此同时,新闻业也逐渐认识到自己言论监督之责,先后围绕《钦定大清报律》第十二条与《报纸条例》第十条,与政府展开博弈。这一过程跨越清末、北洋政府乃至国民党政府时期,成为考察中国近代保密法制绕不过去的风景。

关于《钦定大清报律》第十二条之争,发生在资政院与军机处之间。争论起因为资政院提交的初稿规定"外交、陆海军事件及其他秘密政务,经该管官署禁止登载者,报纸不得受载"。军机处认为这项规定不妥。理由是按照《大清现行刑律》《惩治泄露军事机密章程》和《大清新刑律(草案)》,军事、外交和内政机密均不得泄露,违者要追究刑事责任甚至处以死刑。此类秘密信息,报纸不得登载不言而喻,无须报机密均不得泄露,违者要追究刑事责任甚至处以死刑。但主管部门声明禁止登载的除外。如果按照初稿"外交、陆海军事件及其他秘密政务"的规定,则意味着"政务秘密"不受保护,报界可以随意报道。这与刑律有关规定相悖。因此,建议删去初稿中的"秘密"二字,修改为"外交、陆海军事件及其他政务"。资政院(背后有报界支持)持相反看法,认为政务事项禁载报道不符合政务公开潮流。最后,双方相持不下,奏请皇帝裁决,以军机处意见为标准。

同治十三年(1874 年)三月二十九日,清廷发出密旨:"日本使臣上年在京换约时并未议及派员前赴台湾生番地方之事,今忽兴兵到闽,声称借地操兵,心怀叵测……生番地方本系中国辖境,岂容日本窥伺!该处情形如何?必须详细查看,妥筹布置,以期有备无患……着派沈葆桢带领轮船兵弁,以巡阅为名,前往台湾生番一带察看,不动声色,相机筹办。应如何调拨兵弁之处?着会商文煜、李鹤年及提督罗大春等酌量调拨……着李鸿章、李宗羲随时咨明总理各国事务衙门核办。"这份密谕显然属于国家军事机密。但不到半月,五月十二日香港《华字日报》即将其全文刊载。此后,"林华书院新报、上海汇报,一系五月二十三日刊发,一系五月二十八日刊发"。而且还刊发了沈葆桢四月十九日的奏折。对此,清政府大为恼火。

清末新闻业的兴起,虽然给清政府保密工作带来重大冲击,但也在一定程度上推动了保密法制的进步。当时许多重要机密公文,地方尚未接到正式文件,但报纸上已经全文登载。清末两江总督彭玉麟曾上奏指出:“寄信及各省紧要公件,未经见明文,而外间已传说纷纭,刊入报纸。初谓民间谣传,未足深信,既而无不吻合,殊堪诧异。即如此次天津所议简明条约,未接密咨以前,已见各报馆详为刊列。”为平衡保密需要与新闻自由,清末和北洋时期先后出台报律,就新闻禁载事项做出规定。政府先后在《报章应守规则》(1906 年)、《大清报律》(1908 年)及《钦定大清报律》(1910 年)等新闻法规中,就禁止报纸登载国家秘密事项做出具体规定。此外,《资政院院章》第二十条规定,对于资政院“咨请答复”的事项,如果军机大臣或各部行政大臣认为“必当秘密者”,可以只将“大致缘由”声明即可。

19 世纪末至 1911 年辛亥革命前,清政府制定了新闻条规和法律。早期清政府处理有关报纸的案件,大都援用《大清律例》中禁止“造妖书妖言”的条款。其中规定:“凡造谶纬妖书妖言,及传用惑众者,皆斩”;“各省抄房,在京探听事件,捏造言语录报各处者,系官革职,军民杖一百,流三千里”。清政府先后在 1906 年和 1908 年颁布了《大清印刷物专律》和《大清报律》。1906 年,清政府还以巡警部名义公布《报章应守规则》9 条,令报界遵守。所订 9 条中,有“不得诋毁宫廷”“不得妄议朝政”等规定。

继《报章应守规则》之后,清政府在 1907 年公布了《报馆暂行条规》10 条。其中大部分条文与《报章应守规则》类似,只增加了一项新内容,即“凡开设报馆者,均应向该管巡警官署呈报,俟批准后方准发行”。把《大清印刷物专律》中规定的注册登记制度,变为更加严格的批准制度。

《大清报律》比《大清印刷物专律》对报纸的限制更为严厉,不仅将《报章应守规则》的 9 条内容全部载入,还增加了 2 条新的管制措施:

(1)采取保押金制度,规定创办报纸必须交纳一定数额的保押费;

(2)实行事前检查制度。

《大清报律》规定:“每日发行之报纸,应于发行前一日晚十二点钟以前,其月报、旬报、星期报等类均应于发行前一日午十二点钟以前,送由该管巡警官署或地方官署,随时查核,按律办理。”

2.1.4 晚清时期对于泄密的态度

同治九年(1870 年),“庚申,刘坤一以漏泄密谕,褫职留任”。吏部奏,江西巡抚刘坤一漏泄密寄,遵旨严议。刘坤一应比照例案,于降一级留任例上从严加等。议以革职留任。《大清穆宗实录》也记录了这起事件,刘坤一仅仅是留职察看,不久之后仍升任北洋的重要官职,足见清末官员保密意识淡薄。

3 月 29 日,清廷发出密旨:“日本使臣上年在京换约时并未议及派员前赴台湾生番地方之事,今忽兴兵到闽,声称借地操兵,心怀叵测……生番地方本系中国辖境,岂容日本窥伺!该处情形如何?必须详细查看,妥筹布置,以期有备无患……着派沈葆桢带领轮船兵弁,以巡阅为名,前往台湾生番一带察看,不动声色,相机筹办。应如何调拨兵弁之处?着会商文煜、李鹤年及提督罗大春等酌量调拨……并着李鸿章、李宗羲随时咨明总理各国事务衙门核办。”

6月20日和7月25日,清政府连发两道谕旨,令两江总督李宗羲严查,并严格规定了文件管理办法:“嗣后遇有中外交涉事件,务当益加慎重,不得稍涉疏虞,致干咎戾。并着照该大臣所请,嗣后奉到谕旨及陈奏折片,除抄寄总理各国事务衙门及应行函寄各处外,其余均不必抄咨,以昭严密。”而李宗羲把“皮球”踢到了福州,泄密事件并非起源于上海,两江衙门没有责任。

清光绪十二年(1886年),在北洋水师造访日本长崎期间,中国水兵上岸购物与日本警察发生冲突,北洋官兵死8人,伤42人;日本方面死2人,伤27人。事件最终被定义为因语言不通引发的误会,日本支付清政府52 500元,清政府支付日本15 500元。这个事件虽然不是以清政府的单方面退让收场,但是该事件发生期间却造成了清朝制造电报密码方法的泄露。

在1886年8月15日发生的“长崎事件”中,一个名叫吴大五郎的长崎市民,偶然捡到了一本小字典。这本小字典最终被送到了日本情报人员手中。日本密码专家发现,这本小字典的纵横两侧,标注了0,1,2,3,4,5,6,7,8,9的阿拉伯数字码,他立即断定这是北洋水师电报用汉字译电本——密码本。

吴大五郎并不是一个普通的市民,其父是日籍华裔,他本人是中日混血,因此他对汉、日两种语言文字都很熟悉,是当时日本急需的“特种人才”,也是日本明治维新后首批赴华留学生。他本人就是一名日方谍报人员。

1894年6月22日,日本与中国决裂,外相陆奥宗光交给汪凤藻一份外交照会,以前的照会日本都是用日文书写,然后由汪凤藻译成中文发回国内,这次日本用的却是中文书写,汪凤藻虽然觉得奇怪,但是并没有深究,他把文件用电报发给了总理衙门。实际上这封长达30页的电文并非照会这么简单,是日本人故意用中文写的,而里面的文字也都是经过精心挑选和安排的。由于汪凤藻警惕性不高,放过了这一疑点,未能识破阴谋,结果为后来的甲午海战和马关谈判埋下了祸根。

电信课长佐藤爱麿通过长崎血案中吴大五郎捡到的密码本、外相发给驻日公使的诱饵电文和日本电信课监听并截获汪凤藻发回总理衙门的电报数字码三个情报,破解了清政府电报密码。

1. 日本间谍在华活跃,导致清廷在中日甲午战争中失利,日本在华的谍报机构如下。

(1)乐善堂

聚集大量日本间谍,以经营药材、出版图书为掩护而开展间谍活动。汉口为总部,下设湖南、四川、北京、天津、上海5个支部。分块对中国各地进行调查研究,掌握了大量一手可靠的情报。例如环渤海一带的海岸线被伪装成渔民的间谍测遍,为后来日军登陆做铺垫。

(2)日清贸易研究所

日清贸易研究所于1890年建立,打着做生意的幌子进行秘密跨国办学,先后培养日本间谍100多个,在中国各地开展大规模间谍活动,为发动甲午战争做了充分的情报准备。

2. 甲午战争前后情报泄露对战争产生的重大影响

(1)陷入朝鲜战争的泥潭

朝鲜战争前,日本先是以保护日本使馆为借口出兵诱使清军出兵朝鲜,接着表面上答应撤兵,实则增兵驻朝日军,占据了相当的优势,最后打着给朝鲜改革的旗号拒绝撤兵。在此期间，李鸿章与袁世凯间的电报往来全部被窃听截获，清军的一举一动都在日军眼中，最终清朝被拖入战争的泥潭之中。

（2）丰岛海战惨遭偷袭

1894年7月10日，距离丰岛海战还有14天，宗方小太郎化装成农民顺利抵达威海，当晚登上城西环翠楼侦察威海基地形势和灯火情形，从而判断港内军舰数量。这里是威海城的制高点。第二天他又登上威海东门远眺查看威海军港，发现刘公岛前的海湾停着13艘军舰，日本方面根据宗方小太郎提供的情报，派出联合舰队偷袭丰岛，正式挑起中日甲午战争。

（3）马关谈判底线被日方掌握

1895年3月至4月，中日双方于春帆楼展开了七次谈判，在此次谈判中，李鸿章与总理衙门之间的电报往来完全处于日本军方的监测之下。在3月24日下午爆发了震惊世界的马关刺杀案后，日本方面因国际压力暂时停战，但是削减了一亿两白银的战争赔款，因为在李鸿章第六轮谈判前收到了清政府发来的电报，日本破译后知道了清政府的底线，之后日方再也没有做出让步。

2.1.5　晚清时期电报的发展

1. 1871年——最早传入中国的电报通信

英国、俄罗斯、丹麦敷设的香港至上海、长崎至上海的水线，全长2 237海里。1871年4月，由于违反清政府不得登陆的规定，由丹麦大北电报公司出面，秘密从海上将海缆引出，沿扬子江、黄浦江敷设到上海市内登陆，并在南京路12号设立报房，于1871年6月3日开始通报。这是帝国主义入侵中国的第一条电报水线，帝国主义同时在上海租界设立了电报局。

2. 1873年——中国最早的汉字电码本

由于汉字由许多部首组成，结构复杂，字形繁多，一个字一副"面孔"，拍电报时不能直接用电码来表示。因此，采用由4个阿拉伯数字代表一个汉字的方法，简称"四码电报"。中国汉字多达6万字，常用的汉字只有1万个，所以用10的4次方（10 000）来表示（"四码电报"的来历）。1873年，法国驻华人员威基杰参照《康熙字典》的部首排列方法，挑选了常用汉字6800多个，编成了第一部汉字电码本，名为《电报新书》。后来我国的郑观应将其改编为《中国电报新编》。这是中国最早的汉字电码本。

3. 1873年——中国人最早研制的电报机

华侨商人王承荣从法国回国后，与福州的王斌研制出我国第一台电报机，并呈请政府自办电报。清政府拒不采纳。

4. 1881年——中国自主建设第一条长途公众电报线路

1881年4月，从上海、天津两端同时开工，至12月24日，全长3 075华里的津沪电报线路全线竣工。1881年12月28日正式开放营业，收发公私电报，全线在紫竹林、大沽口、清江浦、济宁、镇江、苏州、上海七处设立了电报分局。这是中国自主建设的第一条长途公众电报线路。

5. 1887 年——中国自主建设第一条海底电缆

1898 年百日维新时,电报被新法提升到了正式公文的地位。我国最早使用无线电通信的地区是广州。早在 1899 年,就在广州督署、马口、前山、威远等要塞,以及广海、宝壁、龙骧、江大、江巩等江防军舰上设立无线电机。

6. 1905 年——天津开办中国最早的无线电学堂

1905 年 7 月,北洋大臣袁世凯在天津开办了无线电学堂,聘请意大利人葛拉斯为教师。他还托葛拉斯代购马可尼无线电机,在南苑、保定、天津等处行营及部分军舰上装用,用无线电进行相互联系。

7. 1906 年——我国开通最早的民用无线电通信

1906 年因广东琼州海缆中断,在琼州和徐闻两地设立了无线电机,由此开通了民用无线电通信。这是中国民用无线电通信之始。

8. 1908 年——上海地区最早开设无线电台

1908 年,英商在上海英租界的汇中旅馆私设了一部无线电台,与海上船舶通报。后由清政府收买,移装到上海电报总局内,这是上海地区最早的无线电台。

9. 1911 年——中国最早的远距离无线电报通信

1911 年,德商西门子德律风公司向清政府申请,要求在北京、南京设立无线电台,进行远距离无线电通信试验。电台分设在北京东便门和南京狮子山,通报试验结果良好。辛亥革命时,南北通信就靠这两地的试验电台沟通。

电报技术传入晚清后,得到了一定程度的发展。电报学堂成为晚清时期电报技术传播的主要阵地,并且为晚清的电报事业培养了相当数量的技术人员。

电报学堂是晚清传播电报技术和培养电报技术人才的最重要场所。晚清电报学堂始于 1876 年丁日昌所办的福州电报学堂,正式的电报学堂始于 1880 年津沪电线架设时创办的天津电报学堂。随着电线架设的延伸和扩展,对电报人才的需求日益增多,继天津电报学堂之后,各地相继设立学堂。在晚清时期设立的电报学堂中,比较重要的主要有福州电报学堂、天津电报学堂和上海电报学堂。

电报技术是由西方人发明的,由于西方国家和中国在社会和文化上都存在差别,所以电报技术要想进入中国就必须完成技术的本土化,特别是在电码方面,因此清朝发明了“四码电报”。

由于“四码电报”仍存在一些不便,所以有不少人开始研究更方便的汉字电报编码,不久便有了拼音电报的设想。拼音电报就是用拼音字母来代替汉语,使用汉语拼音来发电报。1897 年,王炳耀出版了《拼音字谱》,提出了一种具体的电报拼音化设计。我国最初尝试使用拼音电报是在 1925 年的东北铁路线。但直到 1958 年《汉语拼音方案》正式公布以后,我国才开始正式使用汉语拼音发电报。

2.1.6 晚清时期的泄密事件

1. 1873 年,日本派遣使臣到北京,拜见清大臣毛昶照、董恂

会见中,日本使臣有意刺探清政府如何处理“牡丹社事件”的态度。日本使臣在谈话中

装作随意询问清政府如何处置“牡丹社事件”中犯事的台湾居民。毛昶照、董恂对日本使臣刺探国家秘密的意图毫无警惕,口无遮拦地说:“杀人者属生番,系化外之民,朝廷不予追究”,寥寥 17 个字,把清政府对“牡丹社事件”肇事者不予追究等国家秘密泄露给了日本使臣。

日本得到这些梦寐以求的秘密情报后,便开始了蓄谋已久的侵略台湾和占领琉球群岛的行动。日方先让海军将领桦山资纪和经精心挑选的军人装扮成中国大陆商人到台湾,以经商名义进行秘密勘察,获取台湾沿海地形详细数据及其他方面的秘密情报,为武装入侵台湾做准备。之后,又借口为“牡丹社事件”中死去的琉球人“讨回公道”,迅速组建以陆军中将西乡从道为总指挥的侵略军入侵台湾。

在这种情况下,清政府才意识到事态的严重性,于是在 1874 年 6 月任命沈葆桢为钦差大臣,督办台湾军务,积极备战,抗击日军。在清军及台湾居民的坚决抵抗下,日军撤出台湾。但日本不甘心军事上的失败,无理要求中国赔偿出兵台湾所开支的军费,并承认日本出兵台湾是“保民义举”。在英国、美国的所谓“调停”下,清政府被迫与日本签订了《北京专约》,给日军死亡士兵 10 万两抚恤银,又用 40 万两白银购买日军在侵台时修筑的各种设施,并承认“牡丹社事件”是加害日本国属民,日本出兵是“保民义举”,为日本占领琉球留下了祸患。《北京专约》的签订,使日本彻底摸清了“大清帝国”的软弱无能,之后以武力强行占领琉球,开始了对琉球的殖民统治,积极扩充兵力,企图再次入侵台湾。

2. 1895 年 4 月 1 日,日本将缔和条约底稿交李鸿章

其内容涉及朝鲜自主,奉天南部地方及台湾、澎湖让与日本,赔偿日本军费库白银 2 亿两,开放北京等 7 处口岸以及通商、设厂等项。因底稿内容大大超出中方的预料,为抵制日本的企图,李鸿章遂采纳顾问科士达的建议,于当晚 6 时寄电总署,让之将和约中关于朝鲜自主、割地、赔款等三项内容密告英、法、俄三国公使,并告知中方之态度:“日本如不将拟索兵费大加删减,并将拟索奉天南边各地一律删去,和局必不能成,两国惟有苦战到底。”欲以此激起三国之干涉。李鸿章在电文中另提出:“至日本所拟通商新约详细节目,一时务乞毋庸告知各国,恐见其有利可沾,彼等协而谋我。”

4 月 3 日,清廷收到此电文,随即商讨对策。但由于日方破译了此电文,从而掌握了李鸿章的策略,遂采取应对措施,变被动为主动。就在清廷收到李鸿章电文的当日,日本外相陆奥宗光即电告该国驻俄、美、英、法公使:“现已查明,清国将我之讲和条件,泄露给英法俄三国,制造出日本国如不取消割让金州之要求,不减少赔款金额,清国除继续进行战争外,别无他法之虚假借口,企图以此请求上述各国进行干涉。然而,此只不过是企图获得外国援助之狡猾手段而已。”又称:“李鸿章似乎避免将我国政府为各国利益而要求之通商上之让与通知给各国。盖因上述让与为各外国以前屡屡提出之要求,清国已加以拒绝之故。”遂令各公使将所有讲和之条件密告驻在国政府,“并须相机为我之要求条件进行辩护”,以遏制李鸿章计划之实现。

据此,日本掌握了李鸿章的计划与策略,了解到清廷的基本态度与应允底线,从而有针对性地商定对策、采取措施,使得中方在谈判中极为被动。中国因电报技术管理问题付出了惨痛代价。

2.2 民国至新中国成立时期的保密工作、法律及制度

2.2.1 清末民国时期保密法制的发展

清末民国时期保密法制的历史发展大略可以划分为清末、北洋政府和国民政府三个阶段。

1. 清末时期为起步阶段

清末时期，颁布了近代中国第一部保密法规，即邮传部于1902年颁布、1908年修订的《处分泄露电报章程》。该章程根据泄露电报的种类（“军国要报”“寻常官报”“商报”）、参与的程度（泄露者、通同者、知情不报者），对泄密者处以三个月到十年的监禁，确立泄露国家秘密罪。1907年修订法律馆奏呈的《大清新刑律（草案）》和1911年清政府正式颁布的《钦定大清刑律》，均专设一章“泄露机务罪”，规定对泄露政务秘密罪，刺探、收集和泄露军事秘密罪，处以半年以上至十五年以下有期徒刑，为敌国间谍者可处死刑。制定军事秘密保护法律。陆军部于1908年颁布的《陆军惩治泄露军事机密章程》，对刺探、搜集、泄露军事机密者，处以一年以上有期徒刑直至死刑。初步建立新闻保密审查制度。清政府在《报章应守规则》（1906年）、《大清报律》（1908年）及《钦定大清报律》（1910年）等新闻法规中，禁止报纸登载国家秘密事项。

2. 北洋政府时期为过渡阶段

北洋政府时期，基本沿用前清保密法制，如《暂行新刑律》。“泄露机务罪”基本沿用《钦定大清刑律》有关内容，《报纸条例》“禁载”部分也基本沿用《钦定大清报律》有关内容。但同时，个别条款有所进步，如应报界的要求，陆军部颁布了《报纸应守军事秘密范围条款》，首次对所谓“军事秘密”的具体范围做出规定，使“禁载”有章可循。其内容共有以下13项：

（1）战时军队编制、驻扎地及出发时间；

（2）战时后方勤务计划；

（3）整旅计划及准备；

（4）要塞地域内兵备及防御设施；

（5）国防及作战计划；

（6）战斗动态；

（7）战时军械、军需运输及存储地点；

（8）尚在交涉中的军事外交事项；

（9）军队中的异常变动；

（10）军队裁并及调遣计划；

（11）军械购置及制造；

（12）未公开宣布的重要军官的任免、调遣；

（13）其他经陆军部禁止登载的内容。

3. 国民政府时期为发展阶段

改革刑律关于泄密罪的规定。国民政府认为北洋《暂行新刑律》关于“泄露机务罪”的处罚过于严酷，不符合世界潮流，遂做出重大修改。完善军事秘密保护法律，陆续颁布《陆海空军刑法》《军机防护法》《惩治汉奸条例》等刑事特别法，对泄露军事秘密者可处死刑。建立战时新闻保密检查制度。抗战时期设立战时新闻检查局，实施《战时新闻禁载标准》《战时新闻违检惩罚办法》。完善内部保密制度。北洋时期内部保密规定比较零散，多为公文管理规定中的个别条文，民国政府时期有较大进步，如考选委员会 1944 年颁布《机密文件管理办法》、军事委员会 1947 年颁布《防止各部队失落重要机密文件办法》等。

民国时期，日本在东北、华北和华东军事侵略活动逐步升级，直至发动全面侵华战争。国民政府为加强保密工作，先后建立中统和军统机构，专门负责情报和保密工作。抗战爆发之初，国民政府迅即侦破黄濬案，一举铲除藏身行政院内部的日本间谍网，取得对外情报保密斗争的重大胜利。在保密法制建设方面，国民政府也做出不少贡献。

一是改革刑法典关于泄密罪的规定。在体例上，仿照西方刑法，将“泄露机务罪”有关规定，分别并入第二章外患罪和第四章渎职罪；在内容上，区分战时与和平时期，区分国防秘密、军事秘密和其他秘密，量刑总体上有所减轻，不设死刑。此外，“立法院”还陆续颁布《陆海空军刑法》《危害民国紧急治罪法》《军机防护法》《惩治汉奸条例》等多个刑事法规，“司法院”也发布多个司法解释，对泄密罪的定罪量刑做出更加具体的规定。

二是完善军事机密保护法制。

三是建立战时新闻保密检查制度。

四是完善内部保密制度。

2.2.2 推动清末北洋时期保密法律的要素

清末北洋时期的保密法律快速发展，其原因如下：

1. 传统保密法律的深厚积淀

首先，中国悠久的保密传统使得清末引进西方保密法制时基本不存在心理障碍，无须太多理论论证。在法律上，汉律有“漏泄禁中语”罪，唐律有“漏泄大事”罪，明清律有“漏泄军情大事”罪，情节严重者均处死刑。清朝奏折制度更以其保密措施完备而著于世。此外，中国传统保密法律还有一些值得借鉴的地方。如《唐律疏议》“漏泄大事”条提出“事应密”的概念，并区分了“大事应密”和“非大事应密”。此后宋元明清也大致沿袭这一界定。与之相比，清末民国时期保密法律的相关规定反显逊色。

康有为曾批评清末保密过度的情形，他说：“今我胶旅之割，失地失权之事，乃至有列名仕籍，奉职京僚，而瞠然不知，或怡然不信者。蔽隐如此，何以激士气而动忠愤乎？”清末军机处在《钦定大清报律》第十二条论争中，将《大清律例》与《大清新刑律》并提，应该也是基于二者在对泄密罪的制度设计上并无重大差别。

其次，中国古人对保密过度的批评和思考。明朝崇祯时期，刑科给事中左懋第就当时密封过多一事向皇帝上书。他提出，保密的必要性和重要性是毋庸置疑的，但是保密范围和期限值得考虑，并应区分“有必当密者”“有不可密者”“可密于事先而不必密于事后者”

"当密于今日而不必密于明日者"四种情形。

"如事关兵机,方且动于九天,藏于九地,何可不密也?如警报何边寇扰、某地动静之情,胜败之事,廷臣知之,以便各献刍荛;各要害知之,以便共图备御,何可密也?况邸报之抄传有定,道路之讹言无端,疑揣转甚,张皇恐多,廷臣纵有所闻,未免因而箝口,何可密也?如制边之策,诸臣有密奏,密之可也。边已安矣,仍当使廷臣共知其何策以安边。剿袭之谋,廷臣有密奏,密之可也。寇已平矣,仍当使廷臣共知其何策以剿寇。此可密于事先,而不必密于事后者也。如逮有罪之人,不密恐其人将遁。人已获矣,则必昭布其所以逮之故。如诛有罪之人,不密,虑其人将自裁。人已正法矣,则必昭布其所以诛之实。此当密于今日,而不必密于明日者也。"

这实际上就是对保密与公开关系的探讨。其中"有必当密者"与"有不可密者"的区分类似于现代保密法有关知悉范围的规定;"可密于事先而不必密于事后者"与"当密于今日而不必密于明日者"的区分则类似于现代保密法关于保密期限和解密条件的表述。

此外,就立法技术而言,传统法制也有值得赞赏之处。如关于国家秘密的定义,《唐律疏议》卷九"职制门"下的"漏泄大事"条首先提出"事应密"的概念,并区分"大事应密"和"非大事应密"。就立法技术而言,唐律这一区分,与我国现行法中关于国家秘密和工作秘密(内部事项)的区分、美国法中关于保密信息(classified information)与非密受控信息(unclassified control information)的区分,有着异曲同工之处。与之相比,清末民国时期保密法制有关规定在立法技术上反显逊色,至于在内容上,完全照搬西方国家秘密分类(国防秘密、军事秘密和其他秘密),也有刻舟求剑之嫌。

中国传统上尽管以保密为主,但主张公开也是其重要方面。中国古人对于保密与公开关系的探讨也进入了比较科学和理性的层面,尽管没有用知情权和保密权之类的概念。对于今人,重要的是尊重传统、研究传统,在此基础上扬长避短、推陈出新。那种将我国当前保密制度的弊端简单归咎于传统的观点是值得商榷的,也是不可取的。

2. 战争和技术的推动

鸦片战争之后,中西交往增多。电报被广泛使用后,保密形势更趋严峻。其中影响最大、代价也最为惨痛的泄密事件就是日本在甲午开战之前破译清廷电报密码,获悉"高升"号开船日期这一关键情报,在马关议和期间又破译李鸿章与国内往来的所有密电。面对危机,清廷借鉴西方经验,开始对保密专项立法。《陆军惩治漏泄军事机密章程》不但规定死刑,而且规定量刑时不区分主犯还是从犯、教唆犯还是行为犯、军人还是平民,首开中国近代军事秘密保护法律的先河。民国时期,由于刑法典的精神趋于宽和,国民政府于 1932 年出台了《军机防护法》,作为刑法典的补充,抗战爆发后又建立战时新闻保密审查制度。

国民党政府时期,鉴于刑法典有关规定较为宽和,不能适应当时严峻的战争环境,"立法院"于 1932 年制定了《军机防护法》,作为刑法典的补充。同时,还建立战时新闻保密审查制度。1930 年《出版法》第二十一条规定,"战时或遇有变动,及其他特殊必要时,得依国民政府命令之所定,禁止或限制出版品关于军事或外交事项之登载。"1942 年《国家总动员法》进一步规定,政府在必要时可以对人民言论、出版、著作等权利加以限制,包括对报馆、通讯社之设立,报纸通讯稿及其他印刷物之记载,加以限制、停止或命其为一定之记载。抗战爆发后,国民政府设立战时新闻检查局,颁布了《战时新闻检查办法》(1939 年)、《战时新闻违检惩罚办法》(1939 年颁布,1943 年修订)和《战时新闻禁载标准》(1943 年)等具体法规。

3. 新闻业兴起的冲击

清末新闻业的兴起,给保密工作带来重大冲击。当时许多重要的秘密公文,如皇帝发给各省的"寄信谕旨"(一种密旨)、中外签订的条约,地方尚未接到正式文件,报纸上已经全文登载清末以及北洋政府先后出台的《钦定大清报律》《报纸条例》等予以规范,就外交、军事及其他政务应该禁载事项做出规定。新闻界也积极参与讨论,正是在报界的积极努力下,北洋政府陆军部就"军事秘密"范围做出具体解释。

新民主主义革命时期是指 1919 年五四运动到 1949 年中华人民共和国成立这段历史时期。在这个历史时期,经过了建党和国共合作的北伐战争、土地革命战争、抗日战争、解放战争四个阶段,党由弱到强,成为领导中国人民革命和建设的核心力量。我党的保密工作的丰富经验和优良传统,在这一历史时期形成,并对我党的各项事业发挥了重要的保障作用。

从 1921 年中国共产党成立起到 1927 年蒋介石、汪精卫先后叛变为止,为建党和国共合作的北伐战争时期。在这一时期,围绕着中国共产党的创建和与孙中山先生领导的国民党的第一次合作,由两党共同缔造的第一支中国国民革命军参与和开展了许多重大历史事件与中心工作,中国共产党的保密工作逐渐形成和发展起来。1911 年辛亥革命后,中国大地面临军阀割据和被帝国主义列强蚕食、瓜分的局面。俄国十月革命的炮声,使中国的进步知识分子看到了出路,一批中国共产主义者开始宣传马克思主义,酝酿建立无产阶级政党。此时,即 1920 年 12 月,北洋军阀有个名叫王怀庆的步兵统领,在向北洋政府国务院的《呈文》中惊呼共产主义的传播"其祸甚于洪水猛兽"。北洋政府采纳了他的意见,立即下达了惩治"过激党人"的命令,声称对共产主义要"严加防范",对共产党人要镇压。这使中国共产党认识到中国革命的路途是险恶的,在中国宣传共产主义、建立无产阶级政党是要冒着被杀头的危险的,必须采取秘密状态保护自己,才能求得生存和发展。

1921 年 7 月 23 日至 7 月 30 日,我党作为正式建党标志的第一次全国代表大会是在极其秘密的情况下举行的。为了开好这次会议,会前、会上采取了大量的安全和保密措施。为了躲避敌人的侦察和搜捕,我党以各种形式做掩护三次转移会址,才完成了预定的任务。保守秘密是这次会议安全、成功的重要保障之一。在这次会上通过的党的纲领中明确规定:"在党处在秘密状态时,党的重要主张和党员身份应保守秘密。"还指出,中国共产党在夺取全国政权以前,处在"非法"的地位,对外是保密的。1922 年党的第二次全国代表大会通过的党章,把保守党的秘密明确规定为党的纪律,"泄露本党秘密者必开除之"。

根据党的纲领的精神,党中央在各项工作中都采取了相应的保密措施。明确中央组织部负责保密工作,为党的领导机关和领导人确定了代号。中国共产党的代号为"C. P",党的执行机关中央局的代号为"钟英""夫子""大学",上下级行文以人名化的代号相称。中央组织部成立了交通处,负责国际国内的秘密通信联络,党中央与共产国际的联络,与各地区执委机关的联络均通过秘密交通线和交通站完成。这些措施在当时的秘密环境中对维护党的安全起到了重要的作用。

保密教育被列为党的日常工作的重要内容。1926 年 1 月,中央组织部印发通告《加强党的秘密工作》,号召全党认清“我党正处在反动派进攻”和“军阀严重压迫之下”,必须牢固树立保守党的秘密的思想;保守秘密必须与当前的政治斗争相结合。通告指出:“秘密我们的组织,极关重要的”“组织上秘密既是保护组织,既是看重革命。不守秘密,既是变相的告密,是破坏组织的行为”。1926 年 5 月,中共中央机关报《校刊》发表的《秘密工作常识》,不仅指出了保守秘密的重要意义,而且还对保密工作提出了 30 条具体要求。《秘密工作常识》在党员和工农群众中的秘密宣传方面,对于提高保守党的秘密的自觉性起到了重要作用。

纵观晚清民国时期的保密法制,有以下几个特点:

第一,在法律体系上,以刑事立法为主,一些单行法如《惩治泄露军事机密章程》《军机防护法》等也是作为刑事特别法存在。多数保密法规属于因事立法、临时立法或者内部立法,针对性强,但系统性和权威性欠缺。在内容上,主要强调以刑事手段惩治泄密行为,而关于保密管理方面的规定相对薄弱。在制度设计上,有一定的进步,如对军事秘密的范围,晚清规定得比较简略,而北洋和国民政府时期则逐渐明确。

第二,在指导思想上,将涉外情报保密工作放在前所未有的重要地位,将作为一个国家主权核心内容的国防外交列为重点保密对象,将泄密罪定性为危害国家安全性质犯罪(外患罪),不再以皇权或者皇帝个人为中心,体现出初步的信息主权意识。在保护方式上,开始将新闻自由与保密问题联系起来考察,划定新闻禁载范围,在一定程度上改变了传统社会主要以人的意志定密、无须顾及公开的状况,体现出一定程度的政府信息公开意识。在对泄密罪的惩治上,根据具体情节,规定刑事责任和行政责任,并引进西方诉讼制度,赋予犯罪嫌疑人辩护的权利,改变此前以刑罚为主的惩治方式,体现出一定的人权和法治意识。

第三,从法律与社会的关系来说,晚清民国保密法制基本上是在战争环境中成长起来的,也主要是为战争服务的,在维护国家秘密安全、保障战争顺利进行方面发挥了积极作用。同时,又有着迁就战争以致损害人权的一面。晚清和民国政府均利用保密制度打击革命活动,钳制文化发展,为其反动统治服务。如袁世凯时期以保密为名迫害新闻媒体,造成新闻业的重大衰退,使全国报纸由 500 多家下降到百余家。国民政府时期也大肆扩充新闻禁载范围。1943 年《战时新闻禁载标准》所列禁载事项达 66 条之多,这大大限制了保密法制的发展。

此外,就保密工作而言,理应形成系统的定密、保密和解密制度。但在晚清特别是民国保密法制中,不约而同地将保密立法的重点放在新闻法上,频繁出台禁载事项规定,使本应是信息传播主体的新闻记者和新闻媒体成为信息保密主体。这不但偏离了新闻法制的初衷,也影响了保密法制的成长;既损害了新闻自由,也不利于国家秘密的保护。

2.2.3 国共内战时期的保密工作

1927 年,中国革命的形势急速逆转。蒋介石、汪精卫在帝国主义的支持下,先后背叛革命,大批逮捕和屠杀共产党员和革命群众,国共合作全面破裂。

面对白色恐怖,中国共产党实行全面秘密化。1927 年 8 月 7 日,中国共产党在汉口召开紧急会议(即“八七会议”),清算了陈独秀右倾机会主义的错误,选举了以瞿秋白为首的新的临时中央政治局,确定了进行土地革命和武装反抗国民党反动派的方针。中国革命进入土地革命时期。会议确定,中国共产党实行全面秘密化,党、团、工会全部转入秘密状态,开展地下斗争,并规定了地下斗争的路线、方针和政策。"八七会议"选在白色恐怖极为严重的汪精卫政府所在地汉口召开,这本身就是对保密工作的一次重大考验。参加会议的代表克服难以想象的困难,以巧妙的化装和掩护,避开了敌人,甩掉了特务的跟踪盯梢,按时到达会场。会议过程以及代表离开汉口,也经过了精细安排,始终未被敌人发现。为了适应白区斗争的需要,党中央采取了一系列具体措施。1927 年 10 月,中共中央在上海成立中央特科,负责保卫中央领导机关的安全。党的保密工作也由中央特科负责。1929 年初,中央决定成立中共中央秘密工作委员会,年底制定了《秘密工作条例》,规定各级秘密工作委员会的任务是:掌握公开工作和秘密工作的关系;审查专职工作人员的历史;检察机关"家庭化"的状况;在建党中注重保密;检查指导秘书工作的技术;督促加强党内政治教育;经常不断地进行秘密工作的检查。1930 年 4 月,中央发出关于秘密工作的指示,规定"存放文件的地方必须是绝对保密的,只有领导人和保密人员才能知道。为了确保秘密的安全,从事秘密工作的人员都必须有职业掩护,不得暴露身份"。党中央在国民党制造白色恐怖的情况下果断实行的战略决策以及一些具体措施,对于保存革命的有生力量意义重大。

1934 年 10 月,红军开始了万里长征,中共中央、中央军委和红军总部为确保长征胜利,对保密工作采取了一系列重要措施,先后下发 20 余份文件,进行深入动员,提出保密的具体要求,使保守秘密成为每个干部、战士的自觉行动。如中央组织部《保守党内秘密条例》规定,不得随便议论党政军机密,不准"小广播",任何人不得泄露红军人数、驻地、组织、武器等机密,一旦泄露,不论什么人,都要受到党纪的严厉制裁。这些措施对于保证长征的胜利起了重要作用。1935 年 1 月,红军到达贵州遵义,中共中央和中央军委在此召开了决定中国革命命运的遵义会议。为使会议顺利召开,中央对保密工作做了精心安排,正是由于保密工作做得成功,蒋介石在 20 天后才得到消息,急令全军"务加小心"。而这时红军已跳出重重包围,走上胜利之路。

十年内战是指中国在 1927 年至 1937 年,由中国国民党领导的国民政府对中国共产党领导的地方性政权发动的战争,此战争于西安事变和平解决后结束。中国国民党称之为"剿共",中国共产党称之为土地革命战争或第二次国内革命战争。

1927 年 4 月 12 日,国民党发动了"四一二"政变,给中国共产党造成了巨大的伤亡与代价。1927 年 5 月,共产国际向中国共产党发出"五月紧急指示"泄密。共产党人的反制包括:南昌起义、八七会议、秋收起义、黄麻起义、广州起义、平江起义、百色起义、宁都起义、红军长征、遵义会议、会宁会师。如图 2-1 所示为八七会议旧址。

第二次国内革命战争的胜利离不开党所做的保密工作,党主要采取以下措施:

1. 逐步建立各类保密工作机构

红军创建伊始,在各级机关和部队中逐步建立起保密工作机构。红军中最早担负保密工作职能的是秘书部门和保卫部门。保密工作的内容,一方面是防谍反特,另一方面是加强保密管理,防范内部人员泄露秘密。

1932 年 7 月 2 日,中华苏维埃共和国中央革命军事委员会(以下简称中革军委)发布了《无线电通信简则》,这是红军的第一个无线电通信工作法规。《无线电通信简则》明确强调了保密纪律的极端重要性，提出“无线电通信同时也是最容易使敌人侦察和破译的”，并详细而具体地规定了收发、译电、密码管理等环节的规则，成为红军无线电通信保密的基础性法规。红军开始无线电通信之后，在各级指挥机关中逐步增加了管理电报和密码的机要部门，红军的保密工作也增添了新的领域。随着红军的发展壮大，各级司令部门先后增设了作战室、保密室、机要科等部门，开始担负起各级指挥机关的保密工作。长征时期，秘书部门、总务部门、机要部门合为一个机要科，在漫漫征程中承担起繁重的工作任务，对保证长征胜利发挥了重要作用。

图 2-1　八七会议旧址

2. 初步建立保密规章制度

这一时期，红军的保密规章制度从无到有，建立了司令部工作制度、文电批签制度等。以文电批签制度为例，要求有发文关系的单位，由领导人对文电进行把关。由于当时领导人的字体还不为工作人员所熟悉，所以特规定一切发文不仅要有首长署名，还应加盖印记，以防止假冒。毛泽东、朱德、周恩来等红军领导人都刻有方形印章一枚，以供发文使用。特别是红军建立无线电通信后，高度重视通讯保密制度和纪律，先后制定了一系列规章制度。

3. 突出“保密就是保生存、保胜利”教育

红军高度重视对广大指战员进行保密教育，始终把保密提到“保生存、保胜利”的显要位置，将其作为经常性思想政治工作来抓。在 1931 年中央苏区第三次反“围剿”中，红一方面军主力 3 万余人需利用夜晚的掩护，从两股敌人之间约 20 公里的缝隙中“跳”出去。这一行动能否成功，保密是关键。行动开始后，毛泽东担心无线电信号可能会暴露红军的行踪，便找来电台人员，要求亲自保管电子管，当得知电子管极易损坏时，改为拿走电键，交给警卫员，要求不到目的地，不许任何人取走。此事虽小，却体现出毛泽东对保密问题的极其重视。

中央红军长征前夕，关于突围的传达范围只限于政治局和中革军委的成员，对于其他高级领导干部，只允许“知道他们职权范围内需要执行的必要措施”。

保密工作帮助中国共产党走过了极其艰难曲折的道路,为实现全国抗战和发展中国革命事业奠定了坚实的基础。

90 多年前,中国共产党在南昌城打响了独立领导革命斗争、创建人民军队的第一枪,我军的保密工作也由此开始。革命战争年代的保密工作,交织着明与暗,浸透着血与火,保密就是保生存、保胜利。重温这段红色保密史,对继承和发扬我军保密工作优良传统,提高保密意识,丰富保密知识,做好新形势下的保密工作具有极为重要的作用。

2.2.4 抗日战争保密工作

经过十年战争,中国共产党及其领导的红军不仅没有被消灭,反而壮大了起来,建立了革命根据地,在中国大地上站稳了脚跟。国民党蒋介石不得不承认中国共产党及其所领导的红军的存在,不得不接受中国共产党的正确主张——联合抗日。中国革命进入抗日战争时期。党中央此时的中心任务是,调整策略,停止执行打土豪分田地等政策,组成广泛的统一战线,推动全民族的抗战。此时,党不仅要抵抗强大的日本帝国主义侵略军及其伪军,而且在统一战线内部还要与国民党的消极抗战、破坏抗战的顽固立场进行斗争。因此党的保密工作也必须适应这种复杂的形势,对敌占区、游击区、抗日根据地等不同环境提出不同的要求。

围绕这个中心任务,党中央于 1937 年对过去的地下斗争和苏区保密工作进行了总结,为保密工作制定了公开工作与秘密工作相结合的新的工作方针。1939 年 4 月,党中央发出《关于秘密工作的几个决定》,6 月发出《中央直属机关暂行工作规则》,8 月发出《中共中央关于通信联络工作的决定》,10 月,刘少奇发表《论公开工作与保密工作》。

由于八路军和新四军是在敌人后方作战,处在敌人包围之中,不仅要对付敌人的正面进攻,还要肃清特务、间谍的多方渗透、窃密和策反,所以必须采取极严格地保守军事机密的措施,党组织和大部分共产党员的身份对外绝对保密,但是党组织和共产党员必须发挥核心、骨干和带头作用,隐蔽身份但不能隐蔽共产党员的先锋模范作用。在统一战线内部,党的高级领导人和部分组织是公开的,但多数工作人员和他们的身份则必须保密。革命队伍中,严格的保密纪律教育和锻炼,坚定了共产党人的信念,对团结大多数、战胜敌人、争取抗战胜利发挥了作用。

抗日战争时期,党中央曾先后两次调整保密工作的领导体制并建立相应的保密制度。1939 年 2 月,党中央发出《关于党的高级组织内成立社会部的决定》,明确社会部"管理机要部的工作,保障秘密工作的执行",其工作侧重点是对敌斗争中的保密工作。1941 年中共中央书记处办公厅成立,承担党的秘书、机要、行政事务和首脑机关以及首长的保密工作责任,建立了文书、机要、通信、交通等一整套适应当时形势的保密制度。此后,在中央机关和根据地抗日民主政府,在政权建设、经济建设、文化建设、军事斗争和其他各项工作中,都比较认真地贯彻了党有关保密工作的指示精神,建立并执行了相关的保密制度,对保障政权建设、保障抗日战争的胜利发挥了重要作用。

抗战时期中国共产党建立了一些保密机构：

(1)地下党

中国共产党在国民党统治的地区和日本侵略军侵占的地区，秘密建立了进行革命活动的党组织，通常称为地下党。

①从事革命宣传工作，发展共产党组织；

②搜集政治、军事等方面的情报；

③收集、运送各种急需物资；

④帮助、护送重要人物出入敌占区、封锁区；

⑤营救被捕革命人士、共产党员，转移暴露的地下党员；

⑥惩处特务、汉奸等反动派。

(2)保密事件

①通信机关的掩护

党政军秘密通信站设立在交通中心位置，选择商店、医院、慈善团体、学校或其他可靠地点作为交通机构地址。要充分具备利用地形知识，进可取退可守，保证安全秘密。

②通信人员化装技术

宜化装成小商贩、自由职业者、命相先生、职业律师、照相师、记者、军警等等。但装什么要像什么、懂什么。一般秘密交通员至少有几种知识或专门技能，以备变换身份时应用。

③暗语联系法

秘密通信员应会用暗示法、代名法等等。所谓暗示法，是用一些有所指的语言试探对方；所谓代名法，是借用一般物品名称暗指秘密问题。比如有这么一份文件：××仁兄大鉴，弟已安抵店中，一月来生意尚好，师徒均和睦平安。惟近地方不靖，办货不易，马铃薯与黄豆以及香烟木柴，亦感缺乏，请多办此项货来，余待面谈，此请财安。表面看，这是一个店员给老板的一封谈生意的私人信件，其实是一封公函。“师徒”代表同志；“地方不靖，办货不易”，是说与日本侵略者作战频繁，急需武器弹药；“马铃薯”是圆的，代表炮弹、手榴弹等；“黄豆”代表枪弹；“香烟木柴”代表枪支等。

日本建立的保密机构有：

(1)特高课

日本特高课成员作为警察身份，除了在公开场合穿当地警服外，在侦察及抓捕行动时，通常以便服示人。特高课建立于19世纪末20世纪初，隶属于日本内务省。最初，特高课是一个应付国内事变的机构，但随着日本侵略中国和远东的需要，日本政府开始逐渐转变特高课的职能。

①监视中国人的思想动态，取缔反日言行；

②搜集情报，汇编情报资料；

③破坏抗日地下组织，侦捕审讯处理特工人员；

④监视伪高官言行；

⑤进行策反诱降等活动。

曾被日本人吹嘘为“满洲的圣女贞德”曾长期为土肥原贤二工作。“九一八事变”后，她在北平、天津、东北频繁活动，从事间谍工作。“七七事变”后，在日本政府的指使下，她直接导演和策划了汪伪政府。她还充当了日本侵略和统一中国的吹鼓手和排头兵。

(2)四大情报机关

①梅机关

1939 年 8 月在上海建立的一个特务机关的主要职责是扶植和监视以汪精卫为首的伪国民政府,当时特务人员都聚集在一栋名为“梅花堂”的小楼里,主要的负责人就是日本有名的特务头子影佐祯昭。

②兰机关

兰机关是华南日本特务最高机构代号,负责人是和知鹰二,其主要任务是在两广活动,策反高级将领脱离蒋介石政府。

③竹机关

竹机关活动在华北地区,主要任务是策反中国政坛一些已经退休的老政治家和军人,让他们为日本政府工作。比如段祺瑞就曾遭到策反,但是他保持了民族气节。

④菊机关

菊机关设立在福建地区,对曾任军长兼闽粤边防军总指挥的黄大伟进行过策反活动,后来策反成功,黄大伟叛变投敌,变成日本走狗。

国民党同样建立了相应的保密机构:

(1)军统局

国民政府军事委员会调查统计局(简称军统局,BIS),是中华民国情报机关之一,于 1938 年成立、1950 年解散。早期的领导人为戴笠,在戴笠死后,由毛人凤继任。军统的组织结构有“八处、六室、一所”。

①军事处

主管军事情报及国际情报。军事科负责对汪伪武装进行军事策反工作,国际情报科布置搜集有关中国抗战的国际情报,考核科负责核派军事人员;同时还没有档案科、收发科。

②情报处、行动处、电讯处

电讯传递、监听、侦察、破译下设业务科、工务科、电检科、材料科、事务室、译电室、特技室,其机构颇为庞大,电台分布相当密集,遍布全国,并跨洋过海建到国外,总数在三百处以上。

空军侦译工作队(第六工作队)的业务逐步走上正轨。不久,已基本能及时侦获日机出击有关的情报,令重庆军民能做好相应防空准备。侦译工作队在防空过程中的作用通常如下:

①侦译到敌机在起飞

在收到武汉地下电台发来的敌机动向的密报后,就立即通知重庆防空司令部,悬挂三角形绿色灯笼的预行警报。百姓看到它后,尚有充分的时间相互转告、做饭用餐、准备衣物。

②侦译到敌机继续飞行

绿色预行警报发布后约一小时,敌机在飞行沿途不断地与其基地通信,报告位置及气象情况;工作队侦译出敌机群的所有通信,一旦它们飞抵宜昌上空并继续向西飞行,就立即通知空军和防空部门空军飞机立即起飞(若停放在机场会被炸毁),防空部门则向全市发出空袭警报:挂起一只大红灯笼,同时汽笛一长声一短声,连续鸣放三分钟。市民能及时走进防空洞暂避。

③抵涪陵县上空并继续向重庆飞行

立即通知空军和防空部门,发布紧急警报;挂起两只大红灯笼,同时鸣放短促汽笛三分钟。五分钟后,街上不准车辆和行人走动。

④敌机返航并向其基地报告后

通知防空部门解除警报的信号,悬挂绿色灯笼,同时汽笛长鸣三分钟,飞机返航,百姓走出防空洞。

(3)中统局

“中统”是国民党党务部门控制的特务机构,与“军统”并称国民党两大特务组织。“中统”的作战对象除了中共,还包括汪伪等蒋介石的敌对政治力量。1947 年 4 月,中统改为“党员通讯社”,1949 年 3 月,又改为“内政部调查局”,隶属于行政院内政部。

抗日战争时期,国共合作抗日,工作重心转移到统一抗战。但是,由于国民党中仍然存在顽固分子,企图借此机会掌握中共党员信息,以便日后将我党消灭,因此,这一时期的保密工作不仅针对日本帝国主义,同时也针对国民党反动派,形势更加严峻。为了配合国民党抗日,我党公开了一部分党员身份。1937 年 8 月 1 日,我党下达的《中央关于南方各游击区域工作的指示》提到,一切中共党员都必须在抗日战争中英勇奋战,但是不得以党员的身份出现。

1939 年,中共中央下达的《中共中央关于秘密工作的几个决定》《中央直属机关暂行工作规则》等文件,完善了行政制度、办公会客制度、工作制度、会议制度等保密制度。这些制度的完善在一定程度上避免了秘密的泄露和敌特分子的渗透。除此之外,为了防止敌特等进行奸细活动,1939 年 10 月 10 日下发的《中央关于反奸细斗争的决议》要求,全党全军必须最高限度地进行提高警惕性的教育以及培养专门从事情报工作的人员来搜集奸细材料,以保证队伍的纯洁性。

这一时期,苏区与白区乃至敌占区之间通信频繁,为确保通信安全,我党下达的保密文件大多数仍然集中在对通信安全的保密要求上。1939 年,我党印发的《中央直属机关暂行工作规则》规定,来往的文件要严格登记,严格地办理交接手续,办理完成后,对文件进行收藏,不得随便放置,以免丢失。对于通过邮局的信件不得写上机关和地址等。同时,随着中共无线电通信技术走上正轨,这一时期对于无线电通信的相关保密工作也更加注重起来。1942 年,中共下达的《中央关于成立中央机要局的通知》,就对加强无线电技术研究进行强调,指出要专门抽取一些干部从事无线电通信业务和技术研究。

相对于建党初期和国内革命时期,抗日战争时期的保密工作完善了很多,中共下达的保密文件除了强调传统通信保密技术外,也提到了对先进无线电通信的保密技术,这一方面说明我党保密制度的完善,另一方面也说明了我党保密技术的进步。同时,由于这一时期中共合作的特殊性,中共下达的保密文件不仅注重针对日军、汉奸的保密工作,同时也注重针对特务和友党友军的保密工作,使得中共保密工作兼顾到各个方面。

2.2.5 抗日战争时期保密规章制度发展

在抗日战争时期，为适应建立抗日民族统一战线的需要，中共中央对保密工作进行重大调整，提出并实行“公开工作与秘密工作相结合”“保密工作与群众工作相结合”的工作原则，并针对抗日民主根据地、国统区、沦陷区面临的不同形势和任务，分别确定了保密工作策略。如图 2-2 所示为八路军驻重庆办事处旧址。

图 2-2 八路军驻重庆办事处旧址

《关于加强秘密工作通知》中强调，一切共产党员必须站在抗日斗争最前头英勇斗争，但不得以党员身份和面目出现；中国共产党的抗日民主主张要公开宣传，但军队中的党组织、抗日民主政权中的“党团”应是秘密的；各级党组织的文件中如有党员人数、组织概况、党的领导人活动等内容，均视为“绝密”文件，应送到抗日民主根据地保存；党内刊物不要注明某省委、特委出版等字样，可用代号或假名伪称；党的组织是绝对秘密的，党员身份是秘密的，但一切共产党员必须成为抗日积极分子，在一切公开组织和群众运动中，共产党员在不暴露身份的情况下要完全公开地、大刀阔斧地工作。

在国统区，党的工作要绝对秘密，红军改编为八路军、新四军，编入国民革命军序列后，根据国共双方的协议设立了八路军、新四军办事处机构，人们习惯称之为“八办”。秘密交通人员都是以固定职业做掩护，按照职业要求扮演各种社会角色，而且时间很长，有的几年，乃至十几年，其间不能有一点破绽。这就要求秘密交通人员扮什么像什么，言谈、气质、行为、服饰、发型，甚至一举一动都要与扮演的角色相符合。

为保证机密文件的安全，秘密交通人员先是用极小的字写在极薄的纸上，然后将其卷好，用蜡封上，其大小不得超过花生粒。根据国民党搜查的规律，可将文件藏到他们不太注意的地方，如自来水笔的笔管里、牙膏筒内，或者缝在衣服的边角里。由于隐藏得好，没出过什么事。如图 2-3 所示为密写药水传递情报。

沦陷区（敌占区）是抗日战争时期被日本侵略军占领的地区。《中央关于南方各游击区域工作的指示》和《关于加强秘密工作通知》中分别详细地描述了沦陷区的保密工作。

委员或参议会议员中，有 1/3 是共产党的代表，这些党员代表身份是公开的。公开的党员与政府中的“党团”组织秘密联系。在民主政权的各个工作机构中秘密发展党员，发展工作和发展对象不能公开，特别是不准泄露在民主政权机关中的党组织。

图 2-3　密写药水传递情报

秘密党员不能直接与延安各学校、机关及公开的共产党机关通信。无论是公开的或秘密的党员，都有责任并采取必要的保密措施，带头执行党的保密工作规定，在军情紧急时对群众和党外人士起保护和掩护作用。

中国黑客是中国抗日战争期间，由重庆国民政府成立的密电破译组织。雅德利受军统局长戴笠邀请，在中国组建了专门破译日本密码的中国黑室，堪称是隐蔽战线上当之无愧的第一外援，为中国抗战立下卓著功勋。

1939 年 5 月，国民党政府的大本营迁往重庆后，日本开始集中其优势的空军力量，进行了狂轰滥炸。当时中国空军的战斗机不是日本零式战斗机的对手，高射炮射程也有限，日本轰炸机肆无忌惮地乱扔炸弹，使重庆人民的生命财产造成了极大的威胁。

日军在空袭前，一般先派出侦察机，从武汉到重庆，不断地发回沿途天气和中国守军的情报。工作队则能破译敌侦察机发出的报告，得以判断敌轰炸机是否会出动。

当时的军统局虽然可以截获一组密码，并且测算这组密码在每天早上 6 点、中午和晚上 6 点从重庆某个秘密地点发出的，但是无法得到更多信息。

但是雅德利发现，这些密码电报只使用了 10 个日语假名，可是日语中有 48 个假名，因为密码离不开 10 个数。所以他把假名与数字对应，并结合发报时间进行分析发现，一组数字分别表示了发报的地点、时间以及温度、气压、能回力、风向、晴雨、飞行最高限度等信息。雅德利断定，这是潜伏在重庆的日本间谍发给日本空军的气象情报，以帮助日本飞机对重庆实施轰炸。

在抗日战争最艰苦的时期，国民党顽固派消极抗日，连续三次掀起反共高潮，在各地秘密逮捕、杀害共产党员和革命群众，斗争形势日趋紧张。全身心投入抗日救亡运动的共产党员陈康容成为国民党逮捕的目标。

1937年中国抗战全面爆发，陈康容毅然中止学业，拒绝了父亲在缅甸为她安排的舒适生活，全身心投入抗日救亡运动，先后加入中国妇女慰劳前方抗战将士总会厦门分会、厦门文化界抗敌后援会、厦门各界抗敌后援会慰劳工作团，并担任宣传股长。她带领厦门各界抗敌后援会的热血青年和妇女走上街头，教唱抗日歌曲，进行抗日救亡演讲，演出抗日救亡戏剧，深入社会办妇女夜校，激励群众参加抗日救亡斗争。

1940年7月16日夜里，陈康容接到党组织的撤离通知后，正在收拾行装，准备上山隐蔽，忽然发现保安队将她家团团围住。她知道自己难以逃脱，便把准备向上级汇报的记满两张小纸片的秘密情报嚼烂咽下，然后把挂在窗口作为信号的衬衣取下。此时，敌人破门而入，陈康容被捕了。陈康容被带到一个客厅。一个官太太模样的女人进来劝降，被陈康容一顿臭骂，悻悻而去。她前脚走，张耀生后脚就跟了进来。他酒气呛人，狞笑着说："限你三天之内写下自首书。否则，遭剥皮之苦，就莫怪张某了！"三天后，张耀生满怀希望来到牢房取自首书。他刚踏进牢房，就看到迎面墙上赫然写着一首诗："青春价无比，团聚何须提。为了伸正义，岂惧剥重皮！"

张耀生看了，暴跳如雷："陈康容！你……你竟如此顽固。既然你放着阳关道不走，偏要进鬼门关，那我就成全你！"

敌人软硬兼施，什么法子都用了，可是什么好处也没有捞到。黔驴技穷之际，凶残的敌人对陈康容下了毒手。1940年8月16日深夜，陈康容壮烈牺牲。

陈康容英勇就义后，闽粤边区成立了"康容支队"，以纪念这位坚强不屈的女战士。陈康容用自己的行动，毅然保护党的秘密，谱写了一首英雄的赞歌，用25个闪光年华铺就了壮丽的人生道路，人们称她为"金丰大山红杜鹃"。

2.2.6　国民政府时期发展阶段

在民国政府时期，为了进一步加强国家机密信息的保护和管理，政府采取了一系列措施，包括改革刑律关于泄密罪的规定、完善军事秘密保护法律、建立战时新闻保密检查制度、完善内部保密制度等。这些措施的推出，极大地促进了国家机密保密工作的制度化和规范化，也为今天的保密制度奠定了基础。其主要表现在：

（1）改革刑律关于泄密罪的规定。民国政府认为北洋《暂行新刑律》关于"泄露机务罪"的处罚过于严酷，不符合世界潮流，遂做出重大修改，区分战时与和平时期，区分国防秘密、军事秘密和其他秘密，量刑总体上有所减轻，不设死刑。

（2）完善军事秘密保护法律，陆续颁布《陆海空军刑法》《军机防护法》《惩治汉奸条例》等刑事特别法，对泄露军事秘密者可处死刑。

（3）建立战时新闻保密检查制度。抗战时期设立战时新闻检查局，实施《战时新闻禁载标准》《战时新闻违检惩罚办法》。

（4）完善内部保密制度。北洋时期内部保密规定比较零散，多为公文管理规定中的个别条文，民国政府时期有较大进步，如考选委员会1944年颁布的《机密文件管理办法》，军事委员会1947年颁布的《防止各部队失落重要机密文件办法》等。

第一次国内革命战争时期，由于中国共产党是在帝国主义列强掠夺分割，封建统治和军阀混战的社会背景下成立的，白色恐怖活动十分猖獗，各项活动处在反动派的绞杀之中。从党的第一次代表大会曾三次转移会场，就体现了保密工作的重要性。第一会场原定在上海法租界内的一所学校，7月，学校的师生都放假了，毛泽东、陈潭秋等数位代表已到学校报到，但后来考虑到学校放假，陌生人在校内活动，必然会引起反动派的注意，也不利于保密，于是决定转移会场。第二会场是在上海望志路106号（现为兴业路76号），即今天的中共一大会议旧址，如图2-4所示。在这里开了七天会议，忽然见到有陌生人在门口活动，为防万一，决定马上转移。果然，当代表们刚刚撤离，就有法国巡捕和特务到这里“检查”，结果一无所获。第三会场是在浙江嘉兴南湖上租的一只游船上，如图2-5所示，代表们在游船上继续开会，党的“一大”胜利闭幕。党的“一大”通过的《中国共产党第一个纲领》中明确规定：“在党处于秘密状态时，党的重要主张和党员身份应保守秘密”，这是中国共产党最早的保密工作规定。在当时的历史条件下，保密工作直接关系到共产党的生存与发展，保密工作做不好就会受到挫折和损失。党的第二次代表大会通过的《党章》又明确规定：“泄露本党秘密者，必须开除。”从中可以看出，当时虽然还没有正式的保密法律法规，但党内的保密规定和纪律是十分严格的。1926年1月，中共中央下发了《中共中央组织部通知——加强党的秘密工作》的文件，这是建党以来第一个关于保密工作的专门性文件。

图2-4 中共一大会议旧址

文件提出了以下几个重要问题：

①保密工作必须同当前政治斗争相结合；

②把保守党的秘密提升到是否革命的高度；

③秘密交通传递文件要严格按保密规定执行。

为加强党对秘密工作的领导，党成立了以周恩来同志为首的中央保密工作委员会，这是受中共中央政治局直接领导的从事保密工作的专门机构。先后制定了《中共中央秘密工作条例》《中共中央秘密工作委员会关于秘密技术工作的规定》等保密工作重要文件，对全党的保密工作提出了许多具体要求。如对机关驻地分布的要求，对办理文件的要求，对文件运转的要求，接头招待的要求，召开会议的要求，同志间交往的要求，预防突发事件报警的要求，等等，涉及保密工作的方方面面，十分周详。抗日战争爆发后，党提出了公开工作与保密工作相结合的保密工作方针,同时又提出了保密工作要走群众路线,不搞关门主义、神秘化的思想。

图 2-5 浙江嘉兴南湖上的一只游船

解放战争时期,中国共产党成立了中央保密委员会,同时,各级党的组织也成立了保密委员会。中央保密委员会的成立,标志着我党结束了长期的秘密工作状态,开始了新形势下的保密工作。1948 年,制定了《中共中央保密委员会章程》,规定了中央保密委员会的性质、任务、组织及工作方法。该章程规定:保密委员会不是行政领导机构,而是业务指导机构,这一做法一直沿用到今天。

《中共中央保密委员会章程》中对保密制度进行了规定。首先,历次公文程式都规定,凡国民政府发下之公文书,皆应于政府公报公布之,但同时又限定范围“除密件外”,即密件不登报。其次,各机关收到标有“密”字样的公文时,收发处一般都不拆封、摘由,而是直接交主管机要单位拆封、呈阅,这种文件往往尽先办理;办理时如有保密需要,一般交妥实人员办理,并由其亲送核判;如须会稿,则密件于会稿及回单上,均不注明事由,原稿及附件应用火漆封固,封面注明稿号,由派员专送,必要时机密公文箱加锁递送,以防泄露。1947 年,为严密防止各部队对重要机密文件在情况危急时失落,国民政府发布了《防止各部队失落重要机密文件办法》,具体规定了对密件的保管、下达以及紧急情况下的处理方法等。同时,中统和军统也有较为完备的内部保密管理规定,如对新加入人员实行背景审查、经常性开展保密教育、设置内部督察制度、严肃违纪查处等。

2.2.7 解放战争时期的保密工作

1945 年 8 月,中国人民迎来了抗日战争的胜利。但是国共两党就如何公正合理地支配抗战胜利果实,展开了新一轮争斗。蒋介石想着独吞胜利果实,并消灭共产党。鉴于当时国际国内呼吁和平的舆论压力,蒋介石为了制造和平假象,赢得部署内战的时间,邀请毛泽东到重庆共商“国际国内各种重要问题”,最终国共双方签订《双十协定》。重庆谈判期间,国民党通过战争来削弱和消灭人民革命力量的企图就已经暴露,《双十协定》刚签订,蒋介石便调集110万军队,分三路向华北解放区进攻,图谋打开进入东北的通道,进而占领整个东北。

国民党在美国的大力支持下,加紧部署全面内战。在完成内战准备后,国民党悍然向解放区发动全面进攻,1946年6月26日,国民党军队22万人进攻中原解放区,全面内战爆发。

国共两党的军队在中原地区爆发了大规模的武装冲突,这一时期被中国共产党称为战略防御时期。其间,国民党依靠优势兵力对共产党解放区展开了全面进攻,但被解放军挫败。

国民党8个月的全面进攻并没有收到预想的效果,解放军主力依然存在。而国民党军后方兵力空虚,刘伯承、邓小平率领大军强渡黄河,千里挺进大别山,直接威胁国民党的统治中心,带动了中国各个战场的战略进攻,整个战争格局从此发生根本转变。

在历经辽沈战役、淮海战役、平津战役三大战役后,国民党军队实力快速缩减,节节败退。1949年4月21日拂晓,中国人民解放军强渡长江,于4月23日解放南京。南京国民政府对全中国的统治宣告终结,中国人民解放军开始向全国进军。

随着国共内战大势底定,大规模的军事会战已经不可能再出现,中国人民解放军继续一路追击这些已经无法大规模组织战斗的国民党军队。最终,解放战争的大规模作战结束。

解放战争开始后,由于各解放区在地理位置上尚未连成一片,无线电成为党中央与各解放区、各部队进行通信联络的最重要手段。据统计,仅中央办公厅机要处在1946年就收到各地方、各部队发来的电报达16万余份。

全面内战爆发后,经过半年多的作战,中国人民解放军依托内线取得多场歼灭战的胜利,战斗力明显提高。国民党军在检讨军事失败的原因时,认为主要是其不了解我军情况,因此,敌人开始加强情报侦察工作,特别是侧重于侦测空中的无线电波。敌人利用美军援助的无线电测向机,千方百计地对我加强侦测,以判定中共中央、中央军委和各战略区指挥机关的位置与行踪,用来引导空军飞机轰炸、指引地面部队追剿,对我军威胁很大。据敌军俘虏交代,他们测定解放军电台最快只需要10分钟。

中央领导人曾就党内电文保密工作多次做出重要指示。1947年3月,中共中央战略转移前后,中央各机关一方面销毁了一部分不重要的文件材料,另一方面转移部分重要的机密文件或材料。毛泽东特地关照:“疏散档案,不要惊慌失措,确实不重要的文电可以烧毁,重要文电一定要保护好,片纸只字也不要落入敌人之手。”

解放战争前期,中央军委三局圆满完成了保障中共中央和中央军委通信指挥、情报收集、培养无线电人才等各项任务,是解放战争前期中国共产党及其领导的军队的通信指挥中心。

随着解放战争的不断胜利,为进一步加强全党全军的保密工作,中共中央于1948年5月19日颁布《中共中央保密委员会章程》,将中央机要委员会改建为中央保密委员会,统一领导全党全军的保密工作。此后,各大战略区、分区分别成立了野战军保密委员会和分区保密委员会。军队内部各级保密委员会的建立,使我军形成了比较明确、健全的保密工作组织体系和工作机制,标志着我军保密工作推进到系统化的新阶段,在我军保密工作史上具有重要意义。

文档保密工作是解放战争时期我军保密工作的一项重要任务。特别是 1947 年春,国民党军队对陕北发起重点进攻,党中央、中央军委的档案资料经历了三次大搬迁。早在 1946 年 10 月,中央机关就开始进行档案材料的疏散准备,将所有文件分为三类:“重要而不秘密者”“秘密而不十分重要者”“又重要又秘密者”。对已存的文件电报按重要性和机密性进行了整理分类,适应了战时保护我党我军秘密安全的需要。

解放战争后期,随着我军胜利进军,不少部队产生了骄傲轻敌和麻痹松懈等思想倾向,使泄密事件有所抬头。针对这一情况,各个部队开展了“纯洁思想、巩固组织”的教育活动,并有针对性地加强保密教育,颁布了一系列保密规章制度,重申保守军事秘密的重要性。如第二野战军政治部于 1949 年 10 月 10 日颁布《防谍保密暂行条例与警卫工作规定(草案)》,详细规定了新形势下部队加强保密的各种事项,规定“不得进茶楼酒店,及其他一切低级娱乐场所,在戏院澡堂等处严禁谈论有关军政秘密事项”。这些规章制度适应了新中国成立前夕保密工作的新特点,凸显了我军保密工作的针对性。

我军针对解放战争时期保密工作的新特点,加强了保密工作的集中统一领导,并以机要电讯保密为中心,与敌人开展针锋相对的斗争,挫败了其图谋,为保障解放战争的胜利发挥了至关重要的作用。

为了适应解放战争的需要,中共中央对保密工作采取了相应的措施。一是中央决定在党政军内设立各级保密委员会。中央保密委员会在中共中央秘书长和中央军委总参谋长直接领导下主管党中央和中央军委各机关的保密工作,党政军各机关的保密工作接受中央秘书长和总参谋长的领导。二是制定了《中共中央保密委员会章程(草案)》,规定中央保密委员会的性质是:“协助中央、军委进行有关我党我军机要电讯的保密事宜,成为中央秘书长和军委总参谋长领导保密工作之直接助手”。基本任务是:重点研究机要保密;搜集敌人电讯技术、密码使用及侦破手段;检查各地方、各部队保密工作情况,帮助各机关建立保密制度,指导下级保密工作并在各级保密委员会之间建立请示报告制度;实行保密工作奖惩制度。中央保密委员会和党政军各级保密委员会的建立,使保密工作从组织上和制度上得到保证,是解放战争时期党的保密工作发展的重要标志。三是把保密工作的重点放在机要电讯保密工作上。解放战争的三年中,随着战争的发展,党政军各机关都处在大转移、大变动之中,使用电台、电报是这时中央与各部队、各地方进行联系的重要的甚至是唯一的,也是使用频率最高的联络工具,电讯的畅通至关重要,电台、电报的安全、保密更为突出。为了加强电台的保密工作,中央把党政军三大系统的电台按涉密的程度分为三类:一类为特定的,实行“一事一密制”,由首长控制使用;二类为半秘密电台,即党内经常使用的党内事务性电台;三类为公开性电台。这一措施对于保守党的核心秘密,进而保障战争的胜利有着极其重要的作用。

根据这一时期解放区和蒋管区的不同情况,党中央还对蒋管区党的保密工作提出了更高的要求:“在蒋管区工作的同志,文件随看随烧,不准随身携带任何秘密文件;禁止所有同志记录开会、谈论的秘密内容;限制印刷和登载秘密文件、电报;限制秘密文件、电报的阅读范围;谨小慎微,在任何细节上都要注意保密。”

解放战争时期,我党已经具有一定的无线电通信技术水平和战争对抗实力,这一时期的保密文件除了包括以往提到的交通、通信保密外,更加注重对电台相关密码的保密,以及对文件的管理和存储,保密工作日趋完善。

为防止敌人截获电台信息、侦破电台密码,我党陆续下达加强无线电密码保密管理的文件。《中共中央关于建立政府系统的电讯管理机构与统一电讯工作领导问题的指示》《中央及军委关于保密和电报管理制度的指示》等文件就规定了电台保密工作的基本任务:对密码的研制和更换使用、电信机械技术发展等进行重点研究;对敌人的电信技术、密码使用和密码侦破技术等信息进行搜集,以制定防范对策。

在文件的管理、保存方面,1946 年中共下达的《中央秘书处地方文件处理工作细则》对文件的分类管理以及归档进行了说明,在一定程度上减少了文件的丢失、泄露、乱烧现象。1948 年,《中共中央保密委员会章程(草案)》中指出,现如今全国环境较以往地下斗争的环境有所改变,因而各地保密制度也要相应改变,以保证保密工作进行的同时,文档资料得以正确使用。

解放战争期间,我党下达的保密文件,更加强调对无线电通信设备和密码的保密,以及对中共文件的管理与保存上。对无线电设备和密码的保密要求,体现了我党保密技术的进步;对文件管理和保存方面的要求,则体现了我党在保密制度上的不断完善。

经过十年战争,中国共产党及其领导的红军不仅没有被消灭,反而壮大了组织,建立了革命根据地,在中国大地上站稳了脚跟。国民党不得不承认中国共产党及其所领导的红军的存在,不得不接受中国共产党的正确主张,联合抗日。中国革命进入抗日战争时期。

(1)党中央制定了公开工作与秘密工作相结合的新的工作方针

党中央在抗日战争时期的中心任务是,调整策略,停止执行打土豪分田地等政策,组成广泛的统一战线,推动全民族的抗战。

党中央为使保密工作适应统一战线的复杂形势,于 1937 年为保密工作制定了公开工作与秘密工作相结合的新的工作方针。1939 年 4 月,党中央发出了《关于秘密工作的几个决定》,6 月发出了《中央直属机关暂行工作规则》,8 月发出了《中共中央关于通信联络工作的决定》,10 月,刘少奇同志发表了《论公开工作与保密工作》。

(2)在八路军、新四军中和统一战线内部采取了极其严格的保守秘密的措施

在八路军和新四军中,不仅要对付敌人的正面进攻,还要肃清特务、间谍的多方渗透、窃密和策反,所以必须采取极严格的保守秘密的措施。党组织和大部分共产党员的身份对外绝对保密,但是党组织和共产党员必须发挥核心、骨干和带头作用,隐蔽身份但不能隐蔽共产党员的先锋模范作用。

在统一战线内部,党的高级领导人和部分组织是公开的,但多数工作人员和他们的身份则必须保密。革命队伍中,严格的保密纪律教育和锻炼,坚定了共产党人的信念,对团结大多数、战胜敌人、争取抗战胜利发挥了作用。

(3)党中央曾先后两次调整保密工作的领导体制并建立相应的保密制度

1939 年 2 月,党中央发出《关于党的高级组织内成立社会部的决定》,明确社会部"管理机要部的工作,保障秘密工作的执行",其工作侧重点是对敌斗争中的保密工作。

1941 年成立的中共中央书记处办公厅,承担党的秘书、机要、行政事务和首脑机关以及首长的保密工作责任。建立了文书、机要、通信、交通等一整套适应当时形势的保密制度。

此后，在中央机关和根据地抗日民主政府的各项工作中，都比较认真地贯彻了党有关保密工作的指示精神，建立并执行了相关的保密制度，对保障政权建设、保障抗日战争的胜利发挥了重要作用。

(4)周恩来同志在敌占区始终将保守党的机密当作头等大事来抓

1940年，国民党顽固派消极抗日积极反共，于1941年1月初制造了震惊中外的皖南事变。当时周恩来同志在八路军驻重庆办事处领导党的抗日统战工作。皖南事变后，身处龙潭虎穴的周恩来同志，在风云突变的狂风恶浪中，处变不惊、临危不惧，坚定沉着地率领八路军驻重庆办事处全体同志与顽固派展开针锋相对、不屈不挠的斗争，在斗争中始终把保密工作放在极为重要地位，有力地维护了党和革命的机密，保护了同志们的安全。

(5)毛泽东同志高度重视保密工作并亲笔为保密工作题词

对于保密工作，毛泽东同志认为领导同志必须亲自抓、经常抓，决不能有半点的松懈与马虎，他自己身体力行，极其注意保密工作。如他要求对破译敌军密码的底稿用完后必须销毁，以免落到敌军手里。据当年军委机要员李质忠回忆："皖南事变时，情况十分危急，新四军突围遭到很大伤亡。毛泽东同志考虑到党的密码机密的安全，指示项英同志要亲自背着同中央联系发报的密码。"

1942年，抗日战争处在十分艰苦的阶段，各种保密的信函、命令、电报往来十分频繁。为进一步做好保密工作，夺取抗日战争的胜利，毛泽东同志在延安亲笔为保密工作题词："保守机密，慎之又慎"。这个题词不仅仅在当时，直到现在都是我党保密工作的座右铭。

综上所述，从建党初期到新中国成立，党的保密工作的中心任务是保障党的生存和发展，保障党所领导的政治和军事斗争的胜利。就其内容讲，主要是保守政治和军事秘密。在这个时期，党始终对保密工作给予高度重视，使保密工作在革命战争中不断得到发展。无数革命先烈，为保守党的秘密，在敌人面前威武不屈，抛头颅、洒热血，谱写了一曲曲英雄篇章，形成我党保密工作的优良传统。无数战斗在保密工作岗位的前辈以卓著的成绩，创造了光辉的业绩，积累了丰富的经验，为新中国成立后社会主义革命和建设时期的保密工作奠定了基础。

2.3 新中国成立后的保密工作、法律及制度

1949年10月1日，中华人民共和国成立，揭开了保密工作的新篇章。保密工作的任务由保障党及革命军队的生存发展和革命斗争的胜利，转变为巩固党的执政地位和人民政权建设、维护国家的安全和利益、保障社会主义现代化建设事业的顺利进行。为适应形势任务的需要，在新中国成立之初，党中央、政务院相继下发了《关于加强保守党与国家的机密的决定》等一系列重要文件，颁发了《保守国家机密暂行条例》，召开了全国保密工作会议，提出了建立统一的、国家规模的保密工作的目标。为实现这一目标，保密工作者进行了长期艰苦的求索和大量的实践。进入新世纪新阶段，随着国家民主政治制度、法律制度、社会管理制度及各项工作的全面推进，保密工作进入快速发展轨道，党管保密的政治优势和组织优势更加巩固，国家保密法律制度体系基本建立，保密行政管理部门作为保密依法行政的主体地位已经确立，以党的方针政策为指导、国家法律为规范、科学技术为支撑、各种监

督手段综合运用为保障的现代保密管理体系建设正在加快推进,保密工作进入了一个崭新的历史发展时期。

在党的领导下,我国保密法律制度体系建设起步较早。在1950年党中央、政务院、中央军委下发一系列有关保密工作政策性文件的基础上,1950年1月10日,中央人民政府革命军事委员会颁布了《国家保密条例》。1951年6月8日,经毛泽东批准,由政务院总理周恩来发布中央人民政府政务院命令,颁布《保守国家机密暂行条例》。两个条例根据新中国成立初期我国所面临的形势、所处的环境和保密工作性质、任务的转变,对国家秘密范围的划分、保密机构的建设和职能配置、国家机关工作人员的保密职责,对涉密载体、会议、通信和新闻出版保密管理,对违反保密规定的泄密行为及其处罚,对保密监察等做出了规定。两个条例的颁布施行,在党和国家保密工作发展历史上具有里程碑意义,是我国保密法律制度体系建设起步的重要标志。1951年6月11日,《人民日报》发表《为保守国家机密而斗争》的重要社论,指出"保守国家机密制度的建立,是一个历史性的任务,也是全国人民思想建设上的巨大工程。《保守国家机密暂行条例》的制定已经给这一工作指明了方向,但这只是事情的开端,此后还必须进行一系列的工作。希望全国人民,首先是全体国家工作人员一致动员起来,为建立统一的、国家规模的保密工作,为确保国家机密而斗争"。

为了适应科学技术蓬勃发展的形势,加强科学技术保密工作,从1958年开始,党中央、国务院陆续发出关于科学技术保密问题、关于科学技术成果保密问题、关于科学技术保密范围和密级划分、关于国防科学技术保密问题、关于尖端科学技术保密问题等10多个规定、通知、办法。这些文件分别对科学技术的保密范围、密级的划分、保密范围和密级的调整、科技保密管理的分工、宣传报道的保密审查等做出了规定,对科技成果的国际交流和国内交流推广应遵循的原则做出了规定,是保密管理逐步深化和科学的过程。文件对科学技术保密范围,提出要分行业制定、由国家科学技术委员会批准,以作为全国统一的保密范围;对科学技术的密级要根据该技术的生命期每年调整一次;强调科学技术的保密和交流是两个不同的侧面,保密一般是对资本主义国家,对于比较重大的技术秘密,即使是兄弟国家也应由政府主管部门通过技术合作和外交途径来供给,不应因对国外保密而妨碍国内的传授和交流,不能因保密而阻碍交流推广,凡需要推广的技术要大力推广;对于宣传报道,文件规定应只讲意义和作用,不得涉及具体过程和数据。这些文件的贯彻对于推动科学技术的交流与保密起到了积极的促进作用。

关于科学技术中尖端技术的保密问题,党中央、国务院采取了特殊的保密措施,在以周恩来同志为首的专门委员会的领导下,从科研到生产的各个环节,实行了在各级党委领导下,相信群众,加强教育,建立严格保密制度的办法。这在当时的历史背景下,对保守尖端科学技术秘密、完成特殊的任务、维护国防安全有着极为重要的作用。

为了总结科学技术保密工作的经验和教训,进一步改进和加强科学技术交流与保密工作,1965年9月,中央保密委员会、国家科委召开全国科学技术交流和保密工作会议,讨论《关于科学技术交流和保密工作的报告》及《关于科学技术交流和保密工作的若干意见》。会后党中央、国务院批转了这两个文件,要求各级党委和政府贯彻执行。《关于科学技术交流和保密工作的若干意见》中对形势和任务、正确处理交流与保密的关系、科学技术情报、技术进口与出口、科学技术的保密范围和密级划分、区分国防保密与技术保密、区分经济保密、公文保密与技术保密等方面的问题作了比较全面、明确的阐述。这是一份反映多年来我国科学技术交流与保密工作的总结,它标志着我国科学技术交流与保密工作的方针、政策趋于系统和成熟,对于推动后来科学技术交流和保密工作有着重要的指导意义。

我国保密科学技术工作起步于20世纪80年代中期。1985年,中央针对当时保密通信管理体制不顺、制度不健全、保密技术落后、通信泄密事件频发的问题,提出了保密通信管理实行"统一领导、归口管理、分级负责"的原则和6条具体措施。并明确提出要大力加强科研工作,尽快改变我国保密通信技术落后的状况,尽快制定保密通信科研规划、科研成果奖励和专利申请办法,设立国家保密通信基金,列入国家预算,用于开展保密通信的基础研究、开发性项目研究、专用设备引进、技术咨询交流和考察等工作。1985年9月,中央办公厅、国务院办公厅发文,对保密通信、专用电话、有线无线通信设备的保密技术要求和使用审批管理做出了规定,保密通信理论和技术研究取得重大突破。

为加强保密科学技术研究,1991年5月,成立了国家保密技术研究所。随着现代科学技术的飞速发展,从20世纪末开始,计算机及办公自动化设备大量进入党政机关和涉密单位。为加强保密管理,中央在连续下发的三个文件中,特别强调要抓好保密技术工作,加快保密技术研制和装备应用,提高保密防范能力。1995年前后,根据中央领导同志指示,国家保密部门相继出台了一系列关于加强计算机及其网络管理的保密规定和技术标准,国家保密技术研究所自行研制出具有综合防护效果的国内领先的"新一代计算机视频信息保护机"。1997年中央下发的《中共中央关于加强新形势下保密工作的决定》指出,发展保密技术是新形势下有效保护党和国家秘密安全的重要举措。要有计划地加强我国保密技术的研究开发和现有技术成果的充分利用,要加大投入,依靠自己的力量,同时引进国外先进技术,使我国保密技术尽快赶上国际先进水平,增强保密技术防范能力。此后,国家保密工作部门相继制定了保密技术工作发展规划,明确了我国保密技术工作的指导思想、发展目标、主要任务和保障措施,有力地推进了保密技术工作的开展。

进入新世纪新阶段,以计算机及计算机信息系统保密管理和保密技术装备为主要内容的保密技术工作,步入持续快速发展轨道。各项规章制度和技术标准的进一步健全完善,分级保护和强制配备等政策措施相继出台,使涉密信息系统规划、设计、建设、监理和投入使用的管理更加规范,保密技术检查手段更加完备,技术监督措施更加有力,保密技术研制、应用、管理一体化的发展格局基本形成,保密技术防护能力大大增强。

2.3.1 新中国成立之初的保密形势

新中国成立之初的保密形势是非常严峻的。首先,中国当时处于社会主义革命时期,国家建设正处于起步阶段,面临的安全威胁和情报渗透问题非常严重。此外,国内的一些反动势力及其代理机构对中国的间谍也在积极进行渗透活动。因此,保密形势的艰巨性对中国当时的安全和发展造成了不小的威胁。

在新中国成立初期,国家面临着政治、经济、军事、文化等多方面的威胁和挑战。特别是在这个时期,中国人民解放军正处于抗美援朝战争的前线,国家面临着来自周边国家的安全威胁。此时,各类反动势力和敌对势力非常活跃,试图通过渗透、间谍等方式获取国家机密。因此,中国政府面临着加强国家安全和保密的巨大压力。

面对这些形势,中国政府积极采取了一系列保密措施,应对各种威胁和挑战,保护了国家机密安全和国家安全。此外,中国政府也在不断提高国家保密工作的水平和能力,为国家安全提供了坚实的保证。

敌对势力的窃密活动猖獗。从 1949 年 10 月到 1951 年 3 月,公安机关破获的秘密电台达 170 多部。美蒋势力更是趁我国进行抗美援朝之际,向国内派遣间谍和特务,进行窃密和破坏活动。在半年内,公安机关破获的特务和间谍案就达 29 起。

新中国成立后,和平麻痹与疏忽思想严重滋长,造成许多不同程度的泄密事件,给党和人民事业造成重大损失。据统计,1950 年全国遗失的密码电报,是 1949 年的 3.5 倍;遗失机密文件的数量,是 1949 年的 19 倍。

党的中心工作从农村转向城市,从夺取政权向建设和管理国家转变,保密工作面临的形势和任务也随之变化。中央保密委员会主要负责机要密码的保密管理和指导中央直属机关的保密工作,而对全国各地各部门的保密工作的监督检查极少。

如图 2-6 所示为抗美援朝纪念图。抗美援朝过程中,为了保证战斗在敌众我寡、敌强我弱的情况下获胜,我军采取了各种信息隐蔽措施。

图 2-6　抗美援朝纪念图

1. 严格控制国内宣传报道

1950 年 6 月 25 日,朝鲜战争爆发。美国随即进行武装干涉。与此同时,美国中央情报局也在密切关注中国的动向,推测中国军队是否会出兵参战。党中央做出抗美援朝出兵决策后,为保证初战胜利,对于隐蔽我军行动、不过早惊动敌人的问题非常重视,特别强调要把好宣传报道关。

1950 年 10 月 19 日傍晚,中国人民志愿军跨过鸭绿江赴朝参战,如图 2-7 所示,是战士们正在跨过鸭绿江。当天,毛泽东向各大战区领导发电指出:“志愿军决于本日出动,先在朝鲜北部尚未丧失的一部分地方站稳脚,寻机打些运动战,支持朝鲜人民继续奋斗。在目前几个月内,只做不说,不将此事在报纸上做任何公开的宣传。”

第一次战役期间,不仅国内媒体没有报道相关情况,中国人民志愿军总部也没有发布战报。同时,朝鲜人民军总部战报也没有公布我军参战的消息。直到第一次战役结束后,新华社才于 11 月 7 日首次公布中国人民志愿军总部的战报。这些措施,有效麻痹和迷惑了敌军,为第一次战役的胜利创造了有利条件。

图 2-7　中国人民志愿军跨过鸭绿江

2. 实施严密的伪装隐蔽措施

中国人民志愿军入朝行动开始后，彭德怀命令各部队："为严格保守秘密，渡江部队每日黄昏开始到翌日4时即停止，5时前隐蔽完毕，必须有切实检查。"志愿军先头侦察部队入朝后，一律穿上朝鲜人民军的军服，以迷惑敌人。甚至在韩国军队遭到阻击后，美军仍认为入朝的中国军队仅为小股部队。

朝鲜北部地区山高林密，志愿军采取昼宿夜行，避开主要道路，美军在拥有绝对制空权的情况下，整整一周时间，都未发现志愿军已经进入朝鲜这一现实。时任美第八集团军司令李奇微回忆说："中国部队很有效地隐蔽了自己的运动。他们采取夜间徒步运动的方式，在昼间则避开公路，利用隧道、矿井、丛林和村落进行隐蔽。"

在云山之战中，我军首次以劣势装备，歼灭了具有绝对制空权和现代化装备的美骑兵第1师第8团大部和韩军第1师第12团。此战毙伤俘敌2 000余人，包括美军1 800余人；缴获飞机4架，击落飞机3架，击毁和缴获坦克28辆、汽车170余辆、各类火炮119门。

在此次战役中首先受到攻击的是韩国军队，得到韩军大败的消息之后美军仍未把中国军队放在眼里，并没有集中兵力，而是继续兵分两路形成"钳形"攻势，企图在感恩节前结束战斗。直到受到猛烈的炮火之后，美军才发现他们面对的不再是一路败仗的朝鲜军，而是中国军人。正如时任美国国防部部长马歇尔所说："我们认为自己什么都知道，而实际上什么也不知道，但对方却一切都知道，于是战争开始了。"

这场战斗后被作为模范战例写入日本军校教科书。美国人自己也进行了记载："中国人缺乏坦克、空中支援，但却利用了奇袭战胜了美国人，中国军队的指挥官显示出了非凡的能力，他们能够在丝毫不被敌军察觉的情况下，让数量庞大的军队利用夜间行军穿过种种艰险的地形，中国士兵在这件事情上胜过任何国家的士兵，他们能够在夜色的掩护下极其秘密地渗透到敌人的阵地中去，令人难以置信。"

加强通信保密的措施有以下几种：

1. 周密制定通信暗语代号

抗美援朝战争期间，中国人民志愿军通信部队不仅广泛使用暗语代号，而且对其进行了新的创造。以往国内战争中，我军原有的暗语仅有少量简单扼要的军事语句，例如"要你部立即出发”“要你部大胆穿插分割敌人”等，不能灵活自主地表达敌我部队番号、时间、地点、方向、数字等。

朝鲜战争第一次战役结束后，根据部队使用中的反馈，志愿军通信部门又编制了大量的暗语和代号，使暗语由 20 余条增加到 200 余条，能够涵盖主要的军事行动，并在实践中通过明密结合来使用，极大地提高了灵活性。例如，可以用明语发出“要你部××时前进至××切断敌退路”。“××”就是代号密码，起到保密作用。其中，敌我部队番号使用特定代号，方向使用特定代码，日期、时间、地图坐标、数字等使用加减密。此外还规定，这些通信暗语密码，在战斗开始前 3 天由师下发至部队，避免过早下发泄密、过晚下发记不熟等问题。

2. 创造性地使用无线报话机

在朝鲜战场上，无线报话机是一种快捷有效的短距离通信手段，特别适用于运动中通信。但如果用明语通话，则容易被敌方侦听导致泄密。因此，志愿军规定，报话机通信时严禁使用明语，只能使用代号密码和暗语，且仅在战役发起后才可使用，最大限度地克服了报话机易泄密的缺点。

在第一次战役中的云山战斗，志愿军第 39 军包围了美军骑兵第 1 师第 8 团，彭德怀命令将其歼灭，并命令其他各军紧紧咬住自己当面之敌，阻其增援。在来不及发送无线电报且有线电话不通的情况下，志愿军参谋长解方用无线报话机联络各军指挥员，以“老吴”“胖子”等代替指挥员姓名，用“雅号”代替部队番号，以“离老吴东面多少里”代替地名，既及时准确地传达了命令，又达到了保密的目的。

第二次战役期间，志愿军第 38 军第 113 师发现美军准备向南溃逃，立即用报话机使用暗语报告。彭德怀收到报告后，当即向第 113 师下达代号为“2”的命令，意即“要你部坚决截断敌人退路”。这种高效而又保密的无线电通信，为志愿军首长指挥作战提供了重要保障。

第一颗原子弹试验成功背后的保密工作：

为了保密，有关试验内容被编成绝密级的密语。实弹为老邱，装配为穿衣，弹在装配间为住下房，弹在塔上为住上房，雷管叫辫子，弹上插雷管叫梳辫子，测试叫诊断，剂量叫体温，气象叫血压，起爆叫零时。于是，“原子弹在塔上开始插雷管”就变成“老邱住上房开始梳辫子”这样一句近乎黑话的密语。这次核试验的保密工作极其成功，参试的七八千人没有走漏一点风声。

221 厂还有“一问三不知”的保密制度：问你干什么的，不知道；问你在哪里干活，不知道；问你的通信地址是什么，不知道。上不传老，下不传少。很多人在那里工作十多年，家里的亲人、朋友都不知其工作单位的性质，只知道是保密单位。

当前，在新的历史条件下，随着现代通信工具的广泛使用，窃密与反窃密的斗争更加隐蔽、尖锐，给保密工作带来了前所未有的挑战和压力。没有保密安全，一切努力都会化为泡影。在新时期、新阶段，我们更要时刻不松保密之弦，严格遵守保密制度，使保密工作成为永恒的战斗力。

2.3.2 新中国保密工作及重点

当新中国成立时，由于美国等帝国主义和蒋介石反动势力亡我中华之心不死，我们的国家安全处于一个很危险的状态。为了维护国家安全，我国政府首脑做出了各方面的努力，其中就包括保密方面的工作。

新中国成立后，保密工作被纳入国家安全保障的核心体系中，成为国家长治久安和社会和谐稳定的重要保障。保密工作的建设是在新中国成立初期面临的严峻形势下，为了确保国家机密安全，加强了相应的保密措施。

1. 建设保密机构体系

新中国成立后，国家对于保密工作的重视和关注在不断加强，保密机构逐渐壮大和发展起来。建设不同层级的保密机构，如国家保密局、军事保密局、科技保密局、外交保密局等，确保了国家机密的安全处理。

2. 制定有关保密法律法规

新中国成立后，国家不断完善有关保密的法律法规，如《中华人民共和国保守国家秘密法》(以下简称《保密法》)、《中华人民共和国反间谍法》等。这些法律为国家机关、军队、国有企事业单位、科研机构、高等学校等的各类机密提供了严格的管理办法，保护了国家机密和国家安全。

3. 加大保密宣传教育力度

新中国成立后，保密宣传教育逐步开展，通过宣传教育的方式，提高了全社会对保密工作的认识和重视程度。同时，加强对保密人员的培训和教育，提高了保密工作人员的保密意识和保密操作技能。

4. 严格管理涉密人员

涉密人员的资格审查和保密审查是保密工作的重中之重。中国政府对所有涉密人员实行严格管理，涉密人员必须接受国家保密审查的严格审批，以确保其保密能力和信誉。涉密人员必须遵守保密法律法规，保护国家机密，不得泄露国家机密。

5. 加强对重要领域和重点部门的保密工作

为了确保敏感领域和关键部门的保密安全，中国政府采取了一系列措施，如在财经领域、国防科技、核能领域、外交渠道、政治纪检领域等，加强重大决策、敏感信息和技术资料的保密工作，规范操作，确保国家安全。

保密工作在新中国成立后得到了加强和发展，成为国家安全保障的重要部分。为了保证国家机密安全和国家安全稳固，中国政府采取了一系列严格的措施，制定了相关法律法规，并加强教育宣传，严格管理涉密人员，加强对重点部门和领域的保密工作。通过这些措施，中国政府提高了自身的保密能力和保密技术水平，确保了国家保密，维护了国家安全。

为适应形势任务的需要，新中国成立之初，党中央、政务院相继下发了《关于加强保守党与国家的机密的决定》等一系列重要文件，颁发了《保守国家机密暂行条例》，召开了全国保密工作会议。

(1)关于党在纵向上保密工作体制的建立

党的系统的保密委员会,一般设到县级及大、中城市的区级,并规定,党的保密委员会设主任1人,副主任1至2人,必要时,设常务委员会。各级党委的保密委员会主任、副主任及委员名单须报上级党委备案。省(市)委以上的直属机关以及重要企业部门、学校的党委,要设立保密委员会或保密小组,受所属党委保密委员会的领导。

(2)关于党在横向上保密工作体制的建立

为使党对保密组织建设的基本要求得到普遍遵循,政务院颁布的《保守国家机密暂行条例》又特别规定:“各级人民政府和各武装部队均需成立保密组织,负责领导保密工作。其组织通则另定之。各民主党派、各人民团体、各机关、学校、工厂、企业、矿山、仓库等视其需要建立保守国家机密的制度及保密组织。”

(3)党的保密工作体制主要领导层

保密工作的领导,是保密工作体制的核心与基础。而领导,必须由党中央首脑担任。

1949年10月1日中华人民共和国的成立,标志着中国已由革命战争年代转入社会主义革命和社会主义建设时期。这一历史性的转变要求保密工作要从过去服务于革命战争转变为维护党和国家的安全和利益,保障社会主义革命和社会主义建设事业顺利进行的任务中来。

新中国成立后,党中央、政务院(国务院)根据形势的变化,要求如下:

(1)保密工作要围绕消灭国民党和封建残余势力、恢复国民经济等任务,做好服务工作,保障民主革命任务的完成。

(2)要着手建立统一的、国家规模的保密工作机制。

建国初期,敌情十分严峻,保密工作形势不容乐观。国内外敌对势力相互勾结,利用各种手段窃取国家机密,破坏各项建设事业,企图颠覆新生政权。与此同时,许多国家工作人员由于全国胜利而产生了严重的和平麻痹思想。有人认为,“党和党的政策都公开了,还要什么秘密!现在又不是做地下工作”。毛泽东对这种麻痹思想进行了批评。1950年3月13日,毛泽东在接见第二次全国机要工作会议代表时说:“我们现在比过去大了、公开了,反革命小了,钻到底下去了。公开的敌人可以看见,好打;秘密的敌人看不见,不好打。敌人愈打愈精了,我们愈大,漏洞也就愈多,所以,保守机密的问题应该很好地讨论一下。”

建立统一的、国家规模的保密工作机制,是一个历史性任务。为实现这一目标,早在建国初期,党中央和中央人民政府在领导人民进行政权建设的同时,就把保密工作提上了议事日程,并着手开展工作。党中央、政务院、中央军委出台一系列有关保密工作的政策性文件。政务院颁布了《保守国家机密暂行条例》。鉴于保密工作已成为关系国家安全和利益的国家事务,有必要通过国家立法,做好全国保密工作。

国家规模的保密工作机制为经济建设提供了保障。

(1)全面开展划分保密范围的工作

1953年,国家开始执行第一个五年计划,全国上下掀起了轰轰烈烈的经济建设的高潮。就在这时,各种媒体在宣传报道各条战线喜讯的同时,也出现了大量而严重的泄露国家机密的现象,使敌人搜集我国经济建设情报有了可乘之机,引起了党中央的高度重视。

(2)进一步做好科学技术保密工作

随着我国经济的恢复和发展,我国引进的科学技术和自行研制的科学技术有了长足的进步。

针对当时国内外敌特对我国经济建设,特别是针对苏联对华援建项目的情报窃密活动和一些报刊在经济建设宣传中出现的大量泄密问题,采取积极监管措施,加强对经济和宣传领域的保密管理。同时,对私营出版发行业擅自誊印制作国家秘密资料的不法行为予以严厉打击。

1954 年至 1957 年,政务院保密委员会连续通报了当时发生的非法骗印涉密载体和报刊宣传泄露国家秘密的重大政治事件。其中,对 20 家中央国家机关和 23 个省区市将机密文件交由私营出版商户誊印、印制的泄密事件进行严肃处理,责令主要负责人写出书面检查报告。

随着国际形势的演变,中苏关系恶化,加之朝鲜战争后,美国对“共产主义扩张”有了应激反应,中国成了美国在亚洲的头号敌人。除此之外,美国当时在与越南激战,把战火烧到了我国南部边界。根据毛泽东的指示,在 1964 年,中央做出了三线建设的战略决策。

1965 年 2 月 26 日,中共中央、国务院发布的《关于西南三线建设体制问题的决定》指出,成立攀枝花特区党委和工地指挥部,任命冶金工业部副部长徐驰为特区党委书记兼总指挥。3 月 4 日,毛泽东在冶金工业部部长吕东和副部长徐驰递交的关于攀枝花特区筹备及工作打算的书面汇报上做出批示,而这一天也就成为攀枝花的建市纪念日。随后,徐驰向中共西南局提出:“攀枝花特区这个名字,只能对内使用。还需一个公开名义,以便政府挂牌、出公告、职工通信及物资发运等使用。建议用‘渡口矿区’作为公开名字。几乎在同时,四川省人民委员会也收到报告,提出为有利于保密,拟将攀枝花矿区改称市,政府的名称改为“渡口市人民委员会”。

攀枝花钢铁工业基地的开发建设是新中国成立后独立自主进行的第一个特大型钢铁建设项目,也是三线建设第一阶段倾注力量最多的重点项目。由于战备需要,保密要求十分严格,不准登报、不准广播、不准报道,各个单位之间的联络方式都是以信箱作为代号。例如,总指挥部是 1 号信箱,交通指挥部是 9 号信箱,核心工程攀枝花钢铁公司对外则称“四零公司”。有人形容攀枝花是一个孤独的城市。九附六、九附二、501、502……这一个个带着神秘色彩的地名常让初到攀枝花的人一头雾水。还有一件让很多外地人无法理解的事情,那就是攀枝花火车站为什么离市区如此之远?答案只有一个,就是保密的需要。每年攀枝花建市纪念日的时候,总有许多白发苍苍的建设者来到攀枝花中国三线建设博物馆,那些关于青春、关于激情、关于保密的故事重新被谈起,至今仍充满无限荣光。

2.3.3 新中国主要保密机构

保密委员会是党管保密的专门组织,是保密工作的领导机构。据史料考证,从 1921 年 7 月中国共产党成立,到解放战争时期的 1948 年,党和军队的保密工作,始终由党中央直接领导,由党的中央机关(秘书机构或组织部门)负责管理,从中央到地方未设立专门的保密委员会。随着解放战争的不断胜利,中国共产党的组织日益发展壮大,在解放区已建立比较完备的党组织和政权机构。党中央为了适应全国解放和即将在全国执政的需要,要求全党必须加强党的建设,开始向革命胜利后的执政需要转变。1948 年 5 月,中共中央为加强对保密工作的统一领导,决定将中央机要委员会改建为党的中央保密委员会,把此前分别由中央办公厅、中央军委、中央社会部等部门分别管理的保密工作,集中由中央保密委员会统一领导。中央和地方各级党委保密委员会统一领导保密工作的组织制度始终未变。中央保密委员会中共中央直属机构的下属机构,既是办事组织又是管理组织,日常执行保密职能。

保密工作领导小组是保密组织机构的一种形式,其组成人员、职责权限、工作任务和工作方式与保密委员会基本相同。此外,需要建立保密工作领导小组的还有另一种情形,即多个机关单位共同组织开展重大涉密活动或机关单位开展涉密专项活动,如召开涉密会议,组织开展涉密重大活动时,为加强专项保密工作的组织领导和管理,有时也设立专门的保密工作领导小组,具体负责涉密活动或项目的保密监督管理工作。

保密工作领导小组对本机关本单位保密工作履行管理职责,其工作方式是:组织召开保密工作领导小组会议,听取保密工作情况汇报,研究决定保密工作重大事项;召开机关单位保密工作会议,传达贯彻上级有关保密工作的指示精神,通报保密工作情况、部署工作任务;制定保密规章制度、工作计划及其他重要事项,以机关单位的名义或保密组织机构的名义下发执行,并负责监督检查落实情况,根据需要由主任(组长)、副主任(副组长)或其他成员直接负责组织开展专项保密工作。

2.3.4 新中国主要保密条例和保密法

在中国,国家机密的保密工作历史悠久。清朝末期、辛亥革命时期以及北洋政府时期已经有一些相关的保密条例和措施。随着中华人民共和国的成立,国家加强了对国家机密的保护,出台了一系列保密法规,主要有:

(1)1950 年 1 月,中央人民政府人民革命军事委员会保密局颁布《国家保密条例》。

(2)1950 年 2 月 24 日,政务院发布《关于保守国家机密的指示》。

(3)1950 年 10 月 15 日,中央委员会下发《关于加强保守党与国家机密的决定》。

(4)1951 年 6 月 8 日,由政务院总理以政密字第 377 号文公布实施《保守国家机密暂行条例》。

(5)1954 年 12 月 14 日,中共中央发布《关于在报刊出版物上保守国家工业建设秘密》。

(6)1948 年 5 月 19 日,中共中央制定下发《中共中央保密委员会章程》。

1950 年,邓小平在西南工作时指出:“保密问题必须成为国家一个重要的法律。”“泄密不管自觉与不自觉,都等于叛国行为。”1951 年 2 月,在邓小平同志主持下,中共西南局颁布了《西南局保密工作条例》。1951 年 6 月,政务院颁布《保守国家机密暂行条例》。1953 年 2 月 1 日,毛泽东签发《中国人民解放军秘密文件保密工作细则》时做出批示:“党、政保密,同样应颁布法令,建立制度。请萧向荣同志将军委保密法令全文抄送邓小平同志研究办理。”根据党中央关于健全社会主义法制的指示精神,1980 年,中央保密委员会开始组织起草保密法。

保密法的设立过程：

(1)起：西南迫切需要开展保密工作

西南解放之初面临的环境异常复杂，特务高度密集，反动党(团)在重庆留下区分部书记以上的骨干就有9000多人，其中很大一部分潜伏成为特务，在这一形势下急需设立保密制度。

(2)中：全面统筹，建立法律制度，迅速统一西南干部思想

在西南军政委员会会议上，邓小平认为只对机关工作人员进行保密教育是不够的，还要严厉惩罚经教育后仍然泄密的人员，而且惩罚要比触犯其他任何法律都更严厉，因为“严格说起来，泄密不管自觉不自觉，都等于叛国行为”。在保密工作常规化方面，邓小平要求保密工作实现法律化和制度化：“保密问题必须成为国家一个重要的法律。”没有法律保证，没有形成制度，保密工作难以持久。邓小平将西南保密工作制度化的任务指定给西南军政委员会秘书长孙志远和副秘书长高兴亚、熊子俊3人。

(3)终：立竿见影，西南保密工作成绩斐然

邓小平与贺龙、张际春和李达在1950年12月在中央的保密工作报告中指出，整个西南“数月来泄密现象逐渐减少”。

中华人民共和国成立后颁布的第一部保密行政法规——《保守国家机密暂行条例》，于1951年6月1日中国政务院第87次政务会议通过，报中央人民政府主席批准，1951年6月8日由政务院总理以政密字第377号文公布实施。全文20条，条例规定了国家机密的基本范围；建立健全保密组织和保密制度，建立全面的、群众性的、经常的严格保密工作，大力开展保密教育。此外，还要求各级人民政府的监察机关，经常做好保护国家机密的监督工作。

《保守国家机密暂行条例》通过后，为便于政府部门和社会公众及时掌握条例内容，法学家江庸撰写了《保守国家机密暂行条例浅说》一书，该书是新中国成立后第一部关于保密法的著作，也是很长一段时间里唯一的一部保密法著作。全书依据条例的条文顺序，详细阐释了各条文的内容，并于1951年8月由上海大众法学出版社出版。

为建立统一的、国家规模的保密工作，党中央、政务院(国务院)采取了一系列措施。政府立法是一项重大工作，但立法需要有一个调查研究、积累经验、充分酝酿的过程。为了指导工作，党中央及军委和政务院于1950年2月分别发出《关于保护党的机密的指示》和《关于各级政府工作人员保守国家机密的指示》，就划分保密范围、建立保密组织、制定机密文电的管理制度和泄密的惩处办法等做出了规定。接着，党中央在1950年10月正式做出了《关于加强保守党与国家机密的决定》(以下简称《决定》)。这是新中国成立后，党中央做出的第一个关于保密工作的决定。该《决定》对保密战线面临的新形势作了深刻分析，并指出普遍存在的和平麻痹和轻敌思想以及简单的保密制度，已经不能适应国家面临外部强大敌人和内部极其繁重的革命和建设任务的需要，“保守党与国家的机密，应引起全党的极大注意”。《决定》对会议保密、文件管理、涉密人员审查和保密纪律等做出了明确规定。1951年4月，根据毛泽东的建议，党中央决定由中央保密委员会召开第一次全国保密工作会议，李克农代表中央保密委员会做报告，会议讨论了《中共中央关于加强保守党和国家的机密的补充决定(草稿)》《中央人民政府政务院保守国家机密暂行条例(草案)》和各级保密委员会组织通则等文件。会议之后，经党中央批准，正式下发了《中共中央关于加强保守党和

国家的机密的补充决定》,突出强调:保守党和国家的机密是严重的政治任务,关系全党、全军、全国人民的最大利益,必须给予重视;保守党和国家的机密是全党的工作,也是群众性的工作,各级党组织必须在党内和群众中进行保密教育;必须严格保密纪律。经会议讨论的《中央人民政府政务院保守国家机密暂行条例(草案)》,于 1951 年 6 月 1 日经政务院第 87 次政务会议讨论通过,中央人民政府主席毛泽东批准,6 月 8 日由政务院总理周恩来发布命令施行。这是我国第一部保密法规。该条例共 20 条,对立法宗旨、国家机密范围、保密组织、使用范围、保密制度、奖惩办法等做出了规定。6 月 1 日《人民日报》以《为保守国家机密而斗争》为题发表了社论,高度评价条例的重要意义。根据会议讨论通过的各级保密委员会组织通则以及中央的其他指示精神,在全国范围内,按照党政军系统,分别陆续建立了各级保密组织,形成上下统一的保密领导体制,为贯彻党的保密工作方针、政策及国家法规提供了组织保证。

保密立法是建设法治国家、依法治国的组成部分,党中央、国务院给予高度重视。从 1979 年的《刑法》设定“泄露国家重要机密罪”之后,1982 年《宪法》规定了保守国家秘密是公民的义务。1988 年全国人大常委会通过的《保密法》是在 1980 年提出,经过 8 年努力完成的,是一部积累我国保密工作经验,借鉴国外保密法律的新鲜经验的专门的保密法律。1990 年 4 月,经国务院批准,国家保密局颁布了《保密法》的重要配套法规《保密法实施办法》。1997 年全国人大修订的新《刑法》适应新的形势,是打击危害国家秘密安全犯罪的有力武器。此外,在国家制定的其他法律、法规中,凡涉及国家秘密的,例如国家安全法、统计法、测绘法、国家公务员暂行条例等,都设定了相应的保密条款。

作为国家保密行政主管部门的国家保密局,根据《保密法》和其他法律、法规的精神,从 1989 年开始,制定了配套法规。多年来,单独或会同有关部门制定和修订的保密规章超过百余条,其他如有关秘密文件资料印制保密、新闻出版保密、对外提供资料保密、科学技术保密、国家秘密技术出口保密、通信计算机及其网络保密等规章,覆盖了多个领域,为依法管理国家秘密、依法管理保密工作打下了良好基础。与此同时,在行政执法方面,保密工作部门不仅对机关、单位内部实施了依法检查,同时面向社会,对涉及国家秘密的领域实施了行政执法,以维护国家秘密的安全。至此,保密的立法和执法作为建立法治国家、依法治国的一个方面,迈出了重要一步。

2.3.5 新中国保密工作新时期

自 1921 年中国共产党成立至今,保密工作大致可以分为三个历史时期,分别是民主革命时期的保密工作(1921—1949),建国初期的保密工作(1949—1978)以及新时期的保密工作(1978—至今)。保密工作分别以 1949 年新中国成立和 1978 年改革开放为分界线,划分为了三个不同时期。先不论 1978 年改革开放,为何 1949 年新中国成立会将保密工作划分为不同时期,这是因为新中国成立前后保密工作的目的发生了明显变化。保密工作的目的从保障党及革命军队的生存发展和革命斗争的胜利,转变为巩固党的执政地位和人民政权建设、维护国家的安全和利益。

进入新世纪新阶段,随着国家民主政治制度、法律制度、社会管理制度及各项工作的全面推进,保密工作进入快速发展轨道。党管保密的政治优势和组织优势更加巩固,国家保密法律制度体系基本建立,保密行政管理部门作为保密依法行政的主体地位已经确立,以党的方针政策为指导、国家法律为规范、科学技术为支撑、各种监督手段综合运用为保障的现代保密管理体系建设正在加快推进,保密工作进入了一个崭新的历史发展时期。

在革命战争年代,党的大部分组织和活动都处在秘密状态,保密也因此成为党的核心任务和工作。新中国成立后,国内外环境发生重大变化,但保密工作的特殊地位始终没有动摇。新中国成立之初,党中央指出:保守党和国家秘密,乃是关系全党、全军、全国人民的最大利益的问题,各级党委必须重视保密工作,并将这项工作作为自己经常注意的工作。

党和国家领导人对于保密重要性的有关批示和论述如下。

毛泽东:“保守机密,慎之又慎”“必须十分注意保守秘密,九分半不行,九分九也不行,非十分不可”。

邓小平:“过去规定,机密文件不能出办公室,保密员带文件出差要两个人同行,不能一个人出去,现在却有人把机密文件随便放在自己的皮包里,随便带到什么地方去。文件个人保密,喜欢放在那里就放在那里,这样不行,应该保密嘛。”

江泽民为纪念《保密法》颁布五周年题词:“发扬党的优良传统,加强新时期保额工作”。

2008 年 10 月,胡锦涛在党的十七届三中全会上特别强调了维护国家安全问题,要求我们必须始终把国家安全放在关系党和国家生死存亡的高度来对待。2008 年以来,针对发生的几起重大泄密事件,胡锦涛、温家宝等中央领导同志多次做出重要批示,要求立即采取果断措施,切断泄密来源,同时查明原因,严肃处理,坚决杜绝此类事件发生。

2014 年 4 月,习近平总书记强调:“当前我国国家安全内涵和外延比历史上任何时候都要丰富,时空领域比历史上任何时候都要宽广,内外因素比历史上任何时候都要复杂。”面对错综复杂的反窃密防泄密斗争,必须深刻认识新形势,准确把握新特点,切实担负起维护国家安全和利益的职责使命,不断增强党管保密、创新强密、依法治密的能力和定力,确保打赢这场“没有硝烟的战争”。

1. 新时期保密工作的指导思想

“提高革命警惕,贯彻突出重点、积极防范的方针,坚持内外有别、既便利工作又确保秘密的原则,确保党和国家的核心秘密,有领导、有控制地放宽对非核心秘密的限制,更好地为社会主义现代化服务。”这一指导思想阐明了保密工作的基本前提、思想基础和基本任务,确定了保密工作的方针、政策和原则,为全国保密工作指明了方向。

2. 新中国成立初期保密工作思想特征的从属性

(1)提出从属性的原因

“保密只是手段,不是目的”。有个别人对于涉及国家机密的事件过于敏感,导致了保密工作被“神秘化”,已经影响到了正常的对外交流与工作生产。保密已经不再是为了保证社会正常稳定发展的手段,人们仅仅是在为了保密而保密。

(2)国家开始重视从属性

1960 年 3 月,中央保密委员会起草了《关于保守国家秘密问题的暂行规定(草案)》,首次提出保密工作必须在党中央和各级党委的领导下,按照便利生产、便利工作来确保国家秘密的原则,依靠群众和发挥群众进行,以克服保密工作“神秘化”的倾向。

(3)改革开放时期的从属性体现

改革开放之后,受国内外的文化冲击和与世界各国广泛交流的迫切需求,使得之前被过于"神秘化"的保密工作已不能适应新时代的保密需求。创立"既保密又适应对外开展经济技术合作交流新情况的新章法"成为保密工作的首要目标。

1982 年,彭真指出:"我们不能因噎废食,要学会在大海里游泳、捕捞的本领。既要放宽人们对外来往的范围和条件,又要严格保守党和国家的机密,维护国家的安全、利益和荣誉。""必须保守的机密,要有效地保,任何人不得泄露。不需要保密的事,就不要乱保,不要把保密工作神秘化。"

3. 党管保密与依法保密

(1)党管保密与依法保密的必要性

坚持党对保密工作的领导,是保密工作体制的基础和核心。新中国成立以后,不论形势任务如何发展变化,坚持党对保密工作的统一领导始终坚定不移。1951 年 5 月,为加强和规范党的保密委员会建设,中央下发了《中国共产党各级保密委员会组织通则》,规定"中央及各级党委的保密委员会,在中央或各级党委的领导下进行工作"。新中国成立以来,党和国家在坚持党管保密原则的同时,逐步将保密工作纳入法制化轨道。

(2)党管保密与依法保密的意义

党管保密是保密工作的基本保证。中国共产党是中国特色社会主义事业的领导核心,保密工作涉及政治、经济、军事、科技、文化、外交等多个领域,只有党的统一领导,才能统揽全局,协调各方,形成合力。党对保密工作的统一领导,是由党的执政地位、我国国情和保密工作的特殊性质和历史条件决定的,是历史的必然选择。

依法治密是保密工作的基本遵循。依法治国,是坚持和发展中国特色社会主义的本质要求和重要保障,是实现国家治理体系和治理能力现代化的必然要求。保密工作作为党和国家的一项重要工作,坚持依法治密是做好保密工作的基本遵循。

在新中国成立初期,我国在保密方面的思想逐渐从不成熟变得完善,从开始的不允许在保密方面听闻任何风吹草动,到逐渐明确保密只是一种手段,而不是目的。最终形成了以党管保密为核心和基础,在明确保密工作重要性的同时,不过分将其神秘化,理性看待保密工作的正确的保密思想。

2.3.6 新中国保密相关人物介绍

江庸,祖籍福建长汀,祖父江怀廷是咸丰年间进士,在四川等地为官;其父江翰,为中国近代著名学者,曾任京师大学堂总教习、文科学长和学部参事等职。

江庸幼承家学,旧学功底深厚,1898 年入成都中西学堂,1901 年入日本成城学校普通科,两年后,转入东京早稻田大学师范部法制经济科。

1912 年,江庸留任大理院推事,后调任北京法政专门学校校长、京师高等审判厅厅长。1913 年熊希龄组阁,梁启超任司法总长,江庸任次长。刚过而立之年的他,就已经完成了从学生到民国要员的飞升。

1924 年曹锟贿选总统上台后,他毅然辞职,自行开设律师事务所,创办《法律评论》,后受聘为“国立”法政大学校长。

1943年江庸被推选为国民参政会主席团成员。抗战胜利后，他继续执行律师业务，又多次担任国民党政府职务。1948年国民政府公布“宪法”，宣布江庸为大法官，他力辞不就。

1949年1月，江庸受李宗仁邀请去北平求和，在西柏坡受到毛泽东、周恩来、朱德、叶剑英等共产党要人的接见。1949年秋，应毛泽东手书邀请，他出席中国人民政治协商会议第一届全体会议，并被推选为全国政协委员。

江庸的一生，经历晚清、民国和共和国三个时代，亲历了近代中国的跌宕起伏、波谲诡秘的历史变更，他的人生与近代中国的大历史纠缠在一起。作为一名法律人，他也见证了近代中国法制变革的历史进程。他从事的工作，或法律实务，或法理探究，或法律教育，或创办法律报刊，角色不断改变，或为司法官，或为司法行政官，或为职业律师，或为参政员，不一而足。

1951年6月，由他起草的《保守国家机密暂行条例》通过。为便于政府部门和社会公众及时掌握条例内容，江庸撰写了《保守国家机密暂行条例浅说》一书（1951年8月由上海大众法学出版社出版）。该书是新中国第一部保密法著作，也是很长一段时间里唯一的一部保密法著作，以大众通俗法学丛书的形式面世，其阅读群体具有广泛性和普遍性，对于提高全社会保密意识及建立情报文化环境具有重要意义，充分体现了江庸先生法学家的风采。

在新中国保密工作的发展中，还有很多杰出的人物为了保护国家机密和国家安全做出了卓越的贡献。

1. 周恩来

中华人民共和国成立后，周恩来担任了开国总理。当得知我国第一颗原子弹试验获得成功后，周恩来向主管负责人说：“这次试验，全体工程技术人员都要绝对注意保守国家机密，只准参加试验的人员知道，不能告诉其他同志，包括自己的家属和亲友。”他特别强调：“邓颖超同志是我的爱人、党的中央委员，这件事同她的工作没有关系，我也没有必要跟她说。”

2. 王若飞

1945年6月，王若飞在中共七大上当选为中央委员。抗战胜利后，他作为中共代表随同毛泽东、周恩来赴重庆，参加国共两党和平谈判。王若飞作为参与谈判的重要参谋助手，谨慎而周密地应对着公开谈判与秘密工作的关系。他经常白天进行紧张的谈判，晚上连夜整理材料、准备意见，与毛泽东、周恩来研究对策。

3. 邓稼先

邓稼先是我国核武器理论研究工作的奠基者和开拓者之一。他为人忠诚纯正，甘当无名英雄，隐姓埋名、默默奋斗数十年。在离家前还对自己的妻子说：“我要调动工作，去干一件事。干好这件事，我这一生就过得很有意义，就是为它死了也值得。”他为国防事业做出了卓越贡献，被誉为中国的“两弹元勋”。

总之，除了上述这些人物外，还有很多人在新中国的建设和发展中做出了重要的贡献，为保护国家机密和国家安全做出了巨大的努力，为新中国从事保密工作的人树立了榜样。

2.3.7 新中国建设保密法制的必要性

1950 年年初,张东荪在抗日战争期间相识的王志奇(美国特务)从天津来看望张东荪,告诉他说美国正在加紧准备第三次世界大战,张东荪听后感觉很不好,于是站在"中美关系调解人"的立场,请王志奇向美国国务院转达"打起仗来千万不要打中国"的想法,王志奇表示同意。此后的一段时间里,张东荪和王志奇大概进行了六七次的见面会谈。这样一来二去,张东荪虽然没有完全消除对王志奇的怀疑,但还是逐渐放松警惕并相信了王志奇。在接触中,张东荪将一份全国政协委员的名单交给王志奇并将其中能够与自己合作的人士用笔勾出,还将并未公布的政府预算收入来源分比例和具体数字透露给王志奇,而这些都属于国家机密。这样,张东荪就在无意中成了泄密者。

尽管张东荪的所作所为在客观上还不能说他已经成了美国特务,但是身为中央人民政府委员会委员,无论出于什么动机、什么出发点,与美国特务私自接触都是不允许的。也许张东荪不知道王志奇的美国特务身份,但是他不会不知道泄露全国政协委员名单和未公布的国家预算是一种什么行为。然而张东荪在调解中美关系的迫切愿望下却没有做出理性思考,而是抱着很天真、很幼稚的想法将重要的国家机密泄露了出去,造成的损失无法估算。

张东荪在有意无意中将一些国家机密泄露给了美国特务王志奇,酿成了"张东荪泄密事件",给党和国家造成了损失。前车之覆,后车之鉴,"张东荪泄密事件"给后人留下了深刻启示:必须加强对《保密法》和《中华人民共和国保守国家秘密法实施条例》(以简称《保密法实施条例》)的学习;在涉外活动中必须与中央的大政方针保持高度一致;在日常生活中必须时刻提高警惕,增强国家安全意识。

1953 年,国家开始执行第一个五年计划,全国上下掀起了轰轰烈烈的经济建设高潮。就在这时,一些人忽视了保密工作,以致发生大量泄密现象,甚至相当严重。各种媒体在宣传报道各条战线喜讯的同时,也出现了大量而严重的泄露国家机密的现象,给敌人搜集我国经济建设情报提供了可乘之机,引起了中央的重视。中央先是转发了政务院关于 1953 年保密工作存在的问题及改进建议的报告,接着在 1954 年 12 月发出了《关于在报刊出版物上保守国家工业建设秘密的指示》(以下简称《指示》),明确具体地划分了国家工业建设方面的保密范围,规定了哪些工业建设项目属于国家机密,不能公开报道,哪些不属于国家机密,可以公开报道,同时规定了报刊出版物保守国家工业建设秘密的措施。

《指示》的传达贯彻,对于提高大家的保密意识和自觉性,对于敦促各部门普遍加强领导、建立制度,对于制止报刊出版物的泄密现象产生了重要作用。但由于《指示》是从报刊出版物保密的角度提出的,而且采取了从严的限制措施,所以在实际工作中,使保守秘密与各类资料的正常供应发生了矛盾,特别是科研部门和高等院校得不到必要的资料,影响了科研和教学。同时由于保密范围偏宽,反而助长了有些人的麻痹思想,使真正应该保守的国家机密保不住,泄密现象仍禁而不止。

为解决这一矛盾,做到既严格保密,又便利各项工作,1956 年 10 月,国务院发出《关于划分保密范围和改善资料供应工作的通知》,要求在中央国家机关普遍开展划密工作。该

《通知》指出,划分机密与非机密和机密等级是严格保守国家机密和有利国家各项工作进行的必要措施,必须按照“既能便利工作,又能严格地保守国家机密”的原则认真研究。《通知》强调,“保密范围是指国家的机密,就是关系到国家安全的东西,不要把一般机关内部的保密事项(如人事变动、保卫工作等)列入国家机密范围”。在国务院批转的国务院保密委员会《关于保密工作座谈会的报告》中进一步强调,“只有泄露了会危害国家安全和利益的东西才能列入国家机密的范围”,当然,“在收缩保密范围时要慎重,不要把应该保密的东西也放弃不保了”。《通知》还对国家机密的等级和划密工作的步骤做了规定。在此之后,根据《通知》精神,国务院保密委员会通过座谈、进行试点到逐步推开,并组成审查小组,逐一审核工业、交通等各部门报送的保密范围,分批予以公布。前后经过两年时间,做了大量组织工作。

这次划分密级的工作,由于坚持了领导、保密干部和业务人员三结合,坚持了划密与建立各项保密制度相结合,所以使划分的保密范围更切实际,更有利于科研和教学的有效使用,同时也为以后国家秘密的划分和利用打下了很好的基础。

随着划密工作的进展,各单位、各系统还普遍建立健全了各项保密制度。

1963 年,胡士泰出生在天津的一户人家,家中虽然贫困,但从未亏待过他,还让他接受了学校的正规教育。胡士泰从小就非常聪慧,一直是班级里的学霸,学习成绩在年级里数一数二。老师们都认为他将来会非常有出息。他 16 岁那年,是中国恢复高考制度的第二年,他为了考上一所好大学,每天挑灯夜战,结果一举考上了北京大学的历史系。这可是光耀门楣的喜事啊,这让胡士泰的家人开心不已。后来他进入校园,就安安心心地读书,因为成绩优异还拿到了奖学金。然而大学生活很快就结束了,在毕业之前有老师想让胡士泰留校担任历史学助理,可他早就有了规划,要出国留学深造。最终胡士泰通过层层筛选,拿到了公费出国留学的资格。可谁能想到,他这一出国就再也不想回来了。

胡士泰毕业后,就来到了澳大利亚留学深造,刚到这里,他就被当地现代化的发展所震惊,繁华街头让他流连忘返,高科技的产品让他爱不释手,于是他决定毕业后留在这里。为此,胡士泰还放弃了原来所学的历史学专业,选择了在澳大利亚更有前途的冶金专业。之后的日子里他勤奋刻苦地学习,广泛结交好友,为的就是日后能在这个国家更好地生活。

后来胡士泰毕业了,婉拒国内的各种邀请,直接进入了澳大利亚第二铁矿石生产商——哈默斯利铁矿工作,凭借着突出的能力在这里混得非常好。然而没多久,这个铁矿公司就被澳大利亚矿业巨头力拓集团收购了,胡士泰也成了该公司的一员。不过他要想长久地留在公司,还需要取得澳大利亚国籍。胡士泰就想尽办法移民,最终在 1997 年成功加入了澳大利亚国籍。

这让胡士泰的事业突飞猛进,职位也是一变再变,还成为一个小领导。殊不知这是胡士泰堕落的开始。由于中澳两国的合作变多,胡士泰被公司派往中国当贸易经理。他一回国就开始四处跑市场,为了得到老板们的信任,他每天组织各种饭局酒局,请合作方吃饭喝酒。时间一长,他们的关系就处得非常好,渐渐地他们也非常信任这个海外归来的精英,还给胡士泰透露了不少国内行业的信息。而他在把这些机密信息传回给力拓集团,这样一来他们就以不对等的高价卖给中国。这不仅让澳大利亚在进口方面赚得盆满钵满,就连胡士泰也能从中谋取不少利益。但这只是开始,为了能更深度地挖掘各种机密信息,胡士泰还用钱财来贿赂一些行业内的中高层管理者。而他扭头又告诉了力拓集团,这使得我国在采购谈判上根本不占优势,对方将我国的钢产业情况摸得一清二楚,最终中方的企业只能任由这些国外的公司牵着鼻子走。

由于一些重要机密被胡士泰出卖后,国外公司在铁矿价格方面是一涨再涨,就在 2008 年金融危机的时候,世界三大铁矿石巨头将铁矿的价格涨幅到 80%,如此一来,我国不少中小企业只能破产。可以说,中国进口的铁矿石几乎都是高出平时几倍的价格买的。然而这些年经过商业间谍窃取的机密,澳方从中获取的收益竟然达到了 7000 亿人民币。而这笔钱在当时已经算得上澳洲 10%的 GDP。而胡士泰本人虽然说年收入只有十多万美金,可没想到他却拥有着上亿的别墅,而且还不止一栋。由此说明他在其中也获取了一部分差价。

2009 年中国相关部门察觉到了行业的不正常现象,于是着手调查。结果警方发现力拓公司的胡士泰有很大的嫌疑,但并未直接逮捕,而是在拿到了确凿证据后,直接到力拓集团上海区办事处进行了搜查,结果发现了很多关于国家机密的文件,这对于我国来说是非常重要的。最终警方逮捕了胡士泰以及其他 3 名相关人员。

但事情还没完,在这个拥有澳大利亚国籍的胡士泰被抓后,澳大利亚方开始维护他,甚至连澳大利亚总理都出面想将胡士泰引渡到澳大利亚。可再怎么说,这个间谍也要接受我国的审判与制裁,于是便拒绝了澳方的要求。就在 2010 年庭审现场,胡士泰被判处十年有期徒刑,除此之外,还被没收财产,处罚金 100 万元。而其他 3 名相关人员分别被判处 7 年到 14 年不等。

2.4 改革开放后的保密工作、法律及制度

随着我国改革开放的不断深入,社会主义市场经济体制的建立以及建设的高速发展,保密工作体现出了不可替代的重要地位。在科技和社会不断发展的同时,保密工作也面临着新的问题。改革开放 40 多年来,我国的保密工作、保密法制都有了较为明显的完善。本节将针对改革开放后我国保密工作的建设、保密制度的确立和完善、保密法的发展与修订进行整理、讨论与思考。

党的十一届三中全会开启了我国改革开放的新纪元,也翻开了保密工作的新篇章。从 1978 至今,中国改革开放走过了 40 多年。在这 40 多年里,中国经历了翻天覆地的变化,中国人民对改革开放道路的信心和决心更加坚定。改革开放是当代中国发展进步的必由之路,是实现中国梦的必由之路。我们要继续开拓前进,迎难而上,将改革进行到底。

在过去的 40 多年里,在中国共产党坚强的领导下,勤劳的中国人民创造了一个又一个奇迹,用双手书写了世界上最为传奇的发展故事。我国成功实现了从高度集中的计划经济体制向充满活力的社会主义市场经济体制的转变。如今的中国已经成为世界第二大经济体,前所未有地走向世界舞台中心,前所未有地接近实现中华民族伟大复兴的中国梦。我们前所未有地具备了实现这一目标的能力和信心,中国特色社会主义已经进入了新时代。

在过去的 40 多年里,保密工作始终紧跟国际和国内形势的变化,围绕中心、服务大局,抓住重点、攻克难点、加强规范,为党和国家的改革开放事业做出了重要贡献,见证了我国的伟大成就和深刻变革。特别是党的十八大以来,各地区各部门认真学习贯彻习近平总书

记关于加强保密工作的重要讲话精神,深入贯彻落实中央关于保密工作的决策部署。保密工作取得了历史性的发展,国家保密管理体制日益完善,保密法规制度逐渐形成体系,保密科技支撑能力不断提升,保密服务和保障水平持续加强,国家保密事业正迈进转型升级的康庄大道。

2.4.1 改革开放时期的保密工作

改革开放为我国各行各业的发展带来了全新的机遇,也推动了保密工作领域的不断拓展。从加强社会主义法制成为我们党的一项工作方针,到全面依法治国成为党领导人民治理国家的基本方略,社会主义法治建设走过了不平凡的发展历程。保密工作紧跟党中央部署,始终坚持在法治轨道上发展进步,不断提高运用法治思维和法治方式管理国家秘密的能力和水平。

20 世纪 80 年代以来,世界科技发展突飞猛进,有些国家率先把最先进的科学技术运用到窃密活动中,大肆窃取别国秘密。同时,现代通信、办公自动化和网络技术的迅速发展,也给保密技术防护工作提出了许多新问题和新挑战。“唯改革者进,唯创新者强”,我国保密科技工作紧紧抓住时代发展机遇,勇往直前、乘势而上,走出了一条自立自强的创新发展之路。

改革开放初期,保密技术防护还处于“三铁一柜”(铁窗、铁门、铁锁、保密柜)阶段,远不能满足严峻的反窃密防泄密斗争需要。从 1980 年到 1983 年,党中央、国务院印发或转发了一系列关于保密工作的规范性文件,涉及经济、科技、外贸、军工、边防口岸、涉外工作等多个领域,具有很强的针对性和可操作性,初步实现了改革开放初期重点行业领域保密工作有章可循。

经过近 10 年的实践探索,保密法治建设初见成效。1988 年 9 月颁布、2010 年 4 月修订的《中华人民共和国保守国家秘密法》(以下简称《保密法》)标志着我们在依法治密的道路上迈出了关键一步,从此保密工作实现了有法可依。1989 年 11 月,第一次全国保密技术工作会议在西安召开,提出在全国范围内发展保密技术的规划设想。

1996 年 7 月和 1997 年 7 月,中央保密办、国家保密局分别制定印发“九五”保密技术工作发展规划及其实施办法,对发展保密技术的基本原则、保密技术装备、保密技术法规和标准、保密技术产品管理等工作做出全面部署。“十二五”之后,我国推动设立了一批保密科研项目,突破了一批关键技术,研制了一批好用管用的保密技术产品,解决了一批保密管理难题,初步形成了以企业为主体、市场为导向、政产学研用相结合的保密技术创新体系。

党的十八大之后,保密工作结合深化科技体制改革,不断优化保密科技管理体制机制,加大保密科技攻关力度,注重发挥市场在保密科技资源配置中的作用,进一步激发保密科技创新活力。围绕信息化条件下保密工作的新特点、新要求,《保密法实施条例》《保密事项范围制定、修订和使用办法》等保密法规、部门规章和一系列规范性文件、保密标准相继出台,系统完备、科学规范的保密法律、法规、规章、制度和标准体系初步形成。

把国家秘密定准、把涉密人员管住,始终是保密管理的重点和难点。改革开放环境下,定密不规范、解密不及时,涉密人员身份复杂、保密审查不严格,网络攻击渗透、窃密泄密频发等新情况新问题不断出现，定密管理、涉密人员管理、网络保密管理日益成为制约保密事业发展的瓶颈问题。

2014 年，全国保密工作会议提出，打响“三大攻坚战”，切实强化“三大管理”。同时，持续深入推进保密资质审批改革，建立完善保密行政管理部门权责清单制度、重大事项调查研究和集体决策制度、行政复议和行政诉讼应诉工作机制，探索建立法律顾问和公职律师制度，全面提升保密工作依法行政水平。同年，国家保密局组织研究制定《国家秘密定密管理暂行规定》，组织开展保密事项范围制定修订和集中清理，制定出台进一步加强涉密人员管理的制度措施，强化涉密网络分级保护、信息管控等全过程管理，依法破解“三大管理”难题，推动“三大攻坚战”取得阶段性成果。

2016 年 10 月，首届全国保密技术交流大会暨产品博览会成功举办，参展企业达 512 家，参观总人数达 5 万余人次。2017 年 9 月，首次保密科技奖励大会召开，对 20 个获奖项目的 37 家单位、123 名个人进行隆重表彰，广大科技人员与科研单位投身保密科技创新的热情越来越高。

保密管理逐步从内部管理向依法管理转变，是改革开放以来保密工作的一个鲜明特征。保密法专章就保密行政管理部门依法行使监督管理职责做出规定。为深入贯彻全面依法治国和法治政府建设要求，进一步推进保密管理职能转变和管理方式创新，2017 年 1 月，国家保密局制定印发《关于全面推进保密工作依法行政的意见》，就落实保密行政管理部门执法主体地位、明晰保密管理权责、规范权力运行等事项提出具体要求。2017 年 6 月，中央保密办、国家保密局下发保密技术服务工作指导意见，就进一步加强和规范涉密载体销毁、涉密设备检测和维修维护等工作提出明确要求。

从“九五”到“十三五”，历经 20 余年的发展，保密技术装备规范配备已经初具规模，保密技术服务和测评体系日益健全完善，稳步迈向保密工作转型升级的阶段性发展目标。

2.4.2 改革开放时期的保密制度

在指导思想上，强调为改革开放服务。1983 年 5 月，中央书记处批准印发的《省、市、自治区保密工作座谈会纪要》提出新时期保密工作的思想是：“提高革命警惕，贯彻突出重点、积极防范的方针，坚持内外有别、既便利工作又确保秘密的原则，确保党和国家的核心秘密，有领导、有控制地放宽对非核心秘密的限制，更好地为社会主义现代化服务。”

1988 年第七届全国人大常委会第三次会议通过的《保密法》明确规定，保密工作实行“积极防范、突出重点、既确保国家秘密又便利各项工作”的方针。尽管此前周恩来等人也曾提出保密工作要为中心工作服务、避免神秘化等思想，但在法律上做出明确规定、强调保密工作的适度性，这还是第一次。

在具体制度上，根据改革开放的需要，陆续做出修正。

1. 保密管理方面

在保密管理方面，《保密法》及其实施办法明确了基本的保密义务和保密措施，对保守国家秘密以及防范泄密和窃密提出了要求。

2. 法律责任方面

在法律责任方面,起草制定《保密法》的相关成果就是使立法机关对 1979 年《刑法》的有关规定作了重要的补充。在《保密法》获得通过的同时,还通过了《关于惩治泄露国家秘密犯罪的补充规定》。

党的十四大之后,中国开始建立社会主义市场经济,对外开放范围进一步扩大。而这个时期也恰逢世界保密法制发生重大变革。

保密制度受公开化的影响。保密法制起初属于军事法的一部分,其主要内容为反奸防谍,呈现出比较浓烈的刑事法特点。第二次世界大战(以下简称二战)后从美国兴起的知情权运动,推动美国于 1966 年颁布了《信息自由法》,并确立了"公开为原则,保密为例外"的原则。1995 年制定的《约翰内斯堡原则》就保密问题提出了法律化、最小化等原则。这些对各国保密法制产生了深远影响。2000 年以来,越来越多的国家仿照美国模式,在信息公开和知情权框架下对保密法制进行修改,保密法制有从刑法附庸演变成为信息公开法附庸的趋势。

保密制度受全球化的影响。二战以来,联合国以及其他国际组织的影响日益扩大,这些国际组织对成员国履行的权利义务均提出透明度要求。这给各国保密法制带来重大影响。2001 年中国政府加入世界贸易组织时,曾经对透明度问题作了如下承诺:一是只执行那些已公布的,为世界贸易组织其他成员、企业容易获得的或者影响贸易的法律、法规、规章或其他的政策措施;二是应设立或指定官方刊物,用于公布所有有关或影响货物贸易、服务贸易或外汇管制的法律法规及其他措施;三是设立或指定咨询点,应世界贸易组织其他成员、企业或个人的请求,提供有关或者影响贸易的法律、法规、规章和其他政策措施方面的法律信息服务和答复有关询问。

保密制度同样依赖于科学技术的应用。计算机和网络技术的发明大大推进了这一进程。20 世纪 70 年代以来,为了确保计算机信息系统拥有、存储和传输的信息得到足够保护,满足保密性、完整性和可用性的要求,各个国家将一些漏洞扫描、防火墙设计等技术作为保密规范,并逐渐形成各种类型的强制性的保密标准。保密标准等科技法规的出现,使得保密法制成为囊括程序性规范和实体性规范、伦理性规范和技术性规范于一体的规范体系。

在这三大浪潮的冲击下,我国保密法制也发生了巨大变化。20 世纪 90 年代中后期,我国集中修订了 70 多个保密事项范围。在这样的背景下,1988 年 9 月 5 日通过的《保密法》,在 2024 年 2 月 27 日十四届全国人大常委会第八次会议表决通过修订,自 2024 年 5 月 1 日起施行。

2.4.3 改革开放时期的保密法

随着中国改革的国门洞开及"冷战"时代的结束,泄密事件频频发生,但主要流向已转移到经济领域。只是国家的"保密工作"尚未适应这一转型期,致使新中国成立后的某些经济情报方面疏漏百出,无密可保,损失无法估量。而在我国建国之后仅出台了保密暂行条例,尽管国家对保密工作十分重视,但法制还相当不完善,国人的保密意识仍需提高,保密法的编著和实施势在必行。

在20世纪,国人对于“技术保密”还没有概念,致使泄密事件频频发生。

1981年9月20日,我国首次用一枚运载火箭成功发射了三颗人造卫星,如图2-8所示,新华社的简短报道语焉不详。国际社会反应却是爆炸性的,因为这极有可能标志着我国已经掌握“多弹头分导重返大气层”这一项高科技。

图2-8 “一箭多星”技术

各国驻华使馆均受命查探详细信息和资料,我国官员当然守口如瓶,可万万想不到,卫星发射后仅三天,北京一家电台即播出题为《太空奥秘夺桂冠》的广播稿。次日,北京一家报纸干脆登出《我国第九颗人造卫星》的报道,并附有三颗卫星的图样及在车间实施组装的照片。前后两篇报道都翔实报道了这三颗太空飞行物的运行轨道、无线电遥测频率等。国外情报部门如获至宝,我国军工部门却大惊失色,一查之下,原来是某一工程师的“杰作”,该人想要凭此新闻升职加薪,在火箭发射前他就已经写好稿子,待卫星升空后将稿子传送至电台和报社,并谎称已经送审。

1979年11月,邓小平同志延续其在新中国初期的一贯主张:“保密应该有章程”。1980年4月,彭真同志提出“国家需要制定保密法”,并亲自召开专门会议,部署保密法制定工作。1980年,中央保密委员会开始组织起草《保密法》。1988年9月5日,第七届全国人大常委会第三次会议通过了《保密法》,1989年5月1日开始施行。《保密法》的颁布是我国保密工作走上法制化轨道的重要标志。1990年4月,国务院批准发布了《保密法实施办法》。1997年,党中央下发《中共中央关于加强新形势下保密工作的决定》,为做好新形势下保密工作确定了大政方针和工作任务。

1. 1988年版《保密法》的特点

一是在改革开放的时代背景下制定的,与改革开放相适应并服务于改革开放;二是体现依法行政,依法管密、治密的法治精神;三是确立具有中国特色的保密管理体制。

2. 2010年版《保密法》的特点

修订后的《保密法》保持其1988年制定时的立法目的与精神、基本框架与原则、主要特点与基本内容以及立法风格。

一是适应依法治国。

二是适应我国计算机信息系统、互联网快速发展与普及,涉密载体由纸介质为主转为以光电磁介质为主,保密工作重点由线下转到线上的新形势,创建有关计算机信息系统和互联网条件下的保密制度。

三是适应政务公开、政府信息公开的全面推进,信息资源共享的呼声和需求日益高涨的新形势。四是适应涉密人员流动性明显增强,涉密法人单位、民间组织和人员日益增多,保密管理对象日趋复杂的新形势。

3. 2024 年版本

《保密法》此次修订坚持总体国家安全观，统筹发展与安全，将党的十八大以来保密工作成熟有效的政策措施和实践经验上升为法律制度，对于推动保密工作高质量发展，维护国家主权、安全、发展利益具有重要而深远的意义。

新修订的《保密法》在总则中规定“坚持中国共产党对保守国家秘密工作的领导”，明确中央保密工作领导机构领导全国保密工作，研究制定、指导实施国家保密工作战略和重大方针政策，统筹协调国家保密重大事项和重要工作，推进国家保密法治建设。

此次修订吸收了一些工作实践中定密和解密的成熟做法，包括：明确保密事项范围的确定应当遵循必要、合理原则，科学论证评估，并根据情况变化及时调整；完善定密责任人制度和定密授权机制，并对密点标注做出原则规定，进一步推动定密精准化、科学化；完善国家秘密审核制度，将定期审核修改为每年审核，并明确了未履行解密审核责任造成严重后果的法律责任，进一步压实定密机关、单位主体责任，便利信息资源合理利用。

新修订的《保密法》还体现出对于保密科技创新和科技防护的重视，在总则中明确国家鼓励和支持保密科学技术研究和应用，提升自主创新能力，依法保护保密领域的知识产权。此次修订还明确，涉密信息系统应当按照国家保密规定和标准规划、建设、运行、维护，应按规定检查合格方可投入使用，并定期开展风险评估。

为适应当前涉密人员管理的新特点、新要求，此次修订补充细化了涉密人员基本条件、权益保障和管理要求等方面的规定。

2.5 本章小结

本章主要介绍了中国保密工作的历史发展和演变过程。本章从清朝末期开始，经过北洋政府统治时期、国共内战时期、抗日战争时期，到新中国成立后和改革开放时期，梳理了中国保密工作在不同历史时期的特点、重要事件和相关法律制度。

在北洋政府统治时期，中国已具备了优良的保密传统，并在军事、政治等领域制定了相关保密法律。在国共内战时期，中国共产党采取了全面秘密化的策略，进行地下斗争。在抗日战争时期，为了抵抗日本帝国主义的侵略，中国共产党采用了保密工作与群众工作相结合的原则，并在不同环境下制定了相应的保密策略。

随着新中国的成立，保密工作的目标从维护党的生存发展转变为巩固党的执政地位和维护国家安全利益。在新中国成立初期，党中央和国务院相继颁发了一系列重要文件，建立了保密委员会等机构，推动了保密工作的制度化和规范化。

改革开放后，保密工作面临着新的挑战和需求。随着经济的发展和科技的进步，保密工作领域得到了进一步拓展，保密制度逐步完善，相关的保密法律相继被颁布。保密工作在适应新形势和发展需求的同时，也需要不断加强保密意识，提高保密工作的水平和能力。

总体而言，中国保密工作经历了长期的发展和演变，从传统保密法律的深厚积淀到现代保密制度的建立，不断承担着适应时代需求和保护国家机密的重要任务。随着科技和社会的不断进步，保密工作仍面临着新的挑战，需要不断加强和完善，确保国家机密的安全和保密工作的顺利进行。

第 3 章　外国保密工作及保密技术发展

保密工作及保密技术发展是所有国家都必须重视的一项任务。对于美国、德国、日本和以色列等国家而言,其保密史具有深刻的历史和文化背景。美国情报机构的发展可以追溯到二战前夕,其在情报收集、分析和应用方面积累了丰富的经验,成为世界上最强大的情报力量之一。德国保密史则与其在两次世界大战中表现密不可分。作为战败国,战后的德国不断推进保密制度建设,并在情报技术和间谍活动方面进行了大量的创新。日本保密文化源远流长,日本古代贵族阶层便十分注重保护自己内部的秘密,如五节制度中的“宴”就是禁止外人参与的秘密活动。以色列则处于中东地区风云变幻的格局中,其对情报保密的高度重视和反恐行动的果断决策,使得其成为世界上反恐领域的佼佼者。总之,这些国家的保密史虽然各具特色,但都在不断地适应时代变迁和社会需求,不断升级与完善保密制度,从而保障了国家的安全和利益。

在国际关系、国家安全、经济发展等方面,保密工作和保密技术都起着关键性的作用。每个国家都有其独特的保密历史,这些历史受到国家文化、历史背景、地理位置、经济结构以及政治环境等多种因素的影响。美国的保密史包括了各种情报和间谍活动,如美国中央情报局(CIA)和国家安全局(NSA)的历史。“冷战”期间,这些机构开展了大量的秘密行动,有些至今仍未被完全公开。德国的保密史特别复杂,涵盖了两次世界大战、纳粹德国、东德的斯塔西等多个时期。比如,二战时期的恩尼格玛密码机是最知名的德国秘密武器之一。日本的保密历史主要与其军事和政治密谋有关,包括二战时期的特务机关、战后的情报收集等。以色列是中东地区最有影响力的国家之一,其保密历史主要涉及军事、外交和情报工作,特别著名的有摩萨德情报机构。这些国家的保密历史无疑为我们理解国际政治、战争和平、国家安全等问题提供了丰富的素材。

3.1　美国保密史

在 1946 年以前,美国联邦行政机关几乎没有统一的保密制度,各个机关依照自己的需要进行加密与定密,并且不需说明理由。1946 年,杜鲁门总统发布行政令——《关于对政府档案更有效的利用、传递以及处理的规定》(第 9784 号),它是美国总统行政令规范保密制度的肇起,它要求每个行政机关“为其档案的有效管理和处置建立并维护一个积极而连续的程序”。1951 年,杜鲁门总统发布了第二个涉及保密制度的行政令(第 10290 号),它对申请公开信息程序、自动降低密级或自动解密等做出了规定,使得公众对国家秘密有一定的知情权。由于公众对知情权的需求越来越大,1966 年,美国国会通过了《信息自由法》,使得公众知情权进一步提高。在此之后,除了老布什总统外,其他几位总统都发布过关于保密制度的行政令,其趋势是放松机关对信息的管制,扩大公众的知情权,这一趋势虽然受许多美国国家安全事件的影响,但总的开放趋势没有出现明显波动。

美国联邦现行保密制度是建立在克林顿总统1995年发布的12958号行政令《保密的国家安全信息》的基础上。2003年5月,布什总统的13292号行政令对它进行了一些修改。

3.1.1 战争时期的美国保密制度

随着一战和二战的爆发,美国开始深刻认识到保密工作的重要性,从而逐渐制定和完善了一系列的保密法律和制度。

1. 第一次世界大战(以下简称一战):1917年《间谍法》的出台

一战期间,美国经历了一系列痛苦的泄密事件,使得威尔逊政府深刻认识到某些美国公民的激进、不忠诚和无政府主义行为的危害性。为此,威尔逊政府向国会申请立法,制定了1917年《间谍法》,以打击这些危害国家安全的行为。1915年12月7日,威尔逊请求国会立法时这样说:“有一些美国人,我必须承认是生长在另一面旗帜下的,但由于我们慷慨的法律,他们享受着美国人的自由和机会。他们把不忠诚的毒药撒入我们国家的动脉,损毁我们政府和国家的美名,为了报复、破坏我们产业的人,为了避免外国人的阴谋瓦解我们的政治,我请你们尽快通过这样的法律,以尽快挽救我们国家的荣誉和自尊,这些激进、不忠诚、无政府主义的人必须予以扫除。”

在1917年美国加入一战之后不久,《间谍法》被正式通过。它扩展了1911年《国防机密法》的条款,并加重了处罚的力度。它主要对信息的传递进行了限制,为了他国目的,传播虚假的信息或者泄露机密信息都被明确地判为违法;它还允许邮政总长拒绝邮寄被认为违反法律的刊物。从这样的规定可以看出,美国开始加强了对于保密工作的建设,并且这样的趋势愈演愈烈。由此可见,美国从一战以后开始真正地重视起了保密工作。同时其保密制度开始向“绝对保密”的方向发展。

2. 第二次世界大战:保密制度的扩大和深化

在二战时期,美国加强了对于《间谍法》的定密范围,扩大了涉密人员的权利。例如,1933年,国会通过了修订案,规定“泄露外国密码或密码传递的信息”是违法的。1950年,麦卡锡时期增加了793(e)的条款,内容与793(d)几乎一致,原先的条款规定任何把机密信息传递或尝试传递给不具有权限的人的行为为违法,新条款则被认为是把简单地持有这些信息的行为也列为违法。这种对保密制度的严格执行,无疑在一定程度上加大了美国在战争中取胜的概率。然而,同时也引发了一些社会问题,上层官员可能会利用保密政策来滥用职权、获得利益,从而降低行政效率;由于不当的定密和非人权的保密措施,底层民众和基层人员也遭遇了很多冤假错案。例如,一些二战空军或者间谍在执行任务的过程中死亡,而家属却因为保密为由无法得到家属的遗体和死亡原因。

3. “冷战”时期:保密制度的进一步严格化

在“冷战”时期,面对与苏联的激烈竞争,美国进一步提升了对于保密制度的严格程度。尤其是对于国家尖端科技的保密政策,包括《原子能法》和《专利法》部分条例的制定,旨在防止苏联间谍的渗透。

1946年,杜鲁门发布了美国历史上第一个旨在规范行政机关间信息保密和传递制度的行政令——《关于对政府档案更有效的利用、传递以及处理的规定》,命令每个行政机关“为其档案的有效管理和处置建立并维护一个积极而连续的程序”。杜鲁门政府颁布的《原子能法》,改变了以往美国对于科学交流开放乐观的态度,开始反对西方科学自由的传统,明确将原子能技术规定为受限制的技术,对以苏联为首的东方国家展开了科技封锁。从这个法令可以看出,美苏的保密竞争主要在军事和科学技术秘密方面。

1953 年,艾森豪威尔总统发布了第 10501 号行政令,完善了美国的保密体系。1961—2008 年,时任美国总统颁布了第 10964 号行政令、第 11652 号行政令、第 12065 号行政令、第 12356 号行政令。这些行政令将定密权赋予了五个实体,即美国总统、国防部部长、陆军部部长、海军部部长及空军部部长。并且在保留了早期定密的三个等级——“机密、秘密、限制”上还形成了另一个等级“绝密”。这样的高压状态一直持续到 20 世纪 90 年代初,也就是“冷战”结束,随着苏联的解体和民众对于美国不合理的保密制度的反抗,直到克林顿上台以后才逐步减缓了对于涉密事件的敏感程度。

4. 向开放与透明过渡:“冷战”后的保密制度改革

在“冷战”结束后,美国社会越来越意识到过于严格的保密制度可能会对公民的权利和社会的公正产生负面影响。因此,政府开始放松对政府信息的管制,以保障公民的信息获取权,推动政府的透明度和公众的参与度。

2009 年,时任美国总统的奥巴马颁布了第 13526 号行政令。这个命令确立了三个重要的原则,深刻影响了美国的保密制度。首先,保密与解密应该有同等的优先级。这意味着政府在保护国家安全的同时,也需要尊重公民的知情权和参与公共事务的权利。其次,没有任何信息或资料应该被永远保密。这个原则强调了信息的公开性和透明度。最后,一个对公众负责的政府应该积极推动信息的公开。这个原则要求政府在可能的范围内,公开尽可能多的信息,让公众能够更好地理解和监督政府的工作。

第 13526 号行政令还进一步限制了政府的定密权和保密权,鼓励公众参与对执法机构的监督。通过这种方式,政府希望能够减少滥用保密制度的情况,提高政府工作的公正性和效率。

总的来说,“冷战”结束后,美国的保密制度经历了从严格到开放、从闭塞到透明的重要转变。这不仅体现了其社会价值观的变化,也是对过去保密制度问题的反思和改正。

3.1.2 美国“冷战”时期形成的密码学体系

在“冷战”时期,面对日益严重的网络威胁和信息安全需求,美国发展了一系列影响深远的密码学体系。这些密码学体系以其独特的原理和广泛的应用,推动了信息安全领域的发展,并对全球的网络通信、金融交易等众多领域产生了深远的影响。它们主要包括对称密钥密码体系,公钥密码体系,以及哈希函数等重要组成部分。

1. 对称密钥密码体系

对称密钥密码体系是一种基于相同密钥进行加密和解密的密码体系。在“冷战”时期,美国采用了一系列对称密钥密码体系,如 DES(Data Encryption Standard)、3DES(Triple Data Encryption Standard)和 RC4(Rivest Cipher 4)等。其中,DES 是最早的对称密钥密码体系之一,由 IBM 公司于 1977 年设计,是当时最常用的加密标准。DES 采用 56 位密钥,对 64 位的数据块进行加密，具有高效性和安全性。

然而，随着计算机技术的发展，DES 的安全性逐渐受到挑战。1997 年，DES 被国际密码学界公开攻破，随后 3DES 成为更加安全的对称密钥密码体系，它采用了 3 个 56 位密钥，对数据进行 3 次加密。RC4 则是一种快速和灵活的对称密钥密码体系，广泛应用于互联网通信等领域。

2. 公钥密码体系

公钥密码体系是一种基于不同密钥进行加密和解密的密码体系。它采用了公钥和私钥两个密钥，公钥用于加密，私钥用于解密。在“冷战”时期，美国发展了一系列公钥密码体系，如 RSA(Rivest-Shamir-Adleman)和 Diffie-Hellman 密钥交换算法等。其中，RSA 是最流行的公钥密码体系之一，由 Ron Rivest、Adi Shamir 和 Leonard Adleman 于 1978 年设计。RSA 采用了大素数的乘积作为公钥和私钥，具有高强度的加密和解密能力。

Diffie-Hellman 密钥交换算法则是一种用于不安全的通信渠道上交换密钥的算法。它由 Whitfield Diffie 和 Martin Hellman 于 1976 年提出，是公钥密码学的基础。Diffie-Hellman 算法的核心思想是利用数论中离散对数难题的复杂性来保证密钥交换的安全性。

3. 哈希函数

哈希函数是一种将任意长度的消息压缩为固定长度的摘要的函数。在“冷战”时期，美国也发展了一些哈希函数，如 MD5、SHA-1 和 SHA-2 等。其中，MD5 是 1991 年由 Ron Rivest 设计的一种哈希函数，它采用 128 位输出，被广泛应用于数字签名和数据完整性检验等领域。SHA-1 则是一种由美国国家安全局设计的哈希函数，它采用 160 位输出，也被广泛应用于数字签名和数据完整性检验等领域。SHA-2 则是 SHA-1 的后继版本，采用了更长的输出长度，包括 SHA-224、SHA-256、SHA-384 和 SHA-512 等。

3.1.3 美国现代保密制度实例

1. “常春藤之铃”：“冷战”期间的秘密窃听计划

“常春藤之铃”是美国海军上校詹姆斯·布拉德利制定的窃听连接彼得罗巴甫洛夫斯克潜艇基地与苏联大陆的非加密通信电缆的行动计划。1972 年，美国海军上校詹姆斯·布拉德派遣美国“大比目鱼”号核潜艇行进到距苏联海岸线仅数英里的地方，命令美国海军潜水员在海底行走，找到并窃听苏联的通信电缆。这项绝密行动的代号为“常春藤之铃”。数天之后，“大比目鱼”号核潜艇带回了录好的录音带，获取了苏联的秘密。“大比目鱼”号核潜艇如图 3-1 所示。

在接下来的 10 年里，“大比目鱼”号及其他美军潜艇每年都会数次前往鄂霍次克海，取回录好的录音带并换上更先进的新录音带。通过寻找警告渔民“不要在此停船”的标识，美国人很快找到了海底电缆的位置。“苏联人本没打算隐藏(那条电缆)，”美国海军前潜水员桑塔格说，“他们没想到我们会靠得那么近，我们会派潜水员在那么深的海底行走，我们会拥有窃听那条电缆的技术。之前没有人想到过这样的事情。”潜水员们在那项窃听行动中发现的情报促成了 1979 年美苏限制战略武器第二轮会谈的结束。但是在 1980 年，一位名叫罗纳德的美国 NSA 前雇员走进苏联驻华盛顿大使馆，以 3.5 万美元出卖了这条机密，美国人为了避免潜艇被截获,随后停止了该计划。

图 3-1 “大比目鱼”号核潜艇

那项窃听计划被认为使“冷战”天平开始朝着有利于美国的方向倾斜。曾在“冷战”期间执行过秘密行动的美国前海军潜水员 W. 克雷格·里德说:“潜艇肯定仍然拥有执行此类任务的能力,而且现在仍有人员在接受执行此类任务的训练。”他还说:“无论是否仍在进行此类行动,那都会被视为机密。”

2. “维基解密事件”:阿桑奇和他的革命性披露

“维基解密事件”是由朱利安·保罗·阿桑奇创立的非营利组织“维基解密”所发起的一次具有广泛影响力的信息泄露事件。维基解密从成立之初就以揭露政府、公司和其他机构的秘密、不为人知的信息为目标,特别是那些对公众利益或社会公正具有重大影响的信息。

2010 年 7 月 26 日,“维基解密”在《纽约时报》《卫报》和《镜报》的配合下,“维基解密”的创始人朱利安·保罗·阿桑奇在网上公开了多达 9.2 万份的驻阿美军秘密文件,这些文件披露了美国在这两场战争中的许多未曾公开的细节,包括平民伤亡、虐囚事件和战争犯罪。这次泄露引发了全球范围内的激烈争论,包括政府透明度、国家安全、新闻自由等议题。“维基解密”网页上的一段视频显示,驻伊拉克美军士兵在直升机上朝地面的人群开火,结果造成包括 2 名英国路透社记者在内的 15 人死亡。这段视频立即引起舆论大哗,外界纷纷指责美军的暴行。但美国军方却拒绝对开枪士兵进行惩处,并声称“记者、平民和武装分子混杂在一起,而且恰巧是在美军准备扫荡的地区,所以导致了美军的失误”。2013 年 6 月,维基解密又帮助美国 CIA 前雇员斯诺登揭露了美国“棱镜”计划。2016 年 10 月,阿桑奇投下“10 月惊奇”震撼弹,先后曝光希拉里邮件门等一系列丑闻,给民主党和希拉里接二连三的重击,改变了许多美国选民的态度。这个事件让民众对于美国保密制度产生了极大的抵制和不满。

阿桑奇的行动改变了信息和新闻的获取和发布方式,阿桑奇被视为信息自由的象征,也因此受到一些国家政府的追捕。维基解密事件揭示了现代社会中信息公开与国家安全之间的紧张关系,以及保密制度对公众知情权的限制。

3. 美国“棱镜门事件”:斯诺登揭露的大规模监控活动

美国“棱镜门”事件是指 2013 年美国 NSA 的一项大规模全球监控计划被 NSA 前承包

商爱德华·斯诺登揭露的事件。这一事件揭示了美国政府在“反恐”的名义下对全球公民进行大规模网络和电话监控活动。“棱镜”计划是一项由美国 NSA 自 2007 年起开始实施的绝密电子监听计划,该计划的正式代号为“US-984XN”。

斯诺登泄露了数千份涉及美国和其他国家的高度敏感文件。这些文件揭示了“棱镜”计划的存在,即美国政府与九大互联网公司(包括 Google、Facebook、Apple 等)的秘密合作,对全球用户的数据进行实时收集和分析。这些数据包括电子邮件、文档、音视频聊天、社交网络详情、登录信息等。

此外,斯诺登还揭露了其他的一些监控项目,比如“XKeyscore”,这是一个能够获取全球网络用户的搜索历史、邮件内容、聊天记录等详细信息的系统。

“棱镜门”事件对全球公众观念产生了深远影响,使人们对个人隐私、政府监控和互联网安全等问题有了新的认识和理解。它也引发了关于信息安全、政府透明度、公民自由权利等多个领域的热烈讨论。斯诺登本人由于此事而被美国政府起诉,被迫流亡至今,但他的行为也引发了全球范围内关于吹哨人和信息自由的讨论。

4. 珍珠港事件背后的影子:吉川猛夫和他的间谍活动

在“珍珠港事件”发生前,日本军令部派往珍珠港的间谍达 200 多名,其中最重要的一个间谍人物是海军情报专家、海军预备役少尉军官吉川猛夫。吉川猛夫毕业于日本皇牌海军学府江田岛海军学校,作为日本海军情报局美国科少尉参谋,从事对美间谍活动的任务。1940 年 5 月,吉川猛夫化名“森村”出现在日本外务省职员名单中,森村除了经常到外务省露脸外,就躲进军令部专心致志地学习英语和研究美军情报。1941 年 3 月 20 日,森村以日本外务省驻檀香山总领馆一等秘书的身份前往美国檀香山。在檀香山总领馆,森村的真实身份只有总领事喜多长雄一人知道。

森村到任后,立即着手开展情报工作,他把不同时期珍珠港内停泊的美国舰船类型、数量、泊位,舰船每天的出入动态,军用机场的飞机飞行架次和种类,反潜飞机和舰船的巡逻情况,以及其他军事设施等作为主要情报目标。

森村选择附近山岗上的一家酒馆“春潮楼”作为主要观测点,他把观测情况用特殊的符号记录下来。需要进一步核实的,他就化装成游客乘飞机从天上观察,或者带着艺妓开车兜风,或者装扮成菲律宾工人从附近的甘蔗林里抵近观察,或者在附近钓鱼,甚至跳到海里游到军舰附近。

军令部于 10 月派人与森村接头,对珍珠港的情况提出 97 个问题,包括停泊舰船总数、不同类型舰船的艘数和舰名、战列舰和航空母舰的停泊位置、希卡姆和惠勒机场的飞机机种及数量等问题,森村用了一整晚的时间,详细回答了这 97 个问题。军令部根据掌握的情报,确定偷袭事件为 12 月 7 日(星期日)。

从 12 月 1 日开始,森村按照海军部的要求,每天报告珍珠港美国舰队的动向。在日军偷袭的前一天夜晚,森村还给东京发去特急电报,汇报珍珠港停泊了战列舰 9 艘、轻巡洋舰 7 艘、驱逐舰 9 艘,3 艘航空母舰和巡洋舰出港未归。当电报转到海上指挥官手中时,日军突击舰队距离珍珠港只有 250 海里了。

夏威夷时间 12 月 7 日拂晓 7 时 5 分,日本间谍吉川猛夫在檀香山 200 多天的活动终于达到目的,收集情报的使命结束了。1941 年 12 月 7 日 7 时 49 分,从日本联合舰队的 6 艘航空母舰上起飞的用于第一波攻击的183架飞机,穿云破雾,扑向珍珠港。7时53分,发回信号,表示偷袭成功。此后,第二波168架飞机再次发动攻击。仓促应战的美军损失惨重,8艘战列舰中,4艘被击沉,1艘搁浅,其余受到重创;6艘巡洋舰和3艘驱逐舰被击伤,188架飞机被击毁、155架飞机被破坏,2403名士兵死亡。日本只损失了29架飞机和55名飞行员以及几艘袖珍潜艇。日本偷袭成功,美国太平洋舰队全军覆没。

珍珠港事件爆发后,日美双方的外交人员都互相被扣为人质,但吉村猛夫的间谍行为没有被美国情报部门发现,在日美两国交换外交官后,吉川猛夫被释放,回国后受到了日本大本营的重奖。

吉川猛夫在轰动世界的珍珠港事件中,为日本的谍报机关立了奇功。战后,吉川猛夫自知罪孽深重,一直担心被当作战犯受审,于是便化名"碧舟居士",走南游北,遍访日本各处名山古刹,研读禅经,修身养性。1951年9月8日,英、美、法等国与日本在旧金山宣布不再追究一切战犯,吉川猛夫才重返松山市。

3.1.4 美国联邦现行保密制度简介

美国联邦现行保密制度始建于克林顿于1995年发布的第12958号行政令——《保密的国家安全信息》基础上,后经多个总统命令修订完善并得到维持,其中包括定密、解密、保密信息的保护和利用、保密制度的执行和监督等方面。

1. 定密

在《保密的国家安全信息》中,定密内容占据了主要篇幅。

保密制度的首要规定便是定义哪些信息应被视为秘密。克林顿对于定密的原则表明:只有那些未经授权,公开可能对国家安全产生损害的信息,才可以被定为秘密。这一规定同时明确,仅有可能对国家安全产生损害的信息才能被定密。此外,克林顿还规定了可以进行保密的八类信息,包括军事计划、外国政府活动、情报行动、外交活动、与国家安全相关的科技事宜、美国政府对核设施的保护计划、与国家安全相关的基础设施易受攻击的信息以及与大规模杀伤性武器相关的信息等。除此之外的信息,不应保密。

这意味着对于不在政府控制范围内的其他信息,即便其可能危害国家安全,政府也不能轻易地运用权力禁止这些信息在公众中的传播。这是美国保密制度试图最大限度地保障公众知情权的体现。

美国国家安全信息有三个基本的保密级别:秘密、机密和绝密。保密等级的高低不仅决定了保密措施的严格程度,也对定密机关的权力范围产生了直接影响。在人员权限方面,规定仅有一部分特定人员拥有定密权,包括美国总统、副总统以及由美国总统指定的机关首长和官员。对于定密权的委托必须以书面形式进行。同时,被委托的定密人员不具备进一步将定密权再委托给他人的权限。当政府的相关人员认为其特定信息应当被保密时,该信息需提交给信息安全监督办公室(ISOO)。信息安全监督办公室会对提交的信息进行评审,并决定相应的处理方式。ISOO的标志如图3-2所示。

对于已经设定为保密的信息,必须明确一个具体的保密期限。若某信息被设定为无限期保密,其价值将无法得到有效利用,从而使信息本身的功能丧失。根据克林顿的命令,若某项保密信息的保密期限已过，该信息将会自动解密。若定密机关无法确定具体的保密期限，可设定一个相对模糊的期限，如 10 年。对于重要且敏感的信息，可设定 25 年的保密期限。此外，一份文件中并非所有信息都需要保密，因此应明确标注哪些部分需要保密，哪些部分不需要保密。然而，若经过信息安全监督办公室的批准，此种明确标注的要求可以被免除。

图 3-2　信息安全监督办公室标志

2. 解密

首先，根据行政令所规定的最长 25 年的保密期，任何保密期已经超过 25 年的信息和具有永久历史价值的资料都将自动解密。其他保密信息则要在对它进行原始定密后的第 25 年的 12 月 31 日自动解密。不过前面也提到了，行政机关在原始定密时可以规定一定的时间和事件，当该时间到来或该事件发生时，相关信息应当自动解密。行政机关可以通过总统安全事务助理向总统请求对有关信息进行更长时间的保护。同时，该行政机关还要将此决定通知 ISOO。

为了加强保密机关的自我约束，该行政令规定每个保密机关都要建立制度化的解密审查制度。在收到解密审查的请求时，保密机关要按照这一制度的规定审查信息和资料是否应当解密，对已经不符合保密要求的信息和资料要进行解密。

3. 保密信息的保护和利用

保密信息并非完全禁止所有人接触。行政令规定，只要行政机关首长或其指定的官员同意，且申请者签署了保密协议，那么应当根据实际情况，定密者认为申请者有资格使用保密信息时，就可授予申请者使用权限。然而，除非得到另一机关的许可，任何机关不得公开其他机关的保密信息。因此，申请者在使用保密信息时，至少需要两位官员的同意。同时，申请者在未经授权的情况下，不得将信息带出政府建筑。对于特别敏感的信息，政府会设定更复杂且特殊的程序来限制信息的公开和使用。

美国的保密制度监管机构包括信息安全监督办公室（ISOO）。它是负责保密制度的主要机构，负责发布执行行政令的指示，并协调各政府机关间的保密事宜。行政机关的重要保密行动也需要得到 ISOO 的批准。此外，公共利益解密委员会（PIDB）也是一个重要的保密制度相关机构。该委员会的任务是在不损害国家利益的前提下收集和评估相关信息，并向政府提供建议，而 ISOO 则负责对 PIDB 的工作提供支持。

4. 保密制度的执行和监督

（1）信息安全监督办公室。在联邦总档案官的指导下，并与总统安全事务助理进行协商，信息安全监督办公室（ISOO）可以发布执行行政令的各种指示。它对整个行政机关的保密制度进行监督，对各机关重要的保密决定进行审查，协调行政机关间有关保密制度的事项，对各个行政机关进行现场检查，接受来自各方面的意见和申诉，并向总统报告本行政令的执行情况等。行政机关的一些重要的保密行为要得到它的批准。实践中，它还会对各个行政机关的保密制度和保密行为进行成本核算，搜集整个行政机关在保密制度的执行和运作中的各种信息。ISOO 在美国保密制度的运作中是一个非常活跃的机关。

（2）行政机关内部的异议处理机制。为了处理针对保密制度的申诉和不满，在每个机关内部，行政令为相对人设置了两种提出异议的方式。一种是得到授权的保密信息占有人，如果他认为相关信息不应当保密的话，可以向定密机关提出要求解密该信息的异议。每个机关都要对此建立相应制度，以鼓励异议的提出。另一种机制是，每个机关都要建立系统的解密审查制度。要能清楚地说明相关文件的存在，从而使行政机关能方便查找到相关文件。如果该信息在过去两年中没有进行解密审查的话，一般来说，应申请人的要求对其进行强制性的解密审查，不符合保密要求的予以解密。

（3）公共利益解密委员会。美国国会在 2000 年通过《公共利益解密法》，建立了公共利益解密委员会。该委员会是一个咨询委员会，在不损害美国国家利益的前提下，负责对相关的信息进行收集、评价，并为国会、行政机关的政策制定者在向公众公布相关信息方面提供建议。该法案和委员会的目标显然是最大程度的信息公开。公共利益解密委员会由在美国历史、情报、国家安全、外交政策和档案学方面的 9 名专家组成，ISOO 要对它的工作提供帮助。

3.1.5　美国主要情报机构

美国情报机构是 9・11 之后设立的部门，当前美国有 17 个情报机构，其中国家情报总监办公室（ODNI）也可被翻译成国家情报局，是总协调机构。国家情报总监（DNI）统领包括美国中央情报局（CIA）在内的全美 16 个不同的情报机构，取代中央情报局局长（DCI）成为美国情报界的总领导。

（1）中央情报局（Central Intelligence Agency，CIA），主要负责对外情报的收集、分析和处理，以及开展秘密行动、特别行动等任务。该机构提供美国国家安全所需要的情报，并与其他机构联合保护美国的国家安全。中央情报局具有以下五种职能：

①为国家安全委员会提供政府各部门和机构有关国家安全方面情报活动的情况。

②为国家安全委员会提供协调政府各部门和机构有关国家安全方面的情报活动的建议。

③联系和评价有关国家安全的情报，为政府内部适当传播情报，在适当的地点提供有用的机构和设施。

④为现存情报机构的利益，从事共同关心的辅助服务，以便更有效、更集中地执行国家安全委员会的决定。

⑤履行影响国家安全的有关情报的其他职能和义务，以便国家安全委员会能随时进行指导。中央情报局没有国内任务，也没有逮捕权，只是美国从事情报分析、秘密人员情报搜集和隐蔽行动的重要政府机构。其组织架构如图 3-3 所示。

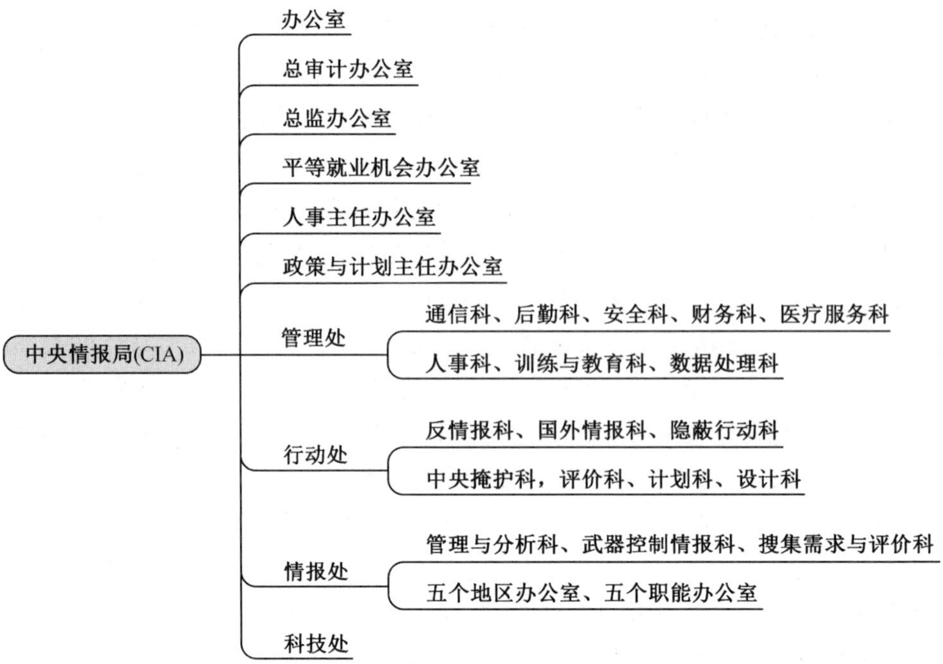

图 3-3　中央情报局组织架构

(2)国防情报局(Defense Intelligence Agency,DIA),隶属于美国国防部(Department of Defense,DOD),该机构负责为美国国防部和其他情报机构提供外国军事情报和谍报信息,以支持美国国家安全和战略决策。DIA 聚焦于分析海、空、陆、太空领域的情报,同时积极应对网络攻击等现代威胁;DIA 还负责为战区指挥官提供情报支持,帮助战争的规划、准备和执行。同时,DIA 也与其他国家的情报机构开展合作,并参与国际多边情报和谍报共享活动。

(3)国家安全局(National Security Agency,NSA),隶属于美国国防部,从事电子通信侦察。美国国家安全局拥有遍布世界各地固定的和机动的无线电拦截和定位站及中心(包括美国驻各国使馆),还负责协调美国情报部门的电子间谍活动,并同北约国家的无线电侦察和无线电谍报机关进行合作。NSA 在美军内部机构是中央安全署(CSS)。该机构负责为美国政府和军队提供外国通信情报和保护美国国家安全所需的信息。NSA 还负责破解敌方编码、监控网络安全等关键任务。NSA 是美国最大的情报机构之一,其规模和影响力在全球都备受关注。同时,NSA 也因其监控和数据采集等活动而引起了广泛争议。

(4)国家侦察局(National Reconnaissance Office,NRO),隶属于美国国防部,该机构位于弗吉尼亚州,主要负责设计、组装和发射美国的侦察卫星,以收集全球各地的情报。同时,NRO 还协调、收集和分析来自中央情报局和军事机构的航天飞机、卫星等收集到的情报,并为美国国家安全提供关键的情报支持。NRO 是美国最大的情报机构之一,其相关活动多为保密状态。

(5)国家地理空间情报局(National Geospatial-Intelligence Agency,NGA),隶属于美国国防部。NGA 利用卫星和其他技术手段收集、处理并分析地球表面的信息,为决策者提供关键情报,支持国内和海外任务。NGA 还将影像情报和制图职能结合在一起,成为国防和情报部门的重要交叉点。其主要任务是为军事决策者与行动部门提供地理空间情报、影像资源和地理空间数据,并且致力于为客户提供量身定做的地理空间情报分析,服务于解决方案。地理空间情报能用于防御和国家安全。地理空间技术在防御和国家安全领域的应用包括基础数据(国家和城市地图、数字高程模型、重力数据、全球定位系统、海事和航空导航)和世界范围局势的协议监督(如商务的激光收发器影像和空中传感器,包括全动态影像和动态影像的开发利用)。

(6)反情报驻外活动组(Counterintelligence Field Activity,CIFA),隶属于美国国防部,成立于 1977 年的美国陆军情报与安全司令部,前身系美国陆军安全局。作为美国陆军情报机构改革的产物,该司令部从一个最初以搜集信号情报为主的机构发展为下辖 10 个旅、3 个大队、2 个中心的全球性司令部。自成立以来,该司令部先后在"冷战"、海湾战争、阿富汗战争和伊拉克战争等战争中,凭借其强大的情报支援能力发挥了重要作用。CIFA 是一个对外保密的黑项目,从事反情报活动,主要职责是为了预防和打击对美国军事设施、人员和资源的情报窃取等安全威胁。其运作方式包括监控和调查国内和国外的各种情报和恐怖主义相关活动。

(7)陆军情报与保密司令部(Intelligence and Security Command,INSCOM),隶属于美国陆军,负责为美国陆军及其他军事部门提供情报支持。其职责包括情报收集、分析、处理和传递,以及保护陆军信息资产的安全。

(8)海军情报局(Office of Naval Intelligence,ONI),隶属于美国海军,致力于为美国海军和其他军事部门提供情报支持。其任务包括收集、分析和传输海洋情报和航空数据,以及提供有关解决海上威胁和安全问题的建议。海军情报局经历了几次扩张。1882 年美国在航海局设立情报科,该情报科在 1889 年被改为海军情报处,而二战结束后海军情报处改为海军情报局。尽管"冷战"已经结束,海军情报局的秘密程度仍然很高,依然采取 20 世纪 80 年代"冷战"高峰时的各项保密措施。

(9)空军情报局(Twenty-Fifth Air Force,25AF),隶属于美国空军,负责为美国空军及其他军事部门提供情报支持。其任务包括情报收集、分析、处理和传输,以及保障空军信息资产的安全。

(10)海军陆战队情报室(Marine Corps Intelligence,MCIA),隶属于美国海军陆战队,致力于为海军陆战队及其他军事部门提供情报支持。其职责包括收集、分析和传输情报数据,以及提供关于敌方意图和实力的情报报告。

(11)海岸警卫队总部情报处(Coast Guard Intelligence,CGI),隶属于海岸警卫队,负责情报收集、分析、处理和传输,以及保证海岸警卫队信息资产的安全。

(12)情报分析办公室(DHS Office of Intelligence and Analysis,I&A),隶属于美国国土安全部,其主要任务是分析和评估有关外国和国际问题的情报信息,为美国政府制定和执行对外政策提供支持。I&A 利用从多个来源获取的信息和情报,识别和评估美国当前和未来可能遭受的威胁。国土安全部的情报侧重于 4 个战略领域:通过情报分析促进对威胁的了解;收集与国土安全相关的信息和情报;分享行动所需的信息;管理与国土安全相关的情报。"国土安全"的范围涵盖紧急防备、边境管制、运输安全和生化防御等。该办公室负责收集上述领域的信息,并与国家、地方、私营部门等诸多方面分享这些信息。该办公室负责人还兼任国土安全部首席情报官,同时向国土安全部部长和国家情报总监办公室主任负责。

(13)情报和反情报办公室(Office of Intelligence and Counter Intelligence,OICI),隶属于美国能源部,专门负责处理反情报和保密工作。其职责包括预测敌方情报活动、保护美国内部情报资产和防止渗透等。

(14)情报研究局(Bureau of Intelligence and Research,BIR),隶属于美国国务院,其主要任务是对各种情报进行加工,根据国务院的外交电讯及情报机构的情报,研究和散发有关美国对外政策的情报;散发美驻外各使、领馆发回的有关报告,并向使、领馆传递所需要的来自情报界的报告;协助驻外使、领馆负责人履行领导和协调使团活动。

(15)联邦调查局(Federal Bureau of Investigation,FBI),隶属于美国国家安全部,其主要职责是调查和处理有关国内和国际犯罪、恐怖主义和情报活动方面的案件。在领导阶层和法律执行方面对联邦、州、当地或国际机构提供帮助,同时在响应公众需要和忠实于美国宪法前提下履行职责。对内,全权负责维护国家安全和防范有组织的恐怖主义活动;对外,积极协助美国国防部军事情报局及美国中央情报局,防范并打击一切可能危害到美国国家安全的情报和军事活动。FBI 的使命是:通过调查违反联邦刑法的行为来维护法律,保护美国免受外国间谍和恐怖分子活动的威胁,为联邦、州、地方或国际机构提供领导和执法帮助,并且能按照公众的需要且在遵守美国宪法的前提下履行上述职责。

(16)恐怖主义和金融情报办公室(Office of Terrorism and Financial Intelligence,TFI),隶属于美国财政部,致力于开展与金融安全相关的反恐和情报活动,以维护美国的国家安全和经济利益。

(17)国家情报处(Office of National Security Intelligence,NSI),隶属于美国毒品管制局,从事缉毒情报活动,是政府对非法制造或分发药品的防范部门,还负责扣押和没收与贩毒有关的货物。

3.2 德国保密史

3.2.1 德国保密技术

自从无线电和摩尔斯电码问世后,军事通信进入了一个崭新的时代,但是无线电通信完全是一个开放的系统,在己方接受电文的同时,对方也可“一览无遗”。因此,随着战争的出现,历史上的密码学与无线电进行了结合,由此诞生了无线电密码。然而,直到一战结束,所有的无线电密码都还依赖于手工编码。显然,手工编码的效率极低,受其编码和解码效率的限制,许多具有高度保密性的复杂加密方法无法在实践中应用,而简单的加密方法又易被破译。因此,在军事通信领域,迫切需要一种安全、可靠,同时又简便、高效的加密方法。

1918 年德国发明家亚瑟·谢尔比乌斯和理查德·里特创办了一家新技术应用公司,曾经学习过电气应用的谢尔比乌斯想利用现代化的电气技术来取代手工编码加密方法,发明了一种能够自动编码的机器。谢尔比乌斯给自己所发明的电气编码机械取名“恩尼格玛”(ENIGMA,意为哑谜)。

恩尼格玛是二战时期纳粹德国使用的一系列相似的转子机械加解密机器。密码机一般装在一个盒子里。当要加密一串字符时,操作员要在机器下方的键盘上按出明文,每当按下一个字母时,键盘上方背光字母盘上的一个字母就会亮起来,这就是机器所生成的密码。在输入需要加密的信息的同时,可以根据按顺序亮起的字母,记录下一串与明文长度相等的密码。其核心部位是两个齿轮,而且这种齿轮还能随时变换,同一个字母在明文的不同位置时,可以被不同的字母替换;而密文中不同位置的同一个字母,又可以代表明文中的不同字母,这种加密方式在密码学上被称为“复式替换密码”。

3.2.2 德国历史上的泄密事件

1. 二战密码战:“恩尼格玛”的解密与丘吉尔的权衡

在一战期间,英国的情报机关非常严密地监控了德国方面的通信。事实上,将美国引入一次大战的齐默曼(1916 年起任德国外交部长)电报就是由著名的英国 40 局破译的。

战后英国仍旧保持着对德国通信的监听,并保持着很高的破译率。但是从 1926 年开始,他们开始收到一些不知所云的信息,恩尼格玛开始投入使用。德国方面使用的恩尼格玛越多,40 局破解不了的电文就越多。美国人和法国人碰到的情况也一样,他们对此也一筹莫展。德国从此拥有了世界上最为可靠的通信保密系统。

在欧洲,德国的恩尼格玛密码机(代号为 ULTRA)是整个战争中盟军主要的情报来源之一,如图 3-4 所示。恩尼格玛密码机最初是被波兰密码分析专家们破解的。波兰沦陷之后,这些密码分析专家逃亡到法国,但是不久之后法国也落入纳粹之手,这些波兰密码分析专家最终奔往了英国,并在那里将他们的密码分析成果分享给英国同行们。一个英国专家组,其中的成员还包括大名鼎鼎的计算机科学先驱艾伦·图灵,完成了对恩尼格玛密码机的进一步破解方案。德军使用的“恩尼格玛”被英军破译后,德军对英国的空中打击屡屡受挫,希特勒怀疑英国人已揭开“恩尼格玛”之谜,于是玩了投石问路之计。1941 年 11 月 14 日下午,希特勒用“恩尼格玛”发出德国空军将于当晚袭击英国中部重镇考文垂,行动代号为“月光奏鸣曲”的密码电报。这份电报当即被英国破译,送到了丘吉尔手里。

这时,丘吉尔面临两难抉择。一方面是马上采取措施保护考文垂。因为考文垂不仅是英国的历史名城,还是当时英国重要的武器生产中心。但实行保护等于告诉希特勒英军已破解了“恩尼格玛”的秘密。另一方面就是牺牲考文垂,保住“恩尼格玛”的秘密,从而取得战略上的主动,为胜利创造有利条件。经过反复权衡,最终丘吉尔以其过人的胆略做出了牺牲考文垂的决定。

11 月 14 日夜,考文垂遭到德国空军的野蛮轰炸,城市陷入一片火海。但这个决策是正确的。在此后几年的战争中,盟军正是靠着“恩尼格玛”密码机破译了德军的大量情报,从而始终掌握着战略主动权,并最终埋葬了法西斯德国。

信息保密与信息获取要相互融合、相互促进。盟军通过破译德军的高级密码,获取了大量核心情报。这些成果的取得,无一不是利用了对手的漏洞和薄弱环节。同时,他们也从中反思自己信息保密中可能存在的问题和隐患,学人之长,为己所用,或用己之矛,攻敌之盾,精心研制、反复论证,研究出更先进可靠的密码技术。英美在战场上的胜利,实际上是深刻把握和积极遵循信息保密与获取规律的结果。

图 3-4 "恩尼格玛"密码机

2."京特·纪尧姆"案

京特·纪尧姆,原名彼得·洛泽,在 1945 年德国投降后,留在柏林苏联占领区。1954 年,他被德意志民主共和国国家安全部录用,成为情报人员。1956 年,纪尧姆和妻子移居西德,开始获取更多的高级情报。他常常陪同总理勃兰特出行,深得其信任。

然而,1971 年年底,根据西班牙和法国的情报机关转来的材料,纪尧姆引起了联邦德国反间谍机关的头子京特·诺劳的怀疑。他发现,纪尧姆在东柏林国家银行有一个对号账户,每月按时到账一笔钱,金额相当于德意志民主共和国一个上尉的月薪。

诺劳根据手上的情报和纪尧姆的种种表现,于 1973 年 6 月把自己对纪尧姆的怀疑报告给内政部长根舍,根舍又报告给勃兰特总理,建议总理可以把纪尧姆留在身边,对调查更有利。但事后证明,勃兰特政府并没有对纪尧姆采取任何具体措施。1974 年 2 月,CIA 给联邦德国同行透露了一个消息:德意志民主共和国得到了只能来自勃兰特总理身边的人透露的大量情报。

1974 年 4 月 24 日,联邦德国特工人员在纪尧姆家将他抓获。他淡定地出现在特工们面前,表明自己是德意志民主共和国国家人民军上尉。1975 年 6 月,纪尧姆被判处 13 年徒刑,其妻子被判处 8 年徒刑。纪尧姆案件给联邦德国带来的损失是无法估量的,直接造成了勃兰特的辞职。1981 年 10 月 1 日,东方阵营用 30 名西方间谍做交换,从联邦德国换回了纪尧姆。

3. 德国民主化进程中的"分水岭"

在联邦德国首任总理阿登纳的治理下,联邦德国很快从二战的废墟上崛起。与经济奇迹相伴的是,美英等国的自由民主之风借外在的政法民主化进程融入联邦德国,拥有广泛的群众基础,大大冲淡了普鲁士传统的军国主义底色。

1947 年正式创刊的《明镜》周刊,在这一时期飞速成长,以其揭露腐败、监督政府和保障人民知情权,成为“独立于政客之外的良心”。战后联邦德国政坛的多起“地震”,《明镜》周刊都是“震源”所在,其创办人兼主编鲁道夫·奥格斯坦几度惹祸上身,与政界关系恶化,势同水火。

1962 年 10 月 8 日,《明镜》以 17 页篇幅、封面文章的形式报道军方战备情况,同时得出一个“惊人的”结论:联邦国防军兵员不足、装备缺失、没有形成正确的战略战术,“只有部分保卫国家的能力”,而北约不久前进行的“Fallex62”演习表明,一旦华约发动进攻,联邦德国的防线将迅速崩溃。

新仇旧恨惹恼了阿登纳内阁中的鹰派人物和野心勃勃的国防部长弗朗茨·施特劳斯。联邦德国当时有关国家秘密的法律规定得比较含混,而这篇报道中引用了北约内部文件,已然触及红线,施特劳斯的手下从中找到了 41 条涉密信息。但是在说服检察官发出逮捕令的过程中,施特劳斯的副手夸大其词,谎称美国人对泄密感到不满,有意将联邦德国驱逐出北约。这一看似细枝末节的举动,后来和其他因素一起成为导致政府在与媒体对阵时崩盘的原因。

10 月 26 日,警方突袭《明镜》周刊汉堡总部,查封并占领所有办公室,逮捕包括奥格斯坦在内的多名杂志高管。根据施特劳斯的命令,德军驻外机构于西班牙马德里逮捕了正在当地休假的文章作者,后来在接受国会质询时,他对此做了虚假陈述。

奥格斯坦等人因泄露国家秘密被控以叛国罪,在社会上引起轩然大波,学潮和抗议不断。阿登纳联合政府中来自少数党的 5 名部长集体辞职,不得不进行重组,新一届政府中没有施特劳斯的位置。在经历 103 天的拘留审查之后,奥格斯坦于 1963 年 2 月被无罪释放。同年,阿登纳所在的政党在大选中失利,结束了他 14 年的总理生涯。

“《明镜》周刊事件”是这份杂志蜚声国际的开端,同时它也被视为德国战后民主化进程的分水岭,事件主角奥格斯坦因此被称作“德国新闻业第一人”。德国前外长根舍这样评价他:“如果没有奥格斯坦,我们的国家会完全不同。”

3.2.3 德国保密史中的政府信息公开保密审查制度

德国从宪法到具体法律都有关于信息自由权的规定,但没有国家秘密的专门法律,只是在宪法、安全审查法等法律中对保守国家秘密做出了规定。

(1)德国没有规定主动公开信息的范围,但凡是涉及公众利益的重要政府信息如食品卫生、医疗领域的信息都要求尽最大可能让普通民众获取,其《信息自由法》规定了 9 类例外信息。俄罗斯《政府以及当地政府机构活动信息获取法》详细界定了在互联网上公开的信息类型列表,并规定此列表必须通过俄罗斯联邦总统许可,保密范围除了此法中规定的关于个人数据、政府审议程序等外,还包括所有其他保密法规定的保密范围。

德国建立了规范的保密审查工作流程,对依申请公开信息进行保密审查。一般情况下,德国政府信息公开的保密审查工作流程如下:首先,行政部门以本国制定的《信息自由法》或信息公开法中有关保密部分的规定或专门为例外信息制定的保密法作为依据,对本部门所拥有的信息进行审查分类,其中涉密信息指定专人对其定密。其次,将可以公开的信息制定成信息公开目录,并由独立的专业机构对公开目录进行审查,确定其公开范围和保密范围是否符合法律要求以及公众的利益。最后,行政部门再按照公开目录定期定项公开。

在依申请公开中,行政部门收到口头或书面申请之后,对申请所涉及的信息依法进行鉴别,如果属于国家秘密或其他定密信息,由指定的可以解除涉密信息的工作人员对其进行审查,按照三要素检测方法判断该信息是公开还是保密。如果属于商业秘密或个人隐私类信息,在进行三要素检测之后,还应该征求当事人的意见,并进行利益权衡,最后决定是否公开。在行政机关做出决定之后,如果申请人有异议,可以依次要求行政机关内部、外部独立专业机构以及法庭对申请信息内容进行审查,并做出决定、建议或判决。

(2)三要素检测方法的应用

三要素检测方法主要用于区分处理例外信息及审查涉密信息。要素检测就是对拟公开信息可能对公共利益造成的危害进行检测,裁定信息是否公开的一种方法。欧洲委员会倡导应用三要素检测方法,即信息必须与法律中列出的某个合法目的相关;公布信息必有可能对该目的造成实质性的损害;给该目的带来的危害必定大于发布该信息所带来的公共利益。比如涉及商业秘密的信息通常需要进行三要素检测:一、检测此信息是否适用于信息公开的例外或者其他法律规定的保密类信息;二、检验公开此信息是否会给相应的第三方自然人或机构带来实质性损害;三、证明此信息公开给公众所带来的利益是否会超过相关公司对其保密所获得的利益。

一些涉及公共利益方面的信息也同样需要通过这样的一个价值评估和审查,然后再给出处理意见。相较而言,德国对要素检测的规定稍显宽松,《信息自由法》规定,与知识产权保护相对立的信息,如果当事人不同意公开,企业和商业秘密也被排除在公开信息之外,这一保护并没有与公共利益进行权衡。

(3)德国个人数据保护专门法律的制定与实施

欧洲国家建立了专门的《个人数据保护法》来协调政府机构在收集、处理和利用个人数据产生的种种冲突。《个人数据保护法》明确规定在什么情况下使用和处理数据、敏感数据以及非敏感数据的处理依据、数据处理的通报制度、预先审查制度、内部数据保护专员制度等。同时要求在个人信息被使用和处理之前先对数据进行审查,确定信息是否能使用以及可以被何种方式使用,并确保个人数据的使用符合《个人数据保护法》的规定。德国为此专门设立信息公开与数据保密相结合的机制,如数据保护和信息自由专员。他们对公民获取官方信息以及机构所持有的公民个人数据进行监管,督促政府和公共机构遵守信息自由法的相关规定,指导其具体实施,保证以最大限度推动信息公开以及保护个人数据。

(4)保密审查救济制度的实现

德国建立有一套完善的信息公开保密审查救济制度,包括内部审查、外部审查和司法审查。内部审查即由机构内部一名与最初决定无关的,通常是级别更高的工作人员,对信息公开的申请进行重新处理。外部审查由政府机构以外的独立机构承担,成员主要由不同专业和行业的信息公开与保密领域专家组成,他们对行政诉讼判例有相当的研究,因此在解决专业性、技术性问题的争议上有明显优势,是解决信息公开与保密纠纷的最主要手段。在内部审查和外部审查之后,如果信息公开申请人对处理结果仍然有异议,可以求助法院,提起司法诉讼。

我国解决信息公开与保密纠纷主要通过行政复议和行政诉讼两种救济手段,公民、法人或其他组织认为行政机关在政府信息公开工作中的具体行政行为侵犯其合法权益,可以向行政机关提起行政复议,复议机关可以就不明确是否可以公开的政府信息提请上级主管部门或有确定权限的保密工作部门确定。此外,公民、法人或其他组织还可以向司法机关提出行政诉讼。行政复议因为是内部再次审查,不仅时间拖沓,而且基本上都是维持原决议。而行政诉讼费时费力,基本上也不是一般公民可以承担的。

总体而言,德国的保密审查救济制度比较完善,包含了从内部审查、外部审查到司法审查一系列的关于政府信息保密审查争议的解决机制。除了有内部行政机关对争议信息进行重新彻底审查外,还有独立并且专业的机构进行外部审议,即由信息专员就公共机关对信息公开申请的处理是否符合信息公开法的规定做出审查,如果发现保密审查不当,则以决定通知的方式要求行政机关采取措施纠正问题,并向法院提出司法建议。信息专员的决定对于行政机关来说具有约束力,如果没有按照信息专员的要求采取措施,信息专员将向法院通报。

3.2.4 德国信息安全法律的体系框架

1. 德国的信息安全立法体系

德国是欧洲信息化程度较高的国家,也是信息技术较发达的国家。随着信息化战略的不断推进,其所带来的数据管理、技术控制、利益侵害等问题也不断凸显。因此德国也开始寻求以立法的方式为信息安全和数据保护提供保障。德国的信息立法经历了一个不断发展的过程,逐渐形成了一套比较完善的信息安全监管的法律法规体系。从整体上来看,德国信息安全法律体系是欧盟统一法律规范和其国内的法律规范、综合性立法和专项立法相结合的多层次的法律体系。

德国国内的关于信息安全的法律规范十分全面。根据内容的不同,德国国内信息安全法律体系既有宏观的、一般性的综合性立法和规划,同时也有针对具体方面的信息安全问题而设置的专项立法,这些领域包括个人数据保护、网络犯罪等方面。其中综合性立法的代表是《信息和通信服务规范法》,而专项立法则包括《联邦数据保护法》《电信法》《信息自由法》等。

早在 1986 年和 1994 年德国就分别通过了两个联邦政府专业信息规划。1996 年 2 月,德国政府又通过了《信息 2000 年——德国进入信息社会之路》,为信息社会制定了新的法律框架。随后,德国在 1997 年通过了《信息和通信服务规范法》,该法是世界上第一部规范互联网的法律,由 3 个新的联邦法律和 6 个将原有法律进行修改以应用于互联网的附属条款所组成。3 个新的联邦法律分别为《电信服务利用法》《电信服务数据保护法》和《数字签名法》。该法涉及了互联网的各方面,从网络服务提供者的责任、个人隐私保护、数字签名、网络犯罪到保护未成年人、版权保护等都有所涵盖,是一部全面的综合性法律。

德国于 1986 年施行的第二次经济犯罪防制法,即对于该国的刑法加以修正,加入了有关防制电脑的各项规定,主要有电脑诈欺罪、资料伪造罪、资料刺探罪、资料变更罪、电脑破坏罪等。其中,主要加强了对企业信息数据安全予以特殊保护,对侵犯数据安全、干扰数据正常运行的行为予以刑事制裁,并将电脑资料及程序纳入《不正当竞争防制法》中所谓"有关营业或经营上秘密"的范畴加以保护。这与我国现行《刑法》以保护计算机信息系统为中心的立法模式不同。值得关注的是,德国刑法中的数据犯罪涵盖了数据流通过程中的诸多环节,囊括了非法探知、截留、预备探知或截留、窝藏、变更数据等犯罪行为,通过对预备行为的实行化、处罚未遂犯等方式加大对数据犯罪的打击力度。

2. 德国的信息安全管理机构

根据德国的宪法,即《基本法》,联邦政府由总理和各部长构成,他们各自负责独立的行政事务,并承担法律责任。在安全和保密领域,这些任务也被明确地划分和执行。总的来说,联邦内政部对安全保密工作负有总体责任,包括制定一些基本的规章制度。在执行具体的工作时,需要与其他部门进行合作。实际上,定密工作主要由内政部负责。联邦国防部和联邦经济事务与技术部也在这个领域扮演着特殊的角色。前者负责军事领域的安全保密工作,后者则负责工业领域的安全保密工作。

此外,数据保护与信息自由专员是根据《联邦数据保护法》的规定,在联邦和州两个层面设立的,主要负责监督政府机构在保护个人数据方面的行为。如果有人认为政府机构在收集、处理或使用其信息时侵犯了其权利,可以向数据保护专员办公室提出投诉。除联邦层面外,德国各州也设有自己的数据保护专员,以类似的方式监督各州政府机构的行为。

3. 德国的定密法律制度

德国的定密责任人制度,规定在《密件的物质保护与组织保护的普遍管理规定》(属于内政部制订的法规)的第二部分"职责的管辖权"中,其中第三条规定:"最高联邦机构、较大的联邦高级机构和中级机构,只要其接触归入绝密、机密或秘密类的密件,应指定一名保密专员和代理人。其他管理密件的机构也应指定一名保密专员,如果没有进行这项工作,则由单位负责人负责保密工作。保密专员在其单位中的职责是:(1)负责执行密件说明及其补充条例;(2)就所有保密工作向单位负责人提出建议;(3)有权直接向单位负责人汇报。"

德国法律对密件密级采取四级分类法,即绝密、机密、秘密和仅限公务使用的密件四种。绝密,是指未经许可获悉之后,可能威胁德国或其某个州的存在或其重要利益者;机密,是指未经许可获悉之后,可能威胁到德国或其某个州的安全,或可能使它们的利益遭受严重损害者;秘密是指未经许可获悉后,可能有损于德国或其某个州的利益。仅限公务使用的密件,是指未经许可获悉之后,可能对德国或其某个州的利益不利。

绝密类的信息包括:联邦国防军的(总体)警报计划;联邦谍报机构的(总体)信息收集;局部归入机密类,但总体上归入绝密类的信息汇编。机密类的信息包括:有关联邦国防军的"电子战"信息;联邦国防军警报计划的组成部分;为秘密级和更高级别的密件编写密码的秘密数据;部分归入改密类,但总体上归入机密类的信息汇编。秘密类的信息包括:对有间谍嫌疑的人员进行调查的报告;可能会给以后的观察、侦察带来危害的,有关过激或恐怖组织的行动方式的信息;提前公布可能会使德国的利益受到危害的有关外交政策的谈判立场;部分归入仅供公务使用的密件类,但总体归入秘密类的信息汇编。仅限公务使用的密件类包括:对人员进行安全审查的总结报告;来自恐怖或过激地区的侦查资料;有关保密措施的汇编(保密计划)。

总体而言,德国的信息安全立法是充足且全面的,对于服务提供者、执法部门以及监督机构所承担的责任均有明确规定。德国已经根据信息化的发展趋势和新技术的出现,对现有的法律进行了一系列修改、补充和废除不合适的法律条款。《刑法典》《治安法》以及《联邦数据保护法》已经过多次修改,既确立了现有法律的合理条款,也针对新问题推出了专门的信息立法。

在德国的信息安全法律法规体系中,我们可以看到一些基本的原则,例如在机构设置、人员配置、规划设计和责任设定等方面采取的措施。为了适应新技术和信息化的发展,德国对原有的法律体系进行了调整,这些都展示了德国法律体系适应信息技术发展的能力。

3.3 日本保密史

3.3.1 日本二战期间的保密策略

1. “大和”号和“武藏”号战列舰的建造与保密

二战时期,日本为对抗美英海军,建造了“大和号”和“武藏号”这两艘绝对主力的战列舰,整个建造过程都在绝密状态下进行。从舰体建造到舰体下水,再到靠岸舾装,最后进行海试,任何环节的泄密都会导致前功尽弃。因此,日本采取了诸多保密措施,“大和”号是在船坞中建造的,船坞本身就可以遮挡住一半舰体,从侧面难以看到舰体全貌,围着船坞边沿用铁皮板造起围墙,从龙门吊上垂下棕榈网。在船坞上方设置船坞 1/4 长度的顶盖,以防外界知道舰船的长度,整艘船被遮得严严实实。如图 3-5 所示为“大和”号战列舰,图 3-6 所示为“武藏”号战列舰。

图 3-5 “大和”号战列舰

除了遮挡措施,参与建造的员工均被要求签署保密书,每人领取一个特别通行证,证件上有唯一编号和本人照片。船厂由宪兵严密把守,没有通行证或者证人不符的话,不论是谁也不得进入。城内遍布便衣警察和宪兵,如发现员工泄密则立即逮捕。此外,船厂可以望见船坞的小山丘也有宪兵把守,禁止无关人等上山。面朝船厂开的窗户一律封闭,在海岸边运行的火车,面向船厂的车窗也被封死。

图 3-6 “武藏”号战列舰

2. 训练与兵力集结:有效地掩盖战争企图

在训练阶段,日本采用了一种封闭性训练的方式,各类舰艇按照各自的专业领域进行独立训练。例如,大型作战舰艇,如航空母舰和战列舰,主要在北太平洋的严酷海况下练习航行和加油操作。特别的是,航空母舰需要在逆风条件下进行训练。而对于轻型舰艇,例如驱逐舰,其主要的训练任务是在航母编队周围执行掩护任务,并进行海上加油训练。另外,航空母舰上的飞机并不在航母上训练,而是被专门调到南部的鹿儿岛,进行对港内目标的攻击训练。因此,通过这种各自独立的训练方式,即使有人发现了单一部队的训练,也无法得知其总体作战企图。

在兵力集结阶段,日本采取了隐蔽的集结方式,各部队各自行动。各参战部队在向单冠湾的集结过程中采取了“小群多路、分期分批、不走同一条路线”的策略。在整个集结过程中,所有舰船的无线电都处于静默状态。此外,为了避免舰船长时间离港未返引起怀疑,日本海军采取了一种巧妙的策略:一旦某港口的军舰出发,另一个港口的军舰就会立即补充上来,同时模仿刚刚离港军舰的无线电信号,进行无线电欺骗。这种策略有效地掩盖了日本海军的集结行动,使其对外行动保持高度的秘密性。

3. 二战时期日本的情报机构

二战期间,日本的情报机构可以大致划分为军事情报机构、政府情报机构和民间情报机构。

军事情报机构在此期间扮演了主要角色,其设置齐全且人员众多,被决策层高度重视。该机构由陆军参谋本部第二部、海军军令部第三部、宪兵队以及关东军情报部等方面军情报部门组成,共同承担日本的主要情报工作。

政府情报机构包括外务省情报局、内务省警保局、内阁情报局,以及拓务省、兴亚院、大东亚省的各类调查机构。值得一提的是,外务省情报局设有大臣官房以及亚洲局、美洲局、欧洲局、中东非洲局、经济局、条约局、情报局等七个局。其中大臣官房内设有调查部,主要负责情报资料的收集和调研工作。各局的工作区分明确,负责各自所辖的国家和地区的情报收集与分析工作。

此外,日本高度重视民间情报的收集工作,因此建立了一套成熟的民间情报机构,包括各类秘密社团、东亚同文书院、满铁调查部以及其他民间情报组织。这些民间情报机构从事广泛的情报活动,其所收集的情报被军部和政府高度重视,并作为官方情报机构的重要补充。

这三大类情报机构共同构成了二战时期日本的情报机构体系,它们互相协作,进行情报的收集与保密工作,共同服务于日本的军事与政治决策。

3.3.2 日本在对外战争中用到的保密措施

1. 日本对华密码战

自近代以来,日本就把中国作为最主要的侵略对象。早在甲午战争时期,日本即通过破译清政府的密码电报,在战争和战后谈判中赢得了主动权。甲午战争之后,日本侵华步伐逐渐加快。自清末到民国时期,中国的密码水平长期没有实质性进步,而无线电通信却逐渐被广泛使用,密码破译活动遂成为日本侵华的特殊战线。日军对华多方开展密码破译行动。

1919 年 1 月,日本陆军驻汉口无线电信所所长加藤勇三,在通信工作之余,侦听中国各地和美国海军的无线电通信,由此,日本陆军各通信所也群起效仿。但当时日军的破译工作处于自发无序状态,水平较低。1921 年 8 月,日本与苏俄在大连举行谈判,日方人员窃走苏方电报报底两份,却无法破译,经日本驻波兰武官将报底转送波兰研究,很快即破译成功。

当时,波兰的密码破译技术水平处于世界前列,二战中最为著名的德国恩尼格玛密码机,最初就是被波兰人破译的。日本遂决心引入波兰的破译技术。1923 年 1 月,日方邀请波兰北方战线密码主任科瓦列夫斯基上尉到日本讲学 3 个月,同时,也派人到波兰及其他欧洲国家学习交流密码分析技术,全面引入了当时世界上较为先进的破译技术,这对日本密码破译和编制起到极大的促进作用。

日本陆军于 1925 年、海军于 1929 年分别组建了各自的密码破译机构。日本陆军先是在其参谋本部第三部通信课内建立“破译班”。后因该机构在 1928 年 5 月的“济南事变”等重要行动中依靠密码破译取得突出成绩,参谋本部主管情报的第二部遂强烈要求将此工作划归该部,1930 年后即将无线电侦察和密码破译工作划入第二部,1937 年后该部分工作机构被称为“第十八班”。其中,按照日本的侵略方向,有专门人员针对中国军队特别是东北军的密码开展破译工作,在华的日本关东军和中国派遣军也都独立开展无线电侦察,驻旅顺、哈尔滨、奉天(今沈阳市)的关东军通信所均承担侦收任务,侦收的材料都报给密码破译机关。东北军的密码编制水平较为落后,在“九一八事变”前后,东北军的密码电报为日军轻易破译,“因为这些密报用的是一个变汉字为四码数字组(为了电报通信)的商业密本”。当时日军参谋本部派遣工藤胜彦大尉到关东军主攻东北军密码破译,70%截获的电报都能破译出来,力量上处于劣势的关东军由此对东北军及中国政府的动向掌握得一清二楚,因而掌握了主动权，迅速侵占了我国东北地区。工藤胜彦也因此获得“金鸮勋章”，成为日本陆军第一个获得这一荣誉的情报军官。

日本人还大肆搜集窃取中国的密码本。如 1937 年 3 月，上海的《南报》登载了这样一则发自天津、题为《华北日军无线电网完成重金搜购我国密码》的消息（图 3–7）：“津海光寺日军司令部内，近完成一无线电台……军部特出重价，搜购我各机关密码电本，夜间八时起由海光寺电台窃听我各地无线电官方密码电报。”当时驻外的中国机构的密码本更是成为敌方追逐的猎物，如当年 4 月，国内各地报纸即登载了这样一则消息：“《我驻丹使馆失去密码电本》，是新任驻丹麦公使吴南如上任后发现使馆用的密码本丢失一本，何时丢的，竟不可知。”

華北日軍無線電網完成
重金搜購我國密碼
（天津十八日電）津海光寺日軍司令部內，近完成一無線電臺，馬力甚大，可與東京長春大連瀋陽滬聯絡，漢，粵，京，均由滬臺聯絡，另一李明莊兵營電臺，與張垣，張北嘉卜寺，綏遠，太原，各地特務機關電臺聯絡，又訊軍部特出重價，搜購我各機關密碼電本，夜間八時起由海光寺電台竊聽我各地無電官方密碼電報，又津日總領館所設電台由十五日起，收發電報，可與滬大使館，東京，大阪，長春及華北各地領館通報。
匪僞再整旗鼓
復設特務機關
（綏北訊）察北軍

图 3–7 《南报》登载《华北日军无线电网完成重金搜购我国密码》

2. 日本海外之战

在日本海军使用的几类密码本中（战略常务用、战术用、情报用、部外共用等），战略常务一般用密码本最常用于战略指挥、战略行动以及一般性指挥中。此密码本由三部分组成：将单词或短语转换为五位数的密码本，列出五位数随机数的随机数表，以及使用规则（此外还有把地点名称转换成两个英文字母的地点略号表）。1939 年 6 月 1 日推出的五位数随机数字密码一直使用到 1945 年 8 月战争结束，统称为海军密码表 D（海軍暗号書 D），如图 3–8 所示。

3.3.3 日本在二战后的情报保密法制发展

二战结束后，日本一直面临着缺乏一个完整、系统化的保密法制的问题，这导致了泄密事件的频繁发生。然而，日本在情报法制建设方面的努力从未停止。二战后日本国内最早涉及情报保密领域的法案是 1947 年颁布的《国家公务员法》。该法第 100 条规定了国家公务员的保密义务，并经 1948 年 11 月修改后首次规定了违反保密义务的惩罚；第 109 条和第 111 条规定了对违反保密义务并泄密及策划、命令、故意容忍、教唆或帮助泄密行为的人员，处以 1 年以下有期徒刑或 3 万日元以下罚款。此后,1950 年颁布的《地方公务员法》、1952 年颁布的《外务公务员法》、1954 年颁布的《自卫队法》均沿用了这些规定。直到《特定秘密保护法案》于 2013 年通过、2014 年实施,日本情报保密法制建设真正取得突破性进展,并且在此基础上不断得到完善。

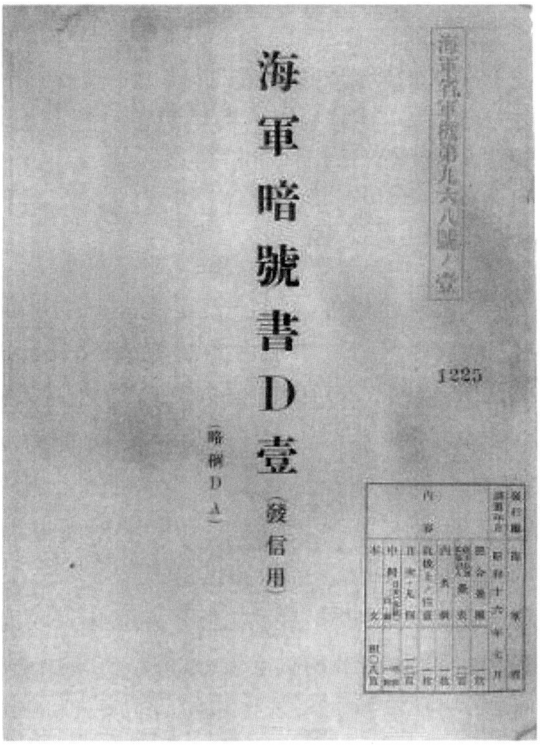

图 3-8　海军密码表 D

面对频繁的间谍事件和泄密事件,1985 年,日本自民党通过议员立法的方式提出了《国家秘密法(间谍防止法)案(草案)》。然而,该法案在日本社会各界引发了广泛的反对声音,主要批评该法案违反了情报公开的原则,最终该法案被废弃。

2000 年 10 月,日美安保合作深化指南《阿密特治报告》被公布。报告呼吁争取政府的支持,以推动情报保密法制的建设。随后,《自卫队法(修正案)》在 2001 年 10 月提出并被通过。经过修订的《自卫队法》建立了“防卫秘密”制度。防卫大臣将防卫方面有必要特别隐藏的事项定为“防卫秘密”,处罚形式由原来因泄密违反保密义务从而违法的间接处罚,变为因泄密而违法的直接处罚,并将最高刑罚提高到 5 年有期徒刑;适用对象范围也进行了扩大,不仅包括一般公务员,还包括按照与防卫厅所签订合同,从事制造“防卫秘密”相关物品或提供劳务的工作人员。这一系列行动反映了战后日本在保密法案方面的探索。

2012 年 12 月 26 日,第二次安倍内阁上台,之后开始迅速推进外交和安全保障体系的建设。在此情况下,《特定秘密保护法案》于 2013 年 9 月 27 日正式公布,最终于 2013 年 12 月 13 日出台。《特定秘密保护法案》被视为日本战后的首部保密法,其具有里程碑式的意义。该法案规定了 55 项特定秘密,将外交、国防、反恐、反间谍相关的敏感信息界定为“特定秘密”,并规定这些信息不得公开。由内阁大臣等政府部门主管官员决定哪些信息属于特定秘密。

根据最新发布的《特定秘密保密法》的执行标准,可被指定为特定秘密的情报包括外交、国防、反恐和反间谍四大类,可细分为55个项目。其中,包括潜艇、飞机、武器弹药研发信息和性能、利用无线电波和卫星收集的情报及图像、外国政府和国际机构提供的信息等都可被列为特定秘密。

为了确保秘密得到妥善处理,日本政府在内阁官房新设“内阁保全监视委员会”,委员会成员为各府省厅事务次官级官员。此外,内阁府还将设置检验监督特定秘密管理情况的“独立公文书管理监”,并在其下设置“情报保全监察室”。

3.3.4 “冷战”时期的“间谍天堂”

“冷战”时期,日本被苏联克格勃戏称为间谍天堂,因为日本政府和自卫队的敏感信息可以轻易获得,而日本不仅对苏联特工缺乏强力的制衡手段,甚至对泄密的官员和自卫队现役人员也缺乏约束能力。以前,日本的《国家公务员法》《自卫队法》《伴随日美相互防卫援助协定的秘密保护法》中都有对泄密人员进行处罚的条款,但力度极为有限,仅相当于职务自律要求,上升不到刑事处罚的高度。其后果是,对大部分泄密的日本官员或自卫队成员,只能以开除公职或剥夺退休金来处罚。如果面对的诱惑超过退休金一倍甚至几倍,恐怕有不少人会透露自己所知道的国家秘密或敏感信息。

早在1985年,日本政府便尝试通过立法打击当时自卫队和政府部门频发的泄密事件,然而送交国会的《日本防谍法》遭到在野的社会党、公明党、民社党、共产党等联合反对,理由是该法案“将限制一般国民的基本权利”,媒体也批评“该法将侵害新闻自由”,最后该法只得作废。

有鉴于此,日本政府只能尽力从技术方面防止泄密事件发生,例如,自卫队在2006年11月通过了技术改进方案,拨款40亿日元,配置了5.6万台专用的保密电脑,并且将自卫队队员使用的私人电脑全部清除出军事场所。同时,针对不少泄密事件是使用移动存储设备所致,2007年7月,自卫队普及了一种密码软件,文件被保存到移动存储设备时会自动加密。据称,这种加密方式采用256位的加密技术,经过自卫队技术部门鉴定,认为移动存储设备中的文件即使被拷贝,外人也很难破译其中的内容。

2003年,日本还成立了陆海空自卫队情报保全队,负责检查保密工作以及调查自卫队内部的泄密事件等。该保全队受防卫省统合幕僚长(总参谋长)直接领导,是自卫队最高层的直属机构。实际上,军队内部的保密保卫机构,在任何国家的军队中都必然存在,日本自卫队直到2003年才成立这样的部门,从某种意义上说明它过去一直处于“有密难保”的境地。

3.3.5 日本情报机构

1. 公安调查厅

公安调查厅是日本主要的情报机构之一,隶属于法务省。公安调查厅名义上是根据

《防止破坏法》设立的。公安调查厅总部位于东京都千代田区，下设调查一部、调查二部、总务部以及研修所。

2. 内阁情报调查室

内阁情报调查室，简称内调、CIRO，为日本最高情报机关，直属内阁官房长官。内阁情报调查室有日本版中央情报局之称，为日本情报或安全组织的情报交流对外代表。

内阁情报官的级别最高，是事务次官级，指定职为 8 号，直接向内阁总理大臣报告具体的国内和国外情报分析情况。原则上，每周进行两次定期报告。通过情报收集，防卫省情报本部主要负责通信情报，而公安调查厅和公安警察主要负责与国内情报和反间谍有关的人的情报，而内调主要负责与国内外政治、经济、恐怖主义和其他涉及内阁重要政策的安全事务有关的公开情报和人的情报。2013 年，政府考虑建立一个专门从事人员情报的内部调查部门。内阁卫星情报中心是内阁情报调查室的一个下属单位，收集和分析来自情报收集卫星的图像情报。内调是外国政府情报机构的官方对应机构，如美国的中央情报局和英国的秘密情报局（SIS）和中国的国家安全部，同时还负责处理合同情报会议的行政程序。

3. 南机关

南机关是二战期间日本大本营在缅甸成立的特务机关，其成立目的是削弱英国对英属缅甸的统治，阻止英美经由滇缅公路运输物资支援中国的抗日战争。南机关成立于 1941 年 2 月，在机关长铃木敬司大佐的领导下，支持缅甸从英国独立出来，给予缅甸民族主义者三十志士军事训练与武器，支持其成立缅甸独立义勇军，该部队成为后来缅甸国防军的前身。

4. 日本特务机关

特务机关指 1945 年之前日本军队在占领地或拟占领地设置的特殊军事组织，负责情报收集、交涉、渗透、谍报、宣抚、策反、政务工作，镇压占领地域的反乱作战、作战地域的社会清查组织。

在日寇展开侵华战争之后，日本的情报机构则多以特务机关的形式出现。它的主要任务就是对于所侵占地区进行政治、经济等多方面控制。在抗战影视剧中最常出现的特高科，就是隶属于特务机关的部门。除特高科之外，特务机关往往还辖有政务科、经济科、文教科等部门。九一八事变之前，日本在我国有五个特务机关，分别是长春特务机关、奉天特务机关、哈尔滨特务机关、满洲里特务机关，以及第六师团控制下的青岛-济南特务机关。

5. 梅机关

梅机关是指在中国抗日战争期间，日本在上海设立的办事机构，负责协助汪精卫成立汪精卫政权，打击重庆国民政府在日占区的特务工作。

1939 年 8 月 22 日，经过日本五相会议决定，日本陆军少将影佐祯昭在上海虹口区北四川路（今四川北路）的“梅华堂”成立办事处，参谋本部将其工作称为“梅工作”，机关称为“梅机关”。其成员包括了日本陆军省、海军省、外务省的代表和民间人士共三十余人。其办公经费由陆军负责，人事与交通经费由各部会负责，因此梅机关不是纯粹的日本陆军机构，而是不同政府部门与民间的合作机构。

6. 防卫省情报本部

防卫省情报本部是日本主要的军事情报机关。前身为成立于 1956 年、隶属于统合幕僚会议（自卫队总参谋部）事务局的第 2 幕僚室，1997 年 1 月 20 日改制为情报本部。部址位于东京都新宿区的防卫省市谷地区。情报本部的主要工作为汇总整理日本6个情报机构:内阁情报调查室、法务省公安调查厅、外务省国际情报局、国家公安委员会警察厅警备局外事情报部(外事课,国际恐怖组织对策课)、防卫省情报本部(原防卫厅调查课)、日本贸易振兴机构(经济产业省资助之独立行政法人)所获得的情报信息。

3.4 以色列保密史

3.4.1 以色列的安全产业现状

以色列网络安全产业在短短30年内实现从无到有,从有到强的跃升,不啻为地中海东海岸的一大奇迹。以色列不仅培育了Checkpoint、Cyberbit等一系列网络安全企业巨头,也建立了“特拉维夫科技园”“贝尔谢巴科技园”这样享誉世界的产业园区,即使备受争议的科技企业NSO,也被认为在其领域内处于绝对领先地位。以色列网络安全产品和服务涉及预防、检测和应对全流程,广销国内外。以色列出口研究所数据显示,以色列网络出口从2020年的69亿美元上升到2021年的110亿美元,数据几乎翻了一番。以色列网络安全产品与服务占比全球市场份额上升到10%,459家活跃网络安全企业分布在10个不同的细分行业,包括网络安全(15%),连接设备(15%),数据保护与加密和隐私(15%),安全操作和业务流程(13%),反欺诈、鉴权和身份与访问管理(IAM)业务流程(12%),应用程序和网站安全(9%),治理、风险和合规(GRC)与漏洞管理(8%),云和基础设施安全(6%),终端安全(5%),移动安全(3%),提供广泛、多样化的解决方案,为世界各地政府和企业所用。

保密核心技术及关键产品为不景气的以色列经济注入了新的活力,据以色列中央统计局统计,安全产业现在已成为以色列发展最快、出口系列产品最多的产业之一。以色列也被称为全球安全监控中心。以色列的安全产业在全球范围内享有很高的声誉,其技术和产品以其高度的创新和可靠性而闻名于世。以下是对以色列安全产业现状的详细描述。

1. 反恐和边境管理

以色列在反恐和边境管理方面具有丰富的经验和很高的技术水平。该国的反恐技术包括无人机、智能监控系统、安全检查设备等,这些技术已被成功应用于多个国家的反恐斗争中。在边境管理方面,以色列开发了高科技的边境围栏和控制中心,可以实时监测边境状况,防止非法移民和恐怖分子入境。

2. 网络安全

以色列在网络安全领域也取得了重要进展。该国的网络安全公司在隐私保护、身份认证、数据加密等方面具有领先的技术。以色列政府和企业相互合作,共同推动网络安全技术的发展。另外,以色列已设立了专门的网络安全创新中心,其主要目的是加强创新研发,进一步提升该国在网络安全领域的实力。

3. 技术创新

以色列对技术创新的重视推动了国家安全产业的发展。以色列的安全公司在研究开发新技术方面始终走在前沿,其专注于研发高科技安全产品和服务,包括无人机、智能摄像头、生物识别技术等。以色列还投资于人工智能、物联网等新兴技术,旨在应对未来安全挑战。

4. 政府合作

以色列政府在安全政策制定和监督方面发挥着至关重要的作用。政府和安全产业企业之间有着紧密的合作,政府提供必要的支持和资源,鼓励企业进行创新和研发,使以色列的安全产业得以快速发展。政府还与其他国家分享安全技术和经验,帮助他们提高安全水平。

3.4.2 以色列保密技术发展历程

以色列保密技术发展历程可以追溯到建国初期。1948 年以色列成立后,由于周边国家的威胁,保护国家安全变得尤为重要。因此,以色列政府开始着手建立保密系统,开展情报工作并加强军事研究和技术发展。

1. 20 世纪 50~60 年代的保密通信技术与密码学应用

在 20 世纪 50 年代和 60 年代,以色列主要聚焦于保密通信技术和密码学的研究与应用。专家们开发了多种密码学算法和通信设备,使得以色列可以在对外情报获取和军事通信上获得优势。在 1967 年的六日战争期间,以色列使用了突破性的军事技术,如导弹防御系统和侦察卫星。这次的胜利进一步推动了以色列保密技术的发展。为了满足国防需求,以色列政府提供了大量的资金用于研究和开发。

2. 20 世纪 70~80 年代的计算机领域保密技术拓展

20 世纪 70 年代,保密技术的范围扩展到计算机领域。以色列开始研究开发各种军事和民用计算机,并推出了多种加密软件和硬件产品。同时,以色列还开展针对黑客攻击的研究,打造了先进的网络攻防系统。

20 世纪 80 年代,以色列继续深入探索新的保密技术并将其应用于实践。保密技术的研发趋势更加多样化,包括声音和图像处理技术、生物识别技术和人工智能等。除了军事用途外,这些新技术还可以应用于航空、能源和交通等民用领域。

3. 20 世纪 90 年代至今的保密技术重大突破

20 世纪 90 年代到 21 世纪初,以色列在保密技术方面的研发取得了重大突破。该国先后推出了多种具有国际领先水平的保密产品和系统,包括无线通信加密装置、数据加密模块、智能防火墙、云计算安全产品等。此外,以色列还推出了一些具有独特特点的新型保密技术,如无线传感网、生物医学数据加密等。

2010 年,震网病毒被植入伊朗核设施的控制系统中,导致铀浓缩离心机失控毁坏。在认识到网络攻击在物理世界可造成巨大危害后,以色列政府于 2011 年在世界范围内率先制定并颁布网络空间国家战略。以色列总理明确提出:“为成为网络安全世界前五强,以色列要建成网络安全的全球孵化器。”从 2011 年开始,以色列每年召开两次网络安全国际会议,年初的 Cybertech 大会偏向产业发展,年中的 Cyberweek 偏向政策和学术研讨,2014 年 1 月,以色列总理在 Cybertech 大会上宣布:“贝尔谢巴不仅要成为以色列的网络安全之都,而且要成为全世界最重要的网络安全中心之一。”短短两年时间里,“网络星火产业园”已经具备运转良好的网络安全生态系统。具体来说,这个生态系统包含四大要素:良好的教育体系、注重研发的产业力量、活跃的风险投资、政府的强力支持。

3.4.3 以色列网络安全产业发展历程

以色列网络安全产业的“星星之火”源于以色列国防工业的外溢,与国家总体科研基本同步发展,随网络空间威胁变化而不断深化。

1. 萌芽(20 世纪 80 年代中后期到 80 年代末):国防工业外溢,网络病毒催化,网络安全企业零星多点散发

基于所面临的地缘政治威胁以及防御思维驱使下的国防工业优先政策,以色列是较早关注网络安全的国家。以色列建国后一直追求建立现代军事工业生产线,1967 年六日战争后法国对以色列的武器禁运,是以色列军事装备发展史上的关键转折点。自此,以色列将建设独立自主的国防工业作为事关生存的优先事项,大力开展国防科技研发,网络武器作为重要的国防研发分支获得大量资助。80 年代末期,以色列国防工业重组产生的大量裁员进入民用市场,国防科技开始外溢至民用领域,奠定了以色列网络安全产业发展的人力和知识基础。

在国家总体科研布局方面,1969 年,以色列专门设立首席科学家办公室(OCS),促进私人企业进行科研开发;1984 年,以色列通过《鼓励工业研究与发展法》改革版税和知识产权,鼓励以色列公司投资研发项目。在政策刺激下,以色列软件工业在 80 年代后期迅速壮大,并间接触发了以色列第一拨初创企业发展,产值从 1980 年不到 100 万美元增长到 1990 年 3.5 亿美元,民用领域高科技开发活动的热情空前高涨。

网络安全威胁的出现也加快了以色列投资网络安全的步伐。1987 年 10 月,一名以色列计算机科学专业学生发现了一种可任意删除计算机数据的病毒,围绕应对该病毒的解决方案直接推动了以色列早期网络安全企业的诞生。至 20 世纪 80 年代末,以色列已成立多家开发杀毒软件和信息安全的公司,网络安全产业早期雏形显现。

2. 起步(20 世纪 90 年代初到 90 年代末):外来技术移民和资本涌入,“明星”企业崭露头角,“头雁效应”激励产业迅速发展

20 世纪 90 年代初,苏联解体后大量具有技术背景的犹太高级工程师“回归”以色列。为解决这部分人员的就业问题,以色列政府在 1991 年启动了技术孵化器计划,每年投资约 3000 万美元用于技术研发,有力促进了以色列高科技企业的发展。为更大限度地吸收外来资本,以色列政府积极发展风险投资,在 1985 年即由以色列空军前参谋长创立了第一家风险资本基金公司 Athena,开启以色列风险投资进程。以色列政府在 1993 年发布的 Yozma 倡议则向在以色列的外国风险投资提供税收优惠,极大鼓励了社会资本特别是外国知名金融机构进入以色列风险投资市场。在 Yozma 倡议驱动下,以色列的风险投资基金总额在 10 年内翻了 60 倍,IT 领域的总利润翻了近 10 倍,外部资本密集流入以色列高科技产业。

网络安全巨头 Checkpoint 正是在这样的背景下于 1993 年建立,短短三年内即在首次公开募股中筹集到 6 700 万美元的高额初始资本。Checkpoint 还培养了一代投资者、创始人和高管,在以色列网络安全产业发展过程中扮演了孵化器的角色。

3. 调整(2000—2010):政府战略引领,资本调整巩固,产业进入聚合调整

2001 年爆发的“9 · 11”事件、Slammer 等蠕虫病毒的全球肆虐使得以色列意识到互联网具有极大的非对称破坏性,开始从国家层面布局网络安全,在 2002 年通过了《保护以色列国计算机系统的责任》(B/84 号)特别决议,并建立了关键基础设施保护的政府部门——国家情报安全局(NISA)。2007 年爱沙尼亚和 2008 年格鲁吉亚接连遭受的网络攻击事件再次给以色列政府敲响了警钟,以色列政府正式将发展网络安全产业作为国家发展优先项目。与此同时,2000 年开始的全球科技股泡沫崩溃以及 2008 年全球金融危机对以色列的风险投资行业造成了严重冲击,转而进入调整与巩固阶段,网络安全企业缓慢新增,只新增了 PaloAlto Networks、Imperva 等约 40 家网络安全企业,产业步入聚合调整阶段。

4. 发展(2010—2019):“震网事件”驱动政府投资,资本集中复苏,规模效应渐显

2010 年的“震网事件”促使以色列和伊朗之间的国家级网络攻击进入常态化。在此背景下,以色列采取“网络安全第一”的政策,大力发展网络安全产业增强防御力量。以色列政府在 2011 年颁布的《提升国家网络空间能力》(第 3611 号决议)中,明确规定以色列国家网络局(INCB)向网络产业“投入专用资源”,并陆续颁布多项国家级政府激励政策,包括 2013 年的“前进”计划(KIDMA)、2016 年的“前进 2.0”(KIDMA2.0),以及 2018 年开启的三年产业促进计划,投入大量政府财政推进网络安全产业发展。

“震网事件”也让全球资本意识到以色列强大的网络实力,大量风险资本密集涌入,直接推动以色列网络安全产业跃升。2010 年至 2019 年,新增网络安全企业 300 多家;网络安全行业筹集的私人资本增加 2300%;网络公司收购总额达 100 亿美元,占以色列所有高科技收购的 15%;网络出口在这十年间也增长 600%,在 2019 年达到 65 亿美元,以色列网络安全产业初具规模化效应。

5. 壮大(2019—至今):疫情刺激网络安全需求,NSO 争议蔓延,以色列推动产业“自我调整”与“外向发展”

疫情加速了业务线上化,刺激了网络安全需求骤增,也推动了以色列网络安全产业迎来新的发展潮。同时,随着网络安全市场全球竞争日益激烈,一些成熟的企业也进入转型调整期,面向数据安全、人工智能推出新型安全产品与服务,如 Checkpoint 将人工智能技术视为对抗新型网络攻击的关键工具,Radware 则大力开发增强云安全的举措。

2021 年 7 月曝光的 NSO 飞马(Pegasus)间谍软件“监听”事件在一定程度上冲击了以色列网络安全产业发展。以色列在网络攻防技术出口方面一直适用军事武器出口规则,即相关厂商必须获得以色列国防部的出口许可证才能在国外销售网络攻击技术工具。“监听”事件后,以色列政府启动网络出口政策审查,并在 2021 年底发布了严格的网络技术出口使用指南,大幅削减了有资格购买其网络技术的国家名单,影响了以色列网络安全产品和服务的出口。

3.4.4 以色列军事保密策略

1. 以色列的军事保密检查体系

以色列设有一套系统的军事保密检查体系,以确保国家安全。根据相关法律,保密检

查官拥有充足的权力，对于任何被视为关乎安全的事情进行预审。保密检查机构设在特拉维夫，同时在耶路撒冷也设有办公室。此机构由军事情报局领导，雇佣军官及部分平民，依照已有的审查规定或根据其他安全机构提供的标准，审查提交的材料。

2. 对国内和外国新闻机构的审查和制裁

对于国内和外国的新闻机构，以色列实行严格的审查制度。这些新闻机构必须参与新闻“编辑委员会”，与军事审查官签订协议。如有违反审查制度，审查官根据协议进行处理，例如处以罚款或发出禁令。受审查的包括电子通信，如电话和电报，甚至新闻机构与海外分支的电子计算机和电信联络。外国记者也受到同样的法律管辖。当他们违反审查法时，以色列当局会立即通知他们的总部，并声明这些记者在以色列不受欢迎。

3. 社交媒体泄密问题和应对措施

随着智能手机和社交媒体的普及，以色列军队面临着社交网络泄密的问题。如军人在社交网络上发布涉军照片，有可能暴露单位名称和驻防地址。因此，以色列国防部下令各军种和反间谍机关保持对社交网络的高度警惕，并禁止现役军人和其他涉密机构人员使用社交网络。

4. 加密智能手机的开发和应用

为解决保密问题，同时满足军人的使用需求，以色列军方与摩托罗拉公司合作，为以色列国防军和其他安保部队提供加密智能手机。这款手机具有电话加密、邮件发送、数字流媒体文件发送和导航等功能，但不能连接社交网络。此外，在各主要军事设施和军事行动前，军方会进行严格的手机检查，必要时屏蔽信号，或者要求所有工作人员将手机送到指定地点保存，以防止泄密事件发生。这种产品替代政策和合理的管理制度在过去两年中成功地减少了手机泄密现象，展示了以色列对保密问题的严肃态度和有效措施。

3.4.5 以色列信息安全关键基础设施防护与情报机构

以色列政府部门会就重要的关键基础设施进行辅导及协助，与情报机构共同进行信息分享、安全防护及信息通报，提供经费给中小企业进行网络安全风险评估及网络安全概念宣导。以色列因长年战火使民众对国家安全具有高度认知，在追求安全的目标下，民间团体较易形成良性竞合关系，如 10 家业者组成以色列网络联盟 IC3，协助发展网络安全解决方案，这也是以色列推展网络安全作业的关键因素之一。

1. SCADA（数据采集与监视控制系统）安全防御认知的建构

包含习惯养成，预期不可预期的事，将此认知内化到日常；经验累积，模拟各种情境，例如：电力系统停摆、通信环境的 DOS 攻击、类似 Stuxnet 的可疑病毒；建立技术，动手实验做累积，在 SCADA 网络系统中搜寻各种可能的恶意代码，做 Pcap 流量包的分析；建构相关知识，例如：Modbus 协议、PLC（Programmable Logic Controller）与暗黑能量（Black Energy）案例等专业知识。

2. 区分角色模拟各种网络安全事件的攻防演练

训练团队的技术能力并发展网络上战术性技巧，以及持续掌握最新威胁情报，同时也针对带有较高风险的业务活动设计与实施攻防演练，该演练侧重于实际操演，而非纸上谈兵。CyberGym 的攻防演练过程中配置有以下 4 种角色：

（1）红队（Red Team，攻击员）：执行特定目标的攻击，由来自以色列国防军精英 8200 网络情报单位有经验的攻击和防御黑客以及其他网络防御组织的网络安全人员组成。其目标是在 Blue Team 防御的技术环境中执行真实的网络攻击，以训练受训者。

（2）蓝队（Blue Team，防护员）：防御、侦测和响应特殊网络安全事件，由跨组织的技术和非技术人员组成，其目标是保护组织的关键资产，同时尽量减少损失。

（3）白队（White Team，引导员）：指派、评估与观察，由以色列国家情报安全局（NISA）退休的专业人员组成，在保护和控制重大网络威胁和攻击关键基础设施方面拥有多年经验，其目标是管理培训课程并协调蓝队和红队。

（4）灰队（Grey Team，观察员）：负责分析与深入调查分析。整体而言，红队利用各种技术和方法来挑战蓝队；蓝队面临攻击则必须识别，捍卫和保护组织安全；白队则负责管理培训和汇报过程，评估蓝队的表现并提供建议。

在培训过程则提供工业和 IT 真实设备并采用实际的动手操作训练，如 PLC、防火墙、SCADA、HMI、SIEM、Snort 等。经过以上的训练，政府机关或企业组织即可按下列步骤实施攻防演练：

（1）确认演练目标；

（2）设计演练情境；

（3）协调人员、资源与剧情；

（4）发展演练计划与检查表；

（5）准备相关工具与环境；

（6）动员红队 、蓝队、白队、灰队等不同角色执行攻防演练；

（7）产生计分机制及报告内容。

3. 以色列情报组织：摩萨德

以色列情报和特殊使命局，又称以色列情报特务局，俗称摩萨德，是以色列的情报机构，局长直属以色列总理，与以色列国家安全局和以色列军事情报局组成以色列情报体系。摩萨德的前身“沙亚”在 1949 年由以色列总理大卫·班·古里昂创办；1948 年以色列国成立后，“沙亚”为“对外情报机构”所代替，从事隐蔽行动、暗杀与反恐任务等。

在以色列特拉维夫市南端海滨，有一座很不起眼的陈旧的棕褐色小楼，这就是大名鼎鼎的摩萨德总部。摩萨德的全称是以色列情报和特殊使命局，它正式成立于 1951 年初，前身原属外交部政治司。

实际上，以色列有多个情报组织。军队、警察、外交机构都有自己的情报系统，但最重要的当数摩萨德。虽然摩萨德的许多活动，都是借助与国防军突击队或西方大国情报机构的合作才成功的，但人们往往把功绩都算在摩萨德头上，这就更加大了它的神秘光环。

成立几十年来，中东的几次大战，以色列占尽上风，摩萨德功不可没。以色列的眼线遍布敌方的中枢高层，知己知彼使以色列国防军如虎添翼。20 世纪 50 年代，它首先搞到赫鲁晓夫反斯大林的秘密报告，美国公布后震动全球。60 年代，摩萨德跨国跟踪，把二战中屠杀犹太人的战犯艾希曼从阿根廷抓回以色列受审。1966 年，它又从伊拉克偷走最先进的米格 21 战机。摩萨德还组织突击队远程奔袭乌干达首都恩德培机场，成功解救 100 多名人质，自己只损失了1人——身先士卒的突击队长约纳坦上校、现任总理内塔尼亚胡的哥哥。另外,被称为西方“佐尔格”的情报大师伊利·科恩也是摩萨德的特工。

虽然摩萨德的大部分活动都不为人所知,但仅媒体公开的部分,就足以令犹太人骄傲。摩萨德和美国中央情报局、英国军情六处、苏联克格勃被公认为全球谍海4强。

3.5 本章小结

我们从美国、德国、日本、以色列的军事保密史中了解到,信息安全和保密制度对国家的重要性不言而喻。每个国家都有其独特的历史和环境,使其在信息安全和保密工作中形成了各自的方法和策略。

美国在保密方面采取了严格的立法和制度管控,其军事保密史具有强烈的制度性和规范性。政府机构与科技公司的密切合作,严格的雇员审查和训练,以及加密技术的大力发展,共同构成了美国军事保密的严密体系。德国在二战期间,通过“恩尼格玛”密码机成功将许多军事信息进行了高效的加密保护,尽管最终被破译,但德国的保密技术仍然对后世产生了深远影响。日本在二战期间也依赖一种被称为“紫色”的加密技术,但这种加密技术最终在美国的持续努力下被破解。尽管如此,日本在保密策略方面的教训仍对现代加密技术的发展产生了影响。以色列军事保密检查严格,特别关注信息的传播和泄露问题,特别是对于智能手机和社交媒体的使用,采取了严格的管理和限制措施。以色列的军事保密体系严谨,有着强大的技术支持和系统的管理制度。

以上这些国家的保密史为中国的网络安全战略提供了宝贵的启示。首先,需要将网络安全视为国家战略,特别是在我国网络用户和网络交易规模爆炸式增长的背景下,网络安全问题已经不仅仅是一个技术问题,更是关乎国计民生的重大策略问题。面对如关键设备不自主、审查制度不缜密、监管系统不完善等问题,我们需要通过培育一批网络安全企业,以迅速提升我国发展具备自主知识产权网络安全软硬件的实力。其次,需要加强产政学互动,提高成果转化速率。要求学术界、产业界和政府紧密合作,共建网络安全研发和产业基地,鼓励企业同科研机构、高校合作共建研发中心,组建技术与产业联盟,推动自主创新。最后,应积极发挥多元化市场资本运作机制,让安全龙头企业迅速做大做强。参考以色列的例子,我们应当鼓励网络安全企业充分利用资本运作机制,通过企业上市、风险投融资等方式引导更多的社会资本进入网络安全领域,快速扩大我国网络安全企业规模。同时,要鼓励安全领域龙头企业通过企业兼并和并购方式,形成以专业产品为核心的全产品线,以及提升硬软服务相结合的综合竞争实力。

总的来说,全球保密史的启示和中国的实践,共同表明网络安全不只是技术问题,更是一个涉及国家安全、经济、政策、企业、科研等多个领域的复杂问题。每个领域都需要不断创新和改进,同时需要各个领域间的紧密合作,才能构建起一个强大而稳定的网络安全环境。

第4章　保密技术发展史

自古以来,各种信息加密技术的出现与演进,以及解密技术的不断研发,均见证了人类智慧的发展。追溯至古罗马时期,我们即可见到"恺撒加密"技术的身影;而在我们的古代文献中,同样有关于"阴书"和"阴符"的详尽记载。在这一章中,我们将围绕社会背景、保密需求、技术演进等重要元素,深入阐述与解析保密技术的发展历程。

4.1　中国保密技术发展历程

4.1.1　我国古代社会制度及保密技术特点

1. 秦朝:保密制度的起源与演进

秦朝作为中国历史上第一个建立封建专制主义中央集权制度的朝代,结束了春秋战国以来诸侯割据争霸的动荡局面,对中国历史产生了深远影响。而保密制度也因维护国家政权安全和利益的目的应运而生,成为君主专制体制的重要组成部分。

身为早期的封建王朝,秦朝的很多保密思想都具有开创性,但也存在着部分不足之处。在秦朝建立之初,中央推行三公九卿制,地方推行郡县制,形成层层传递的关系网,严格控制权力的归属,建立起封建社会赖以生存的政治根基,在此基础上形成的保密制度也日渐完善。秦朝以国家法律的形式实行保密制度,对于泄密之人有严格的刑罚,并规定专人传送公文,建立起一套相对完整的保密措施。而由于秦始皇确立了皇帝身份的至高无上性,秦朝初期的保密信息侧重于皇帝本人的行踪,包括居所、行为言论甚至死亡信息。在《史记·秦始皇本纪》中就有所记载:"(秦始皇)所居宫毋令人知……行所幸,有言其处者,罪死……自是后莫知行之所在。"

为防止公事文书在传送过程中被私自拆阅,秦朝专职人员都要对公文进行一定的处理,以保证文书的机密性。将文书的保密处理称为"封"。其封缄方式是:书写有文字的竹简或木牍被捆扎之后,在绳结处敷以特制的胶泥,再在胶泥上钤戳呈报人或部门的印章,可以防止文书在传递途中泄露。西安出土的"右丞相印"即是这一制度的有力见证。《法律答问》中记载:"丢失公文,已坐以论,后自得所亡,论当除不当?不当。"意为丢失公文,已受论处,其后即使自己找到了所丢失的公文,但所论之罪仍不应免除。秦朝对档案归档也有严格的保密要求,通常情况下,档案正本存于中央禁室,副本存于皇帝殿廷禁宫、丞相御史大夫府及郡县,并规定私自进入禁室偷看档案者、改削者死罪,进一步保障了档案安全,防止泄密。

2. 唐朝:保密意识的深入人心与严格执行

历代封建王朝的统治者向来注重保密意识形态建设,唐朝也不例外。皇帝选拔和任用官员,也将是否具备较强的保密意识和能力作为重要的考察条件。唐朝负责起草诏书文件的中书舍人,对其第一项要求就是保密:“其禁有四,一曰漏泄,二曰稽缓,三曰违失,四曰忘误;所以重王命也。”对于核心涉密人员,不仅要求其严守机密,还要考察其品行,甚至限制其社会交往。唐朝的保密制度完善。在武则天时期,匦函制度就已创立,匦函指的就是朝廷接受臣民投书的匣子。史载“太后欲周知人间事,保家上书,请铸铜为匦以受天下密奏”。在农业社会,仓库是国家财政稳定的重要因素。唐朝特别设立了仓部和司农寺对仓库进行特别管理,仓库的支出和收纳要经过缜密的程序,确保无一疏漏。唐朝还严禁本国人和外国人私相贸易,并列出贸易禁物,以确保自身的贸易优势。上述种种,都反映了唐朝对于保密的重视。

3. 宋朝:严格保密制度的顶级展现

宋朝作为中国古代经济文化的巅峰,其所制定、实行的各项制度都对中华文化的发展产生了深远影响。从保密史的角度看,宋朝保密文化在中国历史上同样具有举足轻重的地位。尤其是两宋与辽、金、西夏、蒙元等诸政权并立对峙的现实情况,使得上述国家千方百计搜集宋朝情报,更让宋朝催生出了一系列严格的保密制度。宋朝帝王对于保密工作的重视程度可谓前无古人。宋朝明确规定,对于重大事务的探讨,除宰执重臣及负责起草诏令的中书舍人外,其余一概不得参与。而国家每有重大举措时,皇帝往往也“乞令左右封收密令两府,免致漏泄传布中外”,以确保政府核心决策的机密免遭外泄。真宗以后,宋朝对外交往日趋频繁。辽、西夏、吐蕃、高丽等各国使者往来络绎不绝。为防止他国借使臣来朝之机刺探情报,宋廷规定若外国使臣在京,则朝奏时除左右侍者回避外,还由都押班负责巡视殿堂内外,严查偷听、传话者。这样就把政府核心机密控制在最小的范围内,最大限度减少了泄密事件的发生。

4. 清朝:密折制度——保密工作的巧妙设计

清朝为了适应中央集权君主专制的需要,逐渐建立起奏折制度,因其折面、折内往往书有“密”等字样,故称为“密折”。朝臣必须将奏折放入封套,再放入折匣并锁好,才能交给他人呈进。清朝饶旬宣所作《饶嵩生折谱》对封套有这样的描写:“请安折封套,外用云龙黄绫,内用黄粉笺裱。长六寸四分、宽三寸一分、上下掩首各宽五分。”“折匣长八寸八分,阔四寸四分,高一寸五分。内用黄绫裱底,外用黄漆漆之。”

雍正二年(1724 年)十一月上谕中,有“朕将内制皮匣,发于诸臣,令封锁奏达”的字样,因此可以看出,奏折应该是内外两层,外面是木头匣子,里面是一个活动的、可以取出的皮匣子,如图 4-1 所示。雍正五年(1727 年),福建巡抚常赉官署失窃,丢失了钥匙,于是只得向将军石礼哈借用开锁,可见木头匣子外面是有锁的。除此之外,清朝在传递奏折等重要文件时,还专门使用“封桶”“夹板”等封套,可以起到很好的保密作用。

图 4-1 红漆皮奏折匣

4.1.2 我国近代保密工作及其特点

1. 土地革命战争时期:保密工作奠定坚实基础

土地革命战争是我党独立领导武装斗争的开端,也是我军保密工作的初创阶段。这一时期,由于敌我力量对比异常悬殊,斗争环境异常艰苦,保守军事秘密不但事关作战的胜利,而且攸关红军的生存发展和中国革命的前途命运。党中央、中央军委从建军之初就十分重视军队的保密工作,在党和红军中逐步建立保密机构,制定和颁发了一系列保密规章制度,并通过扎实的保密教育使广大指战员在行动中严守秘密。这些措施不但为我军的生存、发展和壮大提供了可靠的安全保障,而且为我军保密工作发展奠定了坚实基础。

(1)逐步建立各类保密工作机构

红军创建伊始,就赋予了军事保密工作极为重要的地位,在各级机关和部队中逐步建立起保密工作机构。红军中最早担负保密工作职能的是秘书部门和保卫部门。红军的日常文件、公文和电报,通常由秘书部门或文书、秘书等专职人员负责管理。保卫部门的职能一方面是防谍反特,另一方面是加强保密管理,防范内部人员泄露秘密。红军开始使用无线电通信之后,在各级指挥机关中逐步增加了管理电报和密码的机要部门,红军的保密工作也增添了新的领域。

随着红军的发展壮大,各级司令部门先后增设了作战室、保密室、机要科等部门,开始担负起各级指挥机关的保密工作。长征时期,中共中央各机关、中华苏维埃临时中央政府机关的日常工作暂停,秘书、总务、机要部门合为一个机要科,在漫漫征程中承担起繁重的工作任务,对保证长征胜利发挥了重要作用。

(2)初步建立保密规章制度

建立严格的保密规章制度,堵塞一切可能导致泄密的漏洞,是保密工作的重点。这一时期,红军的保密规章制度从无到有,建立了司令部工作制度、文电批签制度等。以文电批签制度为例,要求有发文关系的单位,由领导人对文电进行把关。由于当时领导人的字体还不为工作人员所熟悉，特规定一切发文不仅要有首长署名，还应加盖印记，以防止假冒。毛泽东、朱德、周恩来等红军领导人都刻有方形印章一枚，以供发文使用。特别是红军建立无线电通信后，高度重视通信保密制度和纪律，先后制定了一系列规章制度。1932 年 7 月 2 日，中华苏维埃共和国中央革命军事委员会(以下简称中革军委)发布了《无线电通信简则》，这是红军第一个无线电通信工作法规。《无线电通信简则》明确强调了保密纪律的极端重要性，提出“无线电通信同时也是最容易使敌人侦察和破译的”，并详细而具体地规定了收发、译电、密码管理等环节的规则，成为红军无线电通信保密的基础性法规。

(3)突出“保密就是保生存、保胜利”教育

红军高度重视对广大指战员进行保密教育，始终把保密提到“保生存、保胜利”的显要位置，将其作为经常性思想政治工作来抓。当时，保密教育的重点是在官兵中树立纪律高于生命、严守纪律毫不含糊的观念，特别是对军事行动的企图、计划等核心机密，要求严格保密。党中央、中央军委和红军领导人不但对保密问题高度重视，而且以身作则，带头执行保密纪律，具体部署保密工作。

1931 年中央苏区第三次反“围剿”中，红一方面军主力 3 万余人需利用夜晚的掩护，从两股敌人之间约 20 千米的缝隙中“跳”出去。这一行动能否成功，关键是保密。行动开始后，毛泽东担心无线电信号可能会暴露红军的行踪，便找来电台人员，要求亲自保管电子管，当得知电子管极易损坏时，改为拿走电键，交给警卫员，要求不到目的地，不许任何人取走。此事体现出毛泽东对保密问题的极度重视。

中央红军长征前夕，关于突围的传达范围只限于政治局和中革军委的成员，对于其他高级领导干部，只允许“知道他们职权范围内需要执行的必要措施”。因此，长征的全部准备工作都是在秘密情况下进行的。长征出发前，朱德、周恩来、项英在《关于第一野战纵队组成及集中计划的命令》中对保守军事秘密提出具体要求：“应加强警戒，封锁消息，各部队机关一律用代字，极力隐蔽原来番号名称。关于行动方向须绝对保守秘密。每日出发前，须检查驻地，不得遗留关于军事秘密的文字。”正是由于全党、全军以及根据地人民严守秘密，才使如此庞大的行动未被敌人发觉。长征途中，各部队由政治部主任和保卫部门、民运部门负责人组成的检查组，检查群众纪律和有无失泄密隐患。部队所经之处，凡发现有遗失的文电甚至丢弃的废字纸，都会回收处理。红军长征胜利到达陕北后，党中央迅速部署，着手对军事保密工作进行大检查，系统总结保密工作的经验得失，为在全面抗战形势下做好保密工作进行了思想和组织准备。

2. 抗日战争时期：保密工作领域不断拓展

抗日战争时期，我军保密工作面临新的严峻挑战。侵华日军和国民党特务机关除利用技术手段窃取我核心机密外，还派出大批汉奸特务潜入我抗日根据地，刺探军情、偷窃文件，窃密与反窃密斗争异常激烈。面对严峻形势，党中央和中央军委加强领导，进一步建立健全保密机构和保密制度，并在部队中大力开展保密教育和锄奸运动，多措并举严保军事秘密，为保障我军坚持敌后抗战立下了历史功勋。

(1)充实保密工作机构

抗日战争时期，我军的保密工作先后在中央社会部和中共中央书记处办公厅的指导下，由各级首长直接领导，由秘书、机要部门担负主要职责。八路军、新四军各部队均设有

秘书部门,师以上机关有秘书处或参谋处、总务处,团、旅级机关有文书股或总务股,营部有技术书记,连队有文书。其主要职责是承办与管理一切重要文件和电报,负责起草、缮写、校对、印发和传递各种公文,管理秘书、机要工作人员。随着我军各部队日益壮大,机要电讯队伍也逐步发展。中央军委设有机要处(1943 年合并于中央机要科),师、旅以上单位一般都设有机要科,主要任务是统一管理机密电台、统一制作密码、统一管理电讯人员和统一制定或实施机要工作规章制度。此外,八路军、新四军纵队以上单位设立敌工部、情报局(处)和锄奸部等机构,共同完成军事保密工作。

(2)完善保密规章制度

全面抗战开始后,面对保密领域复杂激烈的斗争形势,中央军委、八路军总部和各抗日根据地先后颁布多个军事保密条令和训令。1939 年 6 月 8 日,第 18 集团军以司令部政治部名义发布《关于保守军事秘密》的训令,阐明了抗战开始以来保密工作面临的严峻形势,强调了保密的极端重要性,并就保密教育、部队番号使用、文件收发、行军宿营等具体保密事项进行了明确规定。同年 11 月 15 日,总政治部颁布《保守军事秘密条例》,共有 12 条,详细具体地规定了对各种通敌泄密行为视情节轻重应分别判处的极刑、有期徒刑或拘役,其中对应判极刑者详细列出了 8 种情形。

1941 年 1 月 21 日,八路军总部颁布《训令——关于防谍问题》,这是我军历史上第一部专门的军事保密条例,共有 10 条,包括秘密事项的范围、文件保密、通信联络、资财保管、外来人员管理、个人生活事项、警戒、保密教育、保密检查、防谍机构等,涵盖了当时保密领域的各个方面,成为指导各抗日根据地开展军事保密工作的基本依据。同年 3 月 5 日,抗日军政大学翻印这一训令,组织全体学员进行学习。各地在“训令”的基础上,结合实际进行了细化完善,如冀南军区颁布《提高机要人员的责任性及保密问题的训令》,晋察冀军区政治部颁布《保守秘密工作条例》,新四军指挥部颁布《新四军关于保守军事秘密的规定》等。这些规章制度,适应了抗日战争期间保密斗争的需要,使我军的保密法规体系进一步充实完善。

(3)开展防谍锄奸斗争

抗日烽火中,防谍锄奸斗争异常尖锐突出。当时八路军、新四军不少战报都记载了汉奸告密对军事行动的损害。1938 年 1 月 24 日,《八路军总部关于河北山西等地区战斗情况报告》记载:“我刘师陈团一部寒晚袭击井陉、获鹿间之微水车站,因被当地汉奸告密,敌早有准备,战约两小时未奏效,只将路破坏一段,电线卅余杆,敌伤亡二十余名,我亡八人。”粟裕率领新四军挺进江南时,曾忧虑地说:“汉奸密探密布,对战军情况颇为详悉。我军行动,敌人每日甚至随时都可以知道。”面对这种严峻局面,党中央、中央军委及时加强领导,把防谍锄奸问题作为军事保密工作的重中之重。早在 1937 年 8 月 20 日,毛泽东和王稼祥就曾电示八路军各部:“日寇有庞大的特务机关,长久的侦探工作经验……抗日军队之模范的八路军当然是日本特务机关破坏的重要对象。”在这份电报里,党中央与中央军委决定在总部、各师、各旅及军区成立锄奸局,团设特派员,并要求“应具有最大决心,调最好的干部来做这种工作”。此后,根据中共六届六中全会关于“厉行锄奸运动”的决议,又进一步明确各级锄奸组织的架构及职能,规定师以上单位设立锄奸部,旅设锄奸科,团营及独立支队设立特派员,进行部队中的锄奸工作。同时,在各部队大力开展防谍锄奸教育,编印《锄奸读本》

和《敌情通报》等作为教材,要求锄奸教育要占整个政治教育时间的1/4以上。经过综合施策,我军锄奸保卫工作卓有成效,日本特务和汉奸、奸细受到严厉镇压,保证了我军内部的纯洁巩固和军事秘密安全。

4.1.3 我国现代保密工作及其特点

解放战争时期,国民党反动派为了维护其反动统治、挽救失败的命运,其间谍机关竭力在我军内部安钉子、设坐探,特别是以技术手段对我电台进行侦听与测向,想方设法收集我军情报。针对这一时期保密工作的新特点,我军加强了保密工作的集中统一领导,并以机要电讯保密为中心,与敌人开展针锋相对的斗争,挫败了其图谋,为保障解放战争的胜利发挥了至关重要的作用。

1. 初步实现保密工作集中统一领导

随着解放战争的不断胜利,为进一步加强全党、全军的保密工作,中共中央于1948年5月18日颁布《中共中央保密委员会章程(草案)》,决定将中央机要委员会改建为中央保密委员会,由周恩来、任弼时、杨尚昆担任总负责人,统一领导全党全军的保密工作。该章程明确规定,中央保密委员会的性质是"协助中央、军委进行有关我党我军机要电讯的保密事宜,成为中央秘书长和军委总参谋长领导保密工作之直接助手"。中央保密委员会的日常工作,由中央机要处承办,解决重大问题,要报中央秘书长及总参谋长核准。此后,各大战略区、分区分别成立了野战军保密委员会和分区保密委员会,统一负责军队系统保密工作。军队内部各级保密委员会的建立,使我军形成了比较明确、健全的保密工作组织体系和工作机制,标志着我军保密工作推进到系统化的新阶段,在我军保密工作史上具有重要意义。

2. 严抓文书档案保密工作

文档保密工作是解放战争时期我军保密工作的一项重要任务。这一时期,根据中央办公厅的要求,全党、全军及解放区及时开展对文电资料的清理和收集工作,移交和归档大量文电,减少了可能发生的遗失和泄密事件。同时,党中央、中央军委根据战争实际,制定颁布了文件电报和档案划分密级的具体办法,对已存的文件电报按重要性结合机密性进行了整理分类,适应了战时保护我党我军秘密安全的需要。

特别是1947年春,国民党军对陕北发起重点进攻,党中央、中央军委的档案资料经历了三次大搬迁。早在1946年10月,中央机关就开始进行档案材料的疏散准备。当时毛泽东曾指示:疏散工作不要惊慌失措,档案材料的片纸只字不要落入敌人之手。敌人开始进攻延安后,朱德、刘少奇曾就中央档案资料转移和分类原则,提出了档案分类、转移、埋藏、销毁的具体措施。以总政治部的档案为例,前期经过分类清理后剩下八九箱文件,先是转移至陕北清涧,又渡过黄河抵达晋西北兴县刘家曲。经过进一步甄别,保留下两箱半。其中甲类(重要机密文件)一箱半,乙类(次重要机密文件)一箱,包括红军时期的几百件文件。这批档案于1948年4月转移至西柏坡,又于1949年3月转移至北平。在这次档案大转移中,我军历史上的重要文件、档案得以保存,也维护了军事秘密的安全。

3. 突出机要电讯保密管理

解放战争时期,无线电通信成为我军统帅部与各战略区之间使用频率最高、最主要的联络手段。据统计，仅 1946 年中央办公厅机要处收报就达 16 万余份。正因为如此，国民党军使用一切手段从事无线电侦听与测向工作，企图截收我方机密，判定我方指挥机关位置，实行偷袭、突击或轰炸等，一度对我军造成相当严重的危害。莱芜战役前夕，国民党军设在徐州的测向台已侦知我华野主力的行动方向，并报告王耀武，只不过当时王耀武判断我军主力仍在鲁南，对情报未加重视。另据敌人俘虏交代，他们测定我军电台最快只需要 10 分钟，这些情况引起了我军的高度警惕。为了加强无线电通信保密，中央军委先后在陕北的小河村和杨家沟两次召开通信保密工作会议，研究对策措施。这两次会议，周恩来出席并做出重要指示。他把加强通信保密的办法概括为四言八句：划清系统，调整人员；改装机器，变换手法；模仿敌人，多种呼波；严守纪律，加强保密。他向与会人员解释："加强保密"这一句是中心思想，是总的要求，其他七句是具体措施。会后，军委三局连续向全军发出了加强通信保密的指示和规定。经过教育整顿，全军的无线电通信保密工作得到极大加强，在无线电领域的窃密与反窃密斗争中完全掌握了主动权，保障了各战场作战的顺利进行。

杨家沟会议后不久，西北野战军进行的宜瓦战役，就根据会议精神采取了严格的保密措施，规定各部队在接敌之前一律不使用电台联络，改为有线通信或人工送信，敌人的无线电测向失去了目标，成为摆设。结果，胡宗南误认为我军主力集中在宜川城，命令刘勘的整编第 29 军迅速驰援，没想到在瓦子街陷入我军重围，最终全军覆灭。战前严格的保密措施，为我军赢得战役胜利立下大功。

回顾革命战争年代我军保密工作的发展历程与重大作用，可以清楚地看到，保密就是保生存、保胜利，保密工作的成败直接关系革命战争的胜负。在血与火、明与暗的对抗中，我军保密工作不断发展完善，创造了光辉的业绩，积累了丰富的经验，也形成了独特、深厚的优良传统。这些优良传统，揭示了保密工作的客观规律，是党和军队宝贵的精神财富，永远值得我们继承和弘扬。

4.1.4 努力开创新时代保密工作新局面

1. 用习近平新时代中国特色社会主义思想指导保密事业发展

党的十九大提出的习近平新时代中国特色社会主义思想，是党的重大理论创新成果，是指导党和国家事业发展的强大思想武器，具有重大的政治意义、历史意义、理论意义、实践意义。全国保密系统要在学通弄懂做实上下功夫，深刻认识其时代背景、历史地位、科学体系、精神实质和实践要求，准确把握贯穿其中的坚定信仰信念、鲜明人民立场、强烈历史担当、求真务实作风、勇于创新精神和科学方法论。推进新时代保密工作，我们要更加自觉地把习近平新时代中国特色社会主义思想作为保密工作的思想旗帜、理论指引、根本遵循，贯彻落实到保密工作各方面，领航保密事业不断开辟新境界。

2. 深刻认识当前保密工作形势，标定保密工作新的历史方位

党的十九大做出了中国特色社会主义进入了新时代的重大政治论断。进入新时代，我国日益走近世界舞台中央，也面临更加错综复杂的安全保密形势，我们党要巩固执政地位，团结带领人民坚持和发展中国特色社会主义，实现"两个一百年"的奋斗目标，保证国家安全是头等大事。在新的历史方位，我们要更加清醒地认识保密工作面临的形势。当前，国

家间综合国力的竞争日趋激烈，政治、经济、军事、外交、科技等全方位的综合较量不断加深，围绕信息情报特别是国家秘密的监控、刺探、获取等活动，力度不断加大、领域更加广泛、高技术特征集中凸显，国家秘密安全将面临更加严峻的风险挑战，窃密与反窃密斗争将更加尖锐复杂。与此同时，保密工作仍处在转型发展的过程中，由于观念、机制、技术、队伍、物质条件等多方面因素的影响，泄密风险隐患还大量存在，严重泄密事件时有发生，保密风险防控还面临不少问题，筑牢保密防线的任务还非常艰巨。我们必须充分认识新时代保密工作面临的新形势，把握新时代保密工作的新特点，切实担负起新时代维护国家安全利益的职责使命。

3. 始终坚持党管保密，牢牢把握保密工作的根本

党的领导是中国特色社会主义最本质的特征。党的十九大把坚持党对一切工作的领导，作为新时代坚持和发展中国特色社会主义基本方略的第一条，强调党政军民学，东西南北中，党是领导一切的。党的领导是保密事业发展的根本保证，党管保密是保密工作的根本原则，也是做好保密工作的最大政治优势。建党百年来，革命、建设、改革的实践充分证明，保密工作的一切发展进步和作用发挥，无一不是在党的保密工作方针政策指引下、决策部署落实中实现的。在新时代开创保密工作新局面，必须始终不渝地坚持党对保密工作的领导，充分发挥各级党委(党组)及其保密委员会总揽全局、统筹谋划、协调各方的作用；必须不断健全保密工作的领导机制，提升统筹保密工作的能力和水平；必须严格落实党政领导干部保密工作责任制，努力构建纵向到底、横向到边的保密工作责任体系，形成有关各方齐抓共管保密工作的良好局面。

4. 全面推进依法治密，提高新时代保密工作的法治化水平

全面推进依法治密是贯彻落实全面推进依法治国战略部署、提高保密工作法治化水平的基本途径。目前，我们已经初步形成了以宪法为根据，以保密法及其实施条例为主干的保密法律法规体系，保密行政执法体系也取得很大发展。落实好全面依法治国战略要进一步推进依法治密工作。我们必须加快完善保密法规体系，重点加强涉外、数字国家秘密、大数据、移动互联等新领域的保密管理法规制度建设，适应实践发展，填补立法空白；加强和规范保密行政执法，建立健全保密行政管理权力清单、责任清单制度，依法开展保密审查审批、资格认定、检查查办等行政管理活动，健全监督检查机制，加大保密行政执法监督力度，保证保密法律法规落实到位；提升全社会保密法治意识，积极开展保密法治宣传教育，培育保密习惯和尊法守法意识，不断提升运用法治思维和法治方式管理国家秘密的能力和水平。

5. 加快保密科技创新，引领保密工作转型升级

创新是引领发展的第一动力。党的十九大做出加快建设创新型国家的战略部署，要求强化基础研究、加强应用基础研究、加强国家创新体系建设、深化科技体制改革、倡导创新文化，体现了把握发展自主权、提高核心竞争力的战略考量。在网络化、信息化时代，保密工作面临着远远超越传统时代的新课题新挑战，坚定不移地推进创新驱动发展，是维护国家秘密安全、确保国家安全优势的核心战略，是保密工作实现转型发展的必由之路，也是打赢信息化条件下保密之战的必然选择。我们要坚持创新引领，制定实施保密科技发展规划，不断加强保密科技体制机制创新，充分发挥科技在保密工作中的基础支撑和引领作用，

实现管理与技术的有效融合，带动整个保密工作升级换代；加强保密科研机构、企业主体、主管部门的联合协作，着力构建以企业为主体、市场为导向、产学研相结合的保密技术创新体系，引导各类主体协同创新；充分发挥市场在优化保密科技资源配置中的作用，探索建立以市场为导向的创新服务平台，促进保密科技成果转化，最大程度服务保密工作实践。

6. 加强综合防范，推动新时代国家保密体系建设

党的十九大报告提出，要完善国家安全战略和国家安全政策，坚决维护国家政治安全，统筹推进各项安全工作；健全国家安全体系，加强国家安全法治保障，提高防范和抵御安全风险能力。这一战略部署，对做好保密工作具有直接重要的指导意义。不断深化保密工作治理体系和治理能力建设、服务强国目标，是新时代做好保密工作的一条主线。我们要在实现强国目标的总体进程中统筹考虑、谋势布局，加快构建一体化、综合化的国家保密体系，有效提升国家保密能力，为实现强国目标提供有力的保密保障；坚持以总体国家安全观为指导，按照中央决策部署，注重国家层面的政策优化、资源整合，科学制定路线图、施工表，并随实践推进不断迭代优化，保证落实到位；坚持技术防护和保密管理并重，推进人防物防技防"三位一体"的综合防范体系建设，不断提高综合防范能力。

4.2　西方保密技术发展历程

4.2.1　西方古代保密工作

1. 西方古代保密管理制度

西方古代只在谈到军事与政治问题时偶尔涉及保密，如古罗马军事理论家弗龙帝努斯在《谋略》中的相关论述。对保密问题的系统研究是从 19 世纪末 20 世纪初开始的，主要代表人物是马克斯·韦伯与格奥尔格·齐美尔。马克斯·韦伯认为保密是官僚体系的必备手段，是建立权威和统治离不开的因素。格奥尔格·齐美尔则主要从人与社会角度分析，认为保密是个人为保持安全和优越感所采取的隐瞒行为。另一位学者卡尔·弗雷德里希认为保密是封锁消息，宣传是提供虚假消息，二者都是政治操纵的手段，而泄密是人民渴望自主的表现。经过两次世界大战及长达数十年的"冷战"，社会对国家安全的恐惧暂时盖过了对保密合法性的质疑和对信息自由的需求，保密法制研究以防范和惩处为重心。

约在公元前 700 年，古希腊军队用一种叫作 Scytale 的圆木棍来进行保密通信。其使用方法是：把长带子状羊皮纸缠绕在圆木棍上，然后在上面写字；解下羊皮纸后，上面只有杂乱无章的字符，只有再次以同样的方式缠绕到同样粗细的棍子上，才能看出所写的内容。

这种 Scytale 圆木棍也许是人类最早使用的文字加密解密工具，据说主要是古希腊城邦中的斯巴达人在使用它，所以又被叫作"斯巴达棒"。斯巴达棒的加密原理属于密码学中的"换位法"加密，因为它通过改变文本中字母的阅读顺序来达到加密的目的。

2. 西方古代保密技术

古罗马的拐杖文书与"斯巴达棒"有异曲同工之妙。拐杖文书是把饰有相同螺纹的拐杖(图 4-2)分别存于收发文双方，发文方将纸条按照螺纹绕到拐杖上，再写上秘密文书，取

下拐杖后纸条上只出现相互不连贯的笔画，这样即使落到政敌手中也不会泄露文书内容。

图 4-2　拐杖文书

此外，公元 100 多年前，古罗马的执政官和军队统帅恺撒发明了一种把所有的字母按字母表顺序循环移位的文字加密方法。例如，当规定按字母表顺移 3 位的话，那么 a 就写成 d，b 写成 e，c 写成 f……从密码学的角度来看，恺撒加密法属于“单字母表替换”加密，而且替换的规则很简单。恺撒密码字母循环移位盘如图 4-3 所示。然而，恺撒加密的思想对于西方古典密码学的发展有较大影响。事实上，直到第二次世界大战结束，西方所使用的加密方法大多属于“字母表替换”加密，只是替换的规则越来越复杂而已。

图 4-3　恺撒密码字母循环移位盘

恺撒密码通常被作为其他更复杂的加密方法中的一个步骤，例如维吉尼亚密码。恺撒密码还在现代的 ROT13 系统中被应用。但是和所有的利用字母表进行替换的加密技术一样,恺撒密码非常容易被破解,而且在实际应用中也无法保证通信安全。

4.2.2 西方国家近代社会保密工作

1. 早期无线电通信和密码学的交融

在第一次和第二次工业革命的背景下,密码学和新兴的无线电通信技术开始紧密交融。1898 年,奥匈帝国海军在布达佩斯号海防舰、鲁辛号鱼雷艇和波拉军港的海岸要塞穆斯尔进行了无线电通信实验,并取得了成功。面对信息泄露的可能性,奥地利人快速反应,于 1904 年命令将所有无线电传输的涉密信息加密,同时也开始收集外国的无线电通信。在和平时期,奥地利海军为防止其密码被他国破解,也减少了使用密码的频率。

2. 无线电通信和加密技术的进化:维吉尼亚密码表

在无线电通信技术的引领下,密码学迎来了发展的黄金时期,其中代表性的是维吉尼亚密码。维吉尼亚密码是由多个恺撒密码组合成的密码字母表,属于多表密码的一种简单形式,其破译难度远超恺撒密码,但操作简单。在一战期间,维吉尼亚密码的变种被多国广泛使用,包括俄罗斯、意大利和奥匈帝国,如图 4-4 所示为维吉尼亚密码表。

	A	B	C	D	E	F	G	H	I	J	K	L	M	N	O	P	Q	R	S	T	U	V	W	X	Y	Z
A	A	B	C	D	E	F	G	H	I	J	K	L	M	N	O	P	Q	R	S	T	U	V	W	X	Y	Z
B	B	C	D	E	F	G	H	I	J	K	L	M	N	O	P	Q	R	S	T	U	V	W	X	Y	Z	A
C	C	D	E	F	G	H	I	J	K	L	M	N	O	P	Q	R	S	T	U	V	W	X	Y	Z	A	B
D	D	E	F	G	H	I	J	K	L	M	N	O	P	Q	R	S	T	U	V	W	X	Y	Z	A	B	C
E	E	F	G	H	I	J	K	L	M	N	O	P	Q	R	S	T	U	V	W	X	Y	Z	A	B	C	D
F	F	G	H	I	J	K	L	M	N	O	P	Q	R	S	T	U	V	W	X	Y	Z	A	B	C	D	E
G	G	H	I	J	K	L	M	N	O	P	Q	R	S	T	U	V	W	X	Y	Z	A	B	C	D	E	F
H	H	I	J	K	L	M	N	O	P	Q	R	S	T	U	V	W	X	Y	Z	A	B	C	D	E	F	G
I	I	J	K	L	M	N	O	P	Q	R	S	T	U	V	W	X	Y	Z	A	B	C	D	E	F	G	H
J	J	K	L	M	N	O	P	Q	R	S	T	U	V	W	X	Y	Z	A	B	C	D	E	F	G	H	I
K	K	L	M	N	O	P	Q	R	S	T	U	V	W	X	Y	Z	A	B	C	D	E	F	G	H	I	J
L	L	M	N	O	P	Q	R	S	T	U	V	W	X	Y	Z	A	B	C	D	E	F	G	H	I	J	K
M	M	N	O	P	Q	R	S	T	U	V	W	X	Y	Z	A	B	C	D	E	F	G	H	I	J	K	L
N	N	O	P	Q	R	S	T	U	V	W	X	Y	Z	A	B	C	D	E	F	G	H	I	J	K	L	M
O	O	P	Q	R	S	T	U	V	W	X	Y	Z	A	B	C	D	E	F	G	H	I	J	K	L	M	N
P	P	Q	R	S	T	U	V	W	X	Y	Z	A	B	C	D	E	F	G	H	I	J	K	L	M	N	O
Q	Q	R	S	T	U	V	W	X	Y	Z	A	B	C	D	E	F	G	H	I	J	K	L	M	N	O	P
R	R	S	T	U	V	W	X	Y	Z	A	B	C	D	E	F	G	H	I	J	K	L	M	N	O	P	Q
S	S	T	U	V	W	X	Y	Z	A	B	C	D	E	F	G	H	I	J	K	L	M	N	O	P	Q	R
T	T	U	V	W	X	Y	Z	A	B	C	D	E	F	G	H	I	J	K	L	M	N	O	P	Q	R	S
U	U	V	W	X	Y	Z	A	B	C	D	E	F	G	H	I	J	K	L	M	N	O	P	Q	R	S	T
V	V	W	X	Y	Z	A	B	C	D	E	F	G	H	I	J	K	L	M	N	O	P	Q	R	S	T	U
W	W	X	Y	Z	A	B	C	D	E	F	G	H	I	J	K	L	M	N	O	P	Q	R	S	T	U	V
X	X	Y	Z	A	B	C	D	E	F	G	H	I	J	K	L	M	N	O	P	Q	R	S	T	U	V	W
Y	Y	Z	A	B	C	D	E	F	G	H	I	J	K	L	M	N	O	P	Q	R	S	T	U	V	W	X
Z	Z	A	B	C	D	E	F	G	H	I	J	K	L	M	N	O	P	Q	R	S	T	U	V	W	X	Y

图 4-4 维吉尼亚密码表

3. 更复杂的密码系统的出现

除了维吉尼亚密码,波利比奥斯方阵密码和德国的 ADFGVX 密码也是在此期间出现的重要加密方法。波利比奥斯方阵密码是一种数字与字母的密码表,而 ADFGVX 密码则是波利比奥斯方阵加密的进一步发展,它采用 ADFGVX 进行行列标记,避免在无线电通信中混淆。最终,这种密码被法军的乔治 · 潘万中尉成功破解。

4. 加密技术向机械化的转变:恩尼格玛的出现与破译

一战的结束标志着人力加密时代的结束。1918 年,亚瑟·谢尔比乌斯发明了恩尼格玛密码机,并在 1926 年被德军正式启用。这种密码机产生的密文在"可接受的时间"内是无法被破译的,大大提高了通信的安全性。接下来的十年,奥地利人也紧随其后,全面引进恩尼格玛密码机。由此,密码学从人力加密向机械化转变,大大提高了加密和解密的效率和安全性。恩尼格玛密码机被誉为密码学中的一项重要突破,因为其高效性和安全性,使其在军事和外交领域得到了广泛的应用。

恩尼格玛由键盘、灯盘、转轮组、插线板 4 个主要部分构成,如图 4-5 所示。键盘与普通打字机的键盘类似,但只有 26 个字母,没有标点符号;灯盘位于键盘之后,其上有 26 个字母,每个字母下面有一个小灯泡,用于显示加密或解密后的字母;转轮组位于灯盘后,在盖板之下,从外面只能看到 3 个转轮的部分齿状边缘和一个数字,其中齿状物用于手动转动轮子,而数字表示轮子的当前位置;插线板位于键盘下方,恩尼格玛密码机的正面。

图 4-5 恩尼格玛密码机(三转子)

转轮组包括 3 个转轮和 1 个反射轮,它们都套在同一根轴上,反射轮在最左边。转轮是恩尼格玛的核心部件,转轮的圆周上刻有 1 到 26 的数字,转轮的正面有 26 个触点、背面有 26 个触针。一个轮子的触点可以和另一个轮子的触针套接在一起,形成转轮组。在转轮内部,触点和触针之间通过电线相互连接,从而形成了一种代换关系。转轮转动后,接线位置随之改变,代换关系也会跟着变化。每当键盘上键入一个字母位于最右边的转轮就会转一格;右转轮每转完一圈 26 格,中间的转轮就会转一格;中间转轮每转完一圈 26 格,左边的转轮就转一格。反射轮则始终不动,它对加密强度没有影响,但是起到了可以使解密过程和加密过程完全一样的作用。

插线板上面有 26 个插口,代表 26 个字母。使用时可用一根电线把任意两个插口连接起来,比如说可以把 A 插口和 J 插口连接起来,这时就会把键盘上的 A 和 J 两个按键互换,即如果按 A 键就会得到 J,按 J 键就会得到 A。

1931 年 11 月,一份关于恩尼格玛密码机的重要情报落入了波兰人的手中。这份情报是由德国通信部门密码处的负责人汉斯·提罗·施密特出售的,它包含了恩尼格玛密码机转子和操作方式的信息。这让波兰人明白了他们先前的努力方向出了错误——如果想要破解恩尼格玛密码机,他们首先需要获得一台这样的机器。

幸运的是,德国人未加注意地给了波兰人这个机会。不久后,商用版本的恩尼格玛密码机被送到了德国驻波兰大使馆,但由于那天正好是周六,大使馆内并没有人。因此,密码机被滞留在了邮政系统中。波兰情报部门抓住了这个机会,他们暗中将机器拆解并重新组装,其间还对每一个零件进行了测量和摄影。之后,他们根据收集到的数据制造了一台仿造的恩尼格玛机。

尽管这台机器只是商用版本,却对波兰破解恩尼格玛密码的工作起到了重大作用,因为它让波兰人能够更好地理解恩尼格玛密码机的加密过程。

被誉为"波兰三杰"的著名数学家马里安·雷耶夫斯基、杰尔兹·罗佐基和亨里克·佐加尔斯基,在截获大量德国加密电报后,发现了电报中字母的重复规律。他们找出了每天电报中的重复字母就是转子的循环圈,而这个循环圈就是恩尼格玛密码机当日的密钥。

他们还发现了恩尼格玛机的另一个重要规律,即尽管循环圈是当日的密钥,由初始方向和字母置换形成,但循环圈的数量和长度完全由转子决定,与连接板上的字母置换无关。知道密钥受转子、交换器、连接板等部件的影响后,"波兰三杰"确认了恩尼格玛密码机的密钥有 105456 个。

虽然这个密钥数量非常大,但已经进入了可以通过人力破译的范围。通过使用字母置换矩阵的验证方式,波兰密码处在 1933 年成功地破译了德国的恩尼格玛密码机。在此过程中,德国人曾经改变过恩尼格玛密码机内部的连线,这一举动一度导致波兰的破译工作出现停滞。

然而,"波兰三杰"并没有因此停下脚步。相反,他们反应迅速,制作了一种可以自动验证密码的设备。这个设备组合了 6 个独立的部分,形成了一个可以自动破解恩尼格玛密码机的工具,这就是后来闻名遐迩的"炸弹",如图 4-6 所示。

2001 年 4 月 21 日,以为破译恩尼格玛而做出了重大贡献的"波兰三杰"命名的纪念基金在华沙设立,它在华沙和伦敦设置了这些波兰密码学家的纪念铭牌。2001 年 7 月,基金会在布莱切利园安放了一块基石,上面刻着丘吉尔的名言"人类冲突史上从未有如此之少数,于如此短暂之时,挽救如此多众生。"

随着恩尼格玛的破译,人们意识到其实真正保证密码安全的往往不是算法,而是密钥。即使算法外泄,但只要密钥保密,密码就不会失效。

荷兰密码学家奥古斯特·柯克霍夫于 1883 年在其著作《军事密码学》中提出密码学的基本假设:密码系统中的算法即使为密码分析者所知,对推导出明文或密钥也没有帮助。也就是说,密码系统的安全性应只取决于可随时改变的密钥,而不应取决于不易被改变的事物(算法)。

图 4-6　恩尼格玛密码机的破译工具——Bombe 机械计算机

4.2.3　西方现代保密工作

现代密码学的发展与计算机技术、电子通信技术密切相关。在这一阶段，密码理论得到了蓬勃发展，密码算法的设计与分析互相促进，从而出现了大量的加密算法和各种分析方法。除此之外，密码的使用扩张到各个领域，而且出现了许多通用的加密标准，从而促进了网络和技术的发展。

1. 序列密码

2004 年，欧洲启动了为期四年的 ECRYPT 计划，其中的序列密码项目称为 eSTREAM，主要任务是征集新的可以广泛使用的序列密码算法，以改变 NESSIE 工程 6 个参赛序列密码算法完全落选的状况。该工程于 2004 年 11 月开始征集算法，共收集到了 34 个候选算法。经过 3 轮为期 4 年的评估，2008 年 eSTREAM 项目结束，最终有 7 个算法胜出。

eSTREAM 项目丰富了序列密码研究的数据库，极大地促进了序列密码的研究。虽然 eSTREAM 计划的评选工作已结束，但是其中的好多获选序列密码算法非常值得进一步的深入分析研究。另外，没有最终获选的一些密码体制也具有各自独特的优点，其设计思想有借鉴意义，因此同样值得我们继续分析和研究。

2. 分组密码

(1) DES 算法

DES 算法，即美国数据加密标准算法，是 1972 年美国 IBM 公司研制的对称密码体制加密算法。明文按 64 位进行分组,密钥长度为 64 位,密钥事实上是 56 位参与 DES 运算。

DES 在最初预期作为一个标准只能使用 10~15 年,然而,出于种种原因,可能是 DES 还没有受到严重的威胁,使得 DES 的寿命比预期长得多。在其被采用后,大约每隔 5 年被评审一次。DES 的最后一次评审是在 1999 年 1 月。但是,随着计算机计算能力的提高,DES 密钥过短的问题成为 DES 算法安全的隐患。例如,1999 年 1 月,RSA 数据安全公司宣布:该公司所发起的对 56 位 DES 的攻击已经由一个称为电子边境基金会(EFF)的组织,通过互联网上的 10 万台计算机合作在 22 小时 15 分钟内完成。

在这种情况下,对于替代 DES 的要求日益增多。最终,美国国家标准与技术研究院(NIST)于 1997 年发布公告,征集新的数据加密标准作为联邦信息处理标准以代替 DES。新的数据加密标准称为 AES。

尽管如此,DES 的出现是现代密码学历史上非常重要的事件。它对于我们分析掌握分组密码的基本理论与设计原理仍然具有重要的意义。

(2)AES 算法

密码学中的高级加密标准(Advanced Encryption Standard,AES),又称 Rijndael 加密算法,是美国联邦政府采用的一种区块加密标准。这个标准用来替代原先的 DES,已经被多方分析且广为全世界所使用。经过 5 年的甄选流程,高级加密标准由 NIST 于 2001 年 11 月 26 日发布,并在 2002 年 5 月 26 日成为有效的标准。2006 年,高级加密标准已然成为对称密钥加密中最流行的算法之一。AES 有一个固定的 128 位的块大小和 128、192 或 256 位大小的密钥大小。

该算法为比利时密码学家 Joan Daemen 和 Vincent Rijmen 所设计,结合两位作者的名字,以 Rijndael 命名之。AES 在软件及硬件上都能快速地加解密,相对来说较易于操作,且只需要很少的存储空间。作为一个新的加密标准,目前正被应用到更广大的范围。

(3)IDEA 算法

国际数据加密算法(International Data Encryption Algorithm,IDEA)是由来学嘉(Lai Xuejia)和 James Masseey 于 1990 年提出第一版,并被命名为 PES(Proposed Encryption Standard)。随后,来学嘉等又针对 PES 算法的轮函数做出调整,使得算法能更加有效地抵抗差分密码分析,改进后的 PES 称为改进的建议加密标准 IPES(Improved PES)。1992 年,又将 IPES 商品化,正式改名为 IDEA,它是对 64 比特大小的数据块加密的分组加密算法,密钥长度为 128 位,它基于"相异代数群上的混合运算"的算法设计思想,用硬件和软件实现都很容易,且比 DES 在实现上快得多。IDEA 自问世以来,已经历了大量的详细测试分析,对密码分析具有很强的抵抗能力,在多种商业产品中被使用。

3. 公钥密码

(1)RSA 算法

1977 年,美国麻省理工学院的 Ronald Rivest、Adi Shamir 和 Len Adleman 提出了第一个较完善的公钥密码体制——RSA 体制,这是一种基于大素数因子分解的困难问题上的算法。

RSA 是被研究最广泛的公钥算法,从 1978 年提出到现在已 40 多年,其间它经历了各种攻击的考验,逐渐被人们接受,是目前应用最广泛的公钥方案之一。通常认为 RSA 的破译难度与大数的素因子分解难度相当。

(2)ECC 算法

椭圆曲线密码学(ECC)在 1985 年分别由 Victor Miller 和 Neal Koblitz 独立提出。但在当时,他们都认为 ECC 的概念仅是数学范畴的,而其在当时实际实现是不现实的。从 1985 年以来,ECC 受到全世界密码学家、数学家和计算机科学家的密切关注。一方面,由于没有发现 ECC 明显的漏洞,使人们充分相信其安全性;另一方面,在增加 ECC 系统的实现效率上取得了长足的进步,到现在 ECC 不仅可被实现,而且已成为已知效率较高的公钥密码系统。

加密算法的安全性能一般通过该算法的抗攻击强度来反映。ECC 和其他几种公钥系统相比,其抗攻击性具有绝对的优势。例如 160 位 ECC 与 1024 位 RSA、DSA 具有相同的安全强度,210 位 ECC 则与 2048 位 RSA、DSA 具有相同的安全强度,这就意味着带宽要求更低,所占的存储空间更小。这些优点在一些对于带宽、处理器能力、能量或存储有限制的应用中显得尤为重要。这些应用包括:IC 卡、电子商务、Web 服务器、移动电话和便携终端等。

(3)SM2 算法

SM2 算法全称为 SM2 椭圆曲线公钥密码算法,是中国国家密码管理局于 2010 年 12 月在第 21 号公告中公布的密码行业标准。SM2 算法属于非对称密钥算法,使用公钥进行加密,私钥进行解密,已知公钥求私钥在计算上不可行。发送者用接收者的公钥将消息加密成密文,接收者用自己的私钥对收到的密文进行解密,还原成原始消息。

SM2 算法相比较其他非对称公钥算法如 RSA 而言,使用更短的密钥串就能实现比较牢固的加密强度,同时由于其良好的数学设计结构,加密速度也比 RSA 算法快。

4. HASH 函数

(1)MD4

MD4 算法是麻省理工学院教授 Ronald Rivest 于 1990 年设计的一种信息摘要算法。它是一种用来测试信息完整性的密码散列函数。其摘要长度为 128 位,一般 128 位长的 MD4 散列被表示为 32 位的十六进制数字。这个算法影响了后来的算法,如 MD5、SHA 家族和 RIPEMD 等。

2004 年 8 月,山东大学教授王小云报告在计算 MD4 时可能发生杂凑冲撞,同时公布了对 MD5、HAVAL-128、MD4 和 RIPEMD 4 个著名 HASH 算法的破译结果。

Denboer 和 Bosselaers 以及其他人很快发现了攻击 MD4 版本中第一步和第三步的漏洞。Denboer 向大家演示了如何利用一部普通的个人电脑在几分钟内找到 MD4 完整版本中的冲突(这个冲突实际上是一种漏洞,它将导致对不同的内容进行加密却可能得到相同的加密后结果)。毫无疑问,MD4 就此被淘汰了。

尽管 MD4 算法在安全上有漏洞,但它对在其后才被开发出来的好几种摘要算法却有着不可忽视的引导作用。

(2)MD5 算法

MD5 算法的全称是信息-摘要算法,是在 20 世纪 90 年代初被开发出来,经 MD2、MD3 和 MD4 发展而来。它的作用是让大容量信息在用数字签名软件签署私人密匙前被“压缩”成一种保密的格式(就是把一个任意长度的字节串变换成一定长度的大整数)。

对任意少于2的64次方比特长度的信息输入，MD5都将产生一个长度为128比特的输出。这一输出可以被看作原输入报文的“报文摘要值”。MD5以512位分组来处理输入的信息，且每一分组又被划分为16个32位子分组，经过了一系列的处理后，算法的输出由4个32位分组组成，将这4个32位分组级联后将生成一个128位散列值。

(3)SM3算法

SM3算法是中国国家密码管理局于2010年公布的中国商用密码杂凑算法标准。该算法消息分组长度为512比特，输出杂凑值256比特，采用Merkle-Damgard结构。SM3密码杂凑算法的压缩函数与SHA-256的压缩函数具有相似的结构，但是SM3密码杂凑算法的设计更加复杂，比如压缩函数的每一轮都使用2个消息字，消息拓展过程的每一轮都使用5个消息字等。目前对SM3密码杂凑算法的攻击还比较少。

从上述内容可以看到，密码学的发展日新月异，密码编码及密码分析技术层出不穷，可以预见，密码学必将在我们未来生活中扮演越来越重要的角色。

4.2.4 区块链技术在加密文件的防窜改应用

1. 区块链的定义和特性

区块链本质上是一个数据库，它最主要的特点就是去中心化，即区块链系统中的数据是由多方共同维护的，任何一方都无法完全掌握数据，只能按照严格的规则以及共识来进行更新。此外，区块链技术还具有很多其他特性，例如完整性、可追溯性、不可窜改性等。而这些特性大都与保密监督工作、检查工作的需求所契合，因此可以作为提高保密工作质量的技术手段。

2. 区块链的不可窜改性

区块链的不可窜改性主要通过两方面来保证。第一，去中心化。如图4-7所示，在区块链网络中，有大量的节点，任何一个节点都无法掌握数据，数据的更新只能通过严格的共识机制来执行。第二，区块链直接通过密码学构成了紧密联系，如图4-8所示，是基于哈希函数实现的简化的比特币区块链结构。哈希函数是区块之间连接所采用的数字摘要技术。哈希函数可以将任意长度的一段字符压缩为固定长度，并且该操作具有防碰撞的特性。哈希函数还具备均匀分布的特性，即对于哈希函数来说无法通过输入来预计输出。区块链之间的连接就是通过新产生的区块包含上一区块的哈希值来实现的。当有人意图窜改中间某一个区块中的数据时，那必然会引起从当前开始的每一个区块的哈希值发生变化。因此，如果人为改变某一区块中的记录，就要重新计算其后每一个区块的哈希值，所以窜改成本极高，在一定程度上可以认为，只要数据上链，就再也不能被窜改了。

3. 智能合约与保密监督

基于区块链与加密文件高度契合的结论，有学者提出一种基于区块链的保密监督检查系统实施方案，如图4-9所示。在针对公检法才能取证的加密文件中，对该系统尤为关键的实体为智能合约。智能合约是尼克萨博在以太坊中首次提出的概念。它在本质上也是存储在区块链中的信息，只不过信息是一个用户自定义的程序。系统可以调用并执行该程序。智能合约之所以“智能”，是因为它可以程式化地执行某些操作，而且可以进行条件判断,同时在最新的区块链系统当中它是图灵完备的。智能合约是由多方共同部署的,一旦部署成功,内容就无法再被修改,因此智能合约也具有不可窜改性。

智能合约在保密监督检查区块链系统中的作用主要体现在两个方面:一是访问者在访问区块链中的加密信息时,智能合约可以识别访问者的权限,并提供给访问者可以访问的内容;二是智能合约可以对任何操作自动记录生成加密信息,并将相应信息上链,从而构成自动化且强制性的加密文件生成机制。由于智能合约是存储在区块链中的,因此它不具有高鲁棒性,不会因为某个节点的崩溃导致合约的失败。

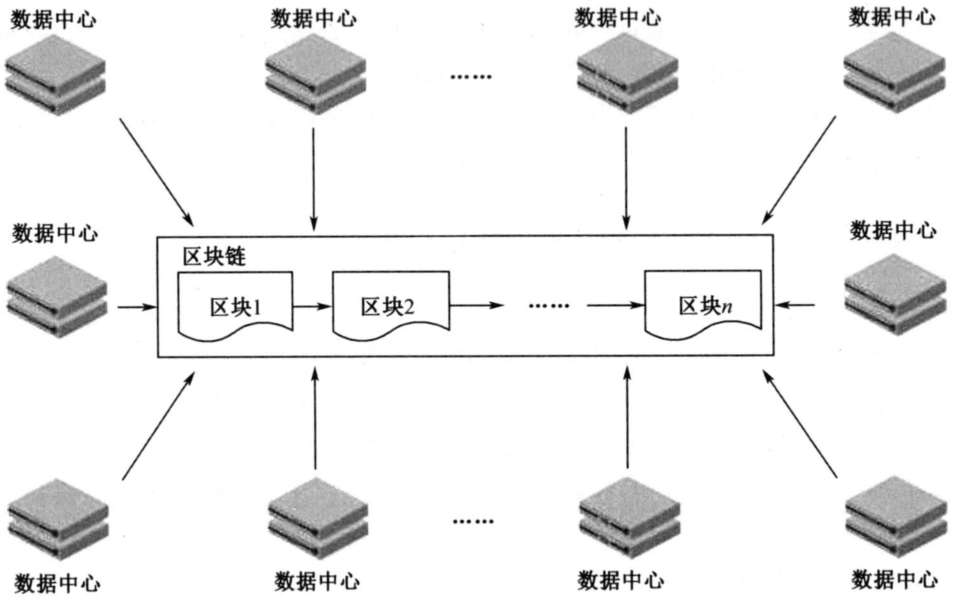

图 4-7　区块链网络图

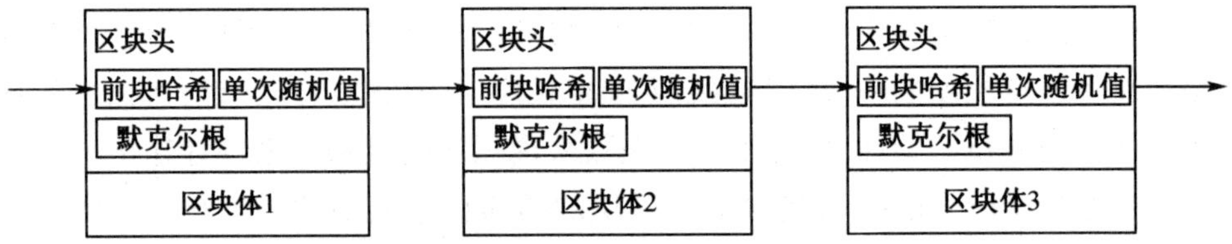

图 4-8　区块链上链图

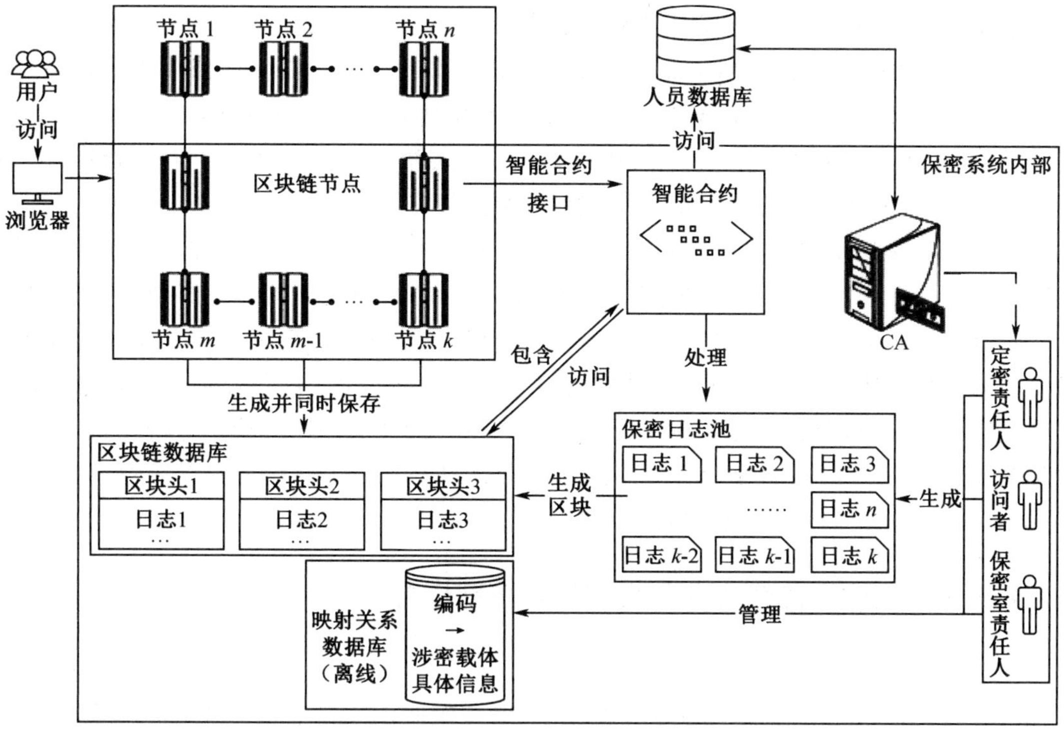

图 4-9　基于区块链的保密监督检查系统实施方案

4.3　网络保密技术

4.3.1　网络安全协议

在当今信息化时代，网络安全问题日益突出，各种安全攻击手段层出不穷，因此采用适当的安全措施是非常必要的。公开密钥密码和网络安全协议都是保障网络通信安全的重要手段，它们在不同层面上实现了数据的加密、鉴别、认证等功能，是保障网络安全的重要基础。

1. 网络层安全协议

网络层安全协议 IPV6 的提出不仅解决了 IPV4 中地址空间的枯竭以及简化协议，还增强了它的安全性能。IPV6 中定义了两个特殊的字段以实现 IP 层的安全，这两个字段分别是 IP 鉴别头部（AH）和 IP 安全封装（ESP）。

2. 传输层安全协议

UDP（用户数据报协议）提供无连接、不可靠的服务，TCP（传输控制协议）则提供面向连接的服务。许多安全协议都是运行于 TCP 之上的，它能在不安全的互联网上为通信双方建立安全通道，使得在安全通道内传输的数据不被窃听、窜改或假冒，从而实现通信的保密性和可靠性。目前传输层主要有两个安全协议——SSL（安全节层）、SSH（安全外壳）。

3. 应用层安全协议

应用层安全协议是在特定应用中建立起来的安全防护措施，独立于任何通信网络的安全措施。例如PEM(Privacy Enhanced Mail，隐私增强邮件)是为E-Mail应用提供有关安全的一个标准建议草案，一般与SMTP(简单的邮件传输协议)结合使用；PGP(优良保密协议)是一种E-Mail安全保密系统，是公钥密码学的一个实用范例；S-HTTP是对HTTP的一种安全扩充，本质上是问答式交易协议，提供的安全业务与SSL相似。

“防火墙”是网络保密技术的一种形象说法，它是由计算机系统的软件和硬件组合而成的。防火墙是在服务器运行中，在公共网络与内部网络之间构建的一个安全网，避免网络资源受到其他网络用户的使用或侵入。防火墙通常和路由软件系统共同工作。通过防火墙将数据信息过滤、分析、封包，从而决定要将它们运送到何处。防火墙系统经常安装在独立的计算机中，并和网络的其他部分分开，用户不能从中提取网络资源。倘若网络软件的漏洞被发现，在没有防火墙保护时，要将暴露的系统尽快更正，这在现实生活中很难做到，尤其是在不同操作软件正在运行时。

4.3.2 “嗅探”窃密技术分析和安全防范措施

1. 技术分析

嗅探(Sniffers)是一种黑客的窃听手段，一般是指使用嗅探器对数据流的数据进行截获。网络嗅探主要利用了以太网的共享式特性。由于以太网是基于广播方式传送数据，因此网络中所有的数据信号都会被传送到该冲突域内的每一个主机节点。当主机网卡收到数据包后，便通过对目的地址进行检查，以判断是否传递给自己。如果是，就传递给本机操作系统；如果不是，它就会丢弃该数据包。但是，如果以太网卡被设置成混杂接收模式，无论监听到的数据包目的地址有多少，网卡都会予以接收，并传递给本机操作系统处理。网络嗅探者就是利用以太网的这一特性，将自己的网卡设置成混杂接收模式，悄无声息地监听局域网内的报文信息，嗅探和窃取用户资料。由于它只是被动地接收，而不向外发送数据，所以整个嗅探过程的隐蔽性非常好，以致管理员或网络用户很难发现网络中的嗅探监听行为。

从安全威胁角度来看，网络嗅探给网络安全带来的隐患有如下几种：

①通过嗅探可以获得用户账号密码等机密信息，尤其是当前以太网中的很多数据信息都是以明文形式传送的，这很容易为嗅探者所获取；

②通过嗅探可以分析出网络内部结构，对网络进行渗透；

③嗅探后进行数据欺骗和会话劫持，在嗅探分析的基础上再结合ARP(地址解析协议)欺骗等手段，劫持会话，入侵网络，进一步盗取用户机密信息。

2. 安全防范措施

(1)将共享式设备替换成交换式设备

有很多中小型企业网，为降低成本，经常在网络内部使用共享式网络设备(如Hub)来连接用户节点。其实这样做会形成网络数据泛播，无形中为网络嗅探程序的运行提供方便。如果采用交换式设备代替共享式设备，那么数据包就只能在两个节点之间传送，很大程度上就可防止非法监听，有效阻止嗅探程序对数据的捕获。采取替换交换设备的办法能够大大降低嗅探行为发生的概率。

(2)从物理上或逻辑上对网络分段

网络分段通常是控制网络广播风暴的一种手段。其实这也是防止网络嗅探的有效途径。由于嗅探行为一般只在同一冲突域内的网段上进行数据捕获，因此一般的嗅探程序不能跨越交换机、路由器、网桥等设备。所以，我们可以通过对这些设备的设置与组合来对网络分段。将有安全隐患的高危区域与存有敏感信息的重要区域进行隔离，从而阻隔网络嗅探行为的蔓延。

(3)设置静态的 ARP 对应表

用静态的 ARP 或 IP-MAC 对应表代替动态 ARP 或 IP-MAC 对应表。这个办法主要是用来防范攻击者进行渗透嗅探。我们知道用交换设备替换共享设备能够有效阻止通常情况下的网络嗅探，但是如果入侵者采用如 ARP 欺骗等手段，对 ARP 动态缓存表做了修改，则在交换网络中仍然能够顺利进行嗅探。因此，建议管理人员在重要的主机或者工作站上设置静态的 ARP 对应表，在交换设备上设置静态的 IP-MAC 对应表。这样能够进一步防止入侵者采用 ARP 欺骗等手段透过交换设备对用户信息继续嗅探。

(4)对传输信息加密

信息加密在本质上并不是防止网络嗅探，而是在传输过程中通过加密机制对会话信息进行加密，使入侵者监听到的信息因无法解读而使嗅探失去意义。我们可以通过安全外壳、安全节层协议等技术对传输信息进行加密。

4.3.3 “摆渡”窃密技术分析和安全防范措施

1. 技术分析

(1)摆渡木马的定义

摆渡攻击是一种专门针对移动存储设备，从与互联网物理隔离的内部网络中窃取文件资料的信息攻击手段。摆渡攻击的工具是摆渡木马，它是一种特殊的木马，其感染机制与 U 盘病毒的传播机制完全一样，只是感染目标计算机后，它会尽量隐蔽自己的踪迹，不会出现普通 U 盘病毒感染后的症状，如更改盘符图标，破坏系统数据，在弹出菜单中添加选项等。它唯一的动作就是扫描系统中的文件数据，利用关键字匹配等手段将敏感文件悄悄写回 U 盘中，一旦这个 U 盘再插入连接互联网的计算机上，就会将这些敏感文件自动发送到互联网上指定的计算机中。摆渡木马是一种为间谍人员定制的木马，隐蔽性、针对性很强，一般只感染特定的计算机，普通杀毒软件和木马查杀工具难以及时发现，对国家重要部门和涉密单位的信息安全威胁巨大。

(2)摆渡木马的特征

摆渡木马是最近流行的一种新型木马，除了具有传统木马相应的特征以外，还具备自己独有的特性。

①隐蔽性

隐蔽性是木马的首要特征，当然也是摆渡木马的首要特征。由于摆渡木马通过移动存储设备进行传播,必须在移动存储设备中找到一种隐藏方式隐藏自身,在感染被攻击机后也需要将自身的启动程序隐藏起来,前者隐藏的目的是更快地传播,后者隐藏的目的是不被查杀软件发现,正常运行。虽然两者的目的不同,但最终愿望都是使摆渡木马如攻击者所愿顺利执行。

②无须实时控制

由于摆渡木马是隐藏在U盘等移动存储设备中,所以没有网络连接,不需通过网络传送数据,但又可以很自如地传播在各主机间,这是同传统木马种植、传播、控制方式的最大区别。

③自动运行性

摆渡木马会在系统中每个磁盘目录下创建 autorun. inf 病毒文件(注意不是所有的 autorun. inf 都是病毒文件),因此也被称为“autorun 病毒”。此类病毒借助“Windows 自动播放”的特性,使用户双击盘符时就可立即激活指定的病毒。所以,摆渡木马结合了病毒传播技术作为其运载工具。

④功能特殊性

木马最主要的功能就是控制被攻击机,盗取敏感资料。由于摆渡木马自身特性决定了攻击机不能实时监控、操作、管理被攻击机,所以摆渡木马设置了自动运行性,具有自动遍历系统目录、自动存储、自动监测、自动发送等功能。

(3)摆渡木马的攻击原理

如图 4-10 和图 4-11 所示,摆渡木马攻击的第一步是设置攻击源,如将摆渡木马原型上传到用户易被迷惑的地方以供下载,等待移动存储设备的运载。第二步即木马的传播/植入阶段,下载的攻击源通过移动存储设备在各主机间传播。运行木马阶段实现资料盗取。木马运行后,被系统加载潜入内存,并通过预先设计的工作机制,将盗取的资料保存起来。第三步是转移盗取的资料,如果检测到移动存储设备还在,将资料自动发送到移动存储设备上。第四步是发送消息,当移动存储设备判断有网络连接时,将自动盗取的资料发送到指定地点。在整个木马的攻击过程中,都贯穿有隐藏操作的实施,在前三步多涉及社会工作学问题,即根据用户习惯,迷惑用户,达到运行木马程序的目的。如被控制端与常用工具软件或者图片捆绑,被控制端文件名称与常见文件名称类似等。攻击过程的后两步主要涉及技术问题,即如何在技术上实现木马信息的隐藏,也不排除利用社会工程学的思想。总之,隐藏性贯穿整个攻击过程。

2. 防范措施

为防止被植入木马的机器通过网络传播病毒,对于涉密程度较高的机器要禁止接入任何网络并防止非法外联;“摆渡”攻击实质上就是利用木马入侵计算机,因此防范措施必不可少的就是确保计算机都安装杀毒软件,并且要做到及时升级病毒库,按时查杀病毒;从互联网上下载资料应采用单向导入方式以确保安全。

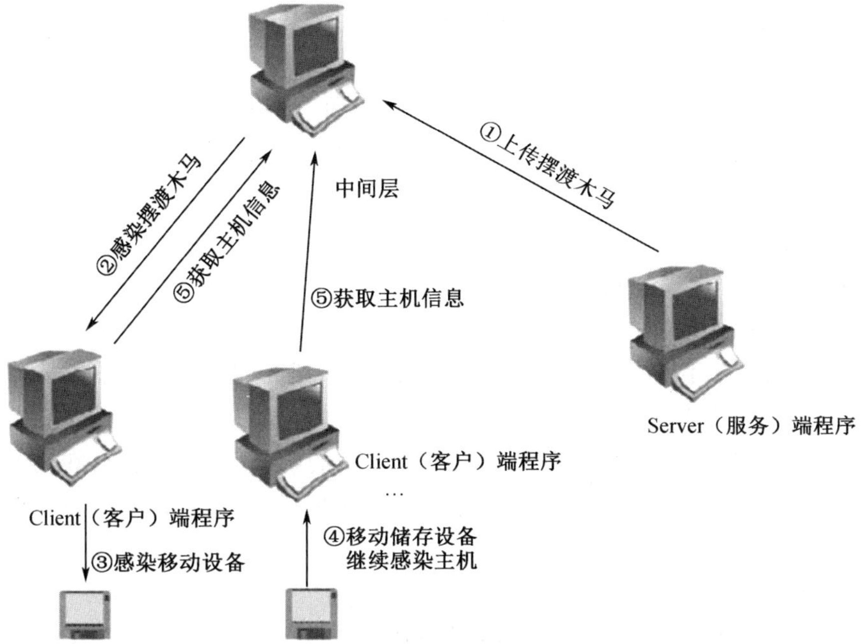

图 4-10 摆渡木马攻击原理

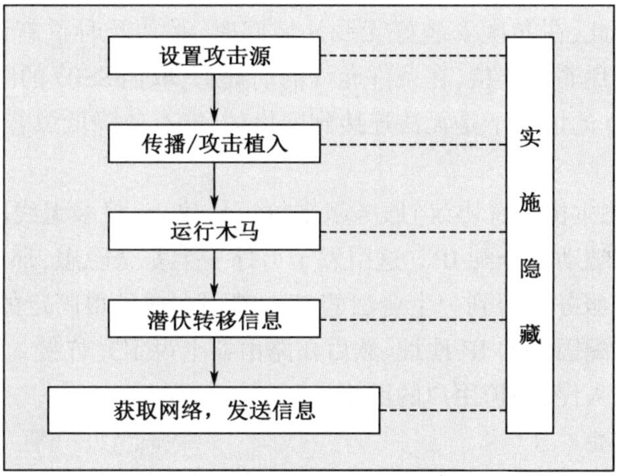

图 4-11 摆渡木马的一般攻击过程

4.3.4 计算机无线外围设备窃密技术分析和安全防范措施

1. 技术分析

专用的无线网节点是一些有相似传输功率及计算能力的移动主机。网内移动主机互相间的通信直接通过无线连接,网络之间的移动主机间的通信则通过多次跳转的路由实现。专用网在无线和固定线路的连接能力不足或不能实现的环境中发挥着重要作用。它的应用涉及救援服务、国家安全和军事通信。确保无线网的安全极具挑战性:第一,无线连接易受攻击;第二,在险恶环境中漫游时缺少相应的保护;第三,网络的拓扑结构和网络成员还会不断发生变化。

和有线网络一样,病毒、黑客、蠕虫、木马、间谍软件,随时都在威胁着无线网络的安全,并且无线网络比有线网络更容易遭侵害,这主要是因为用户在使用无线网络时的安全意识和掌握的技术手段还比较差。

2. 防范措施

面对上述情况,提出以下几点防范措施:

(1)正确设置网络密钥

在缺省状态下,无线网络节点生产商为方便用户安装无线网络,特意将无线网络节点的数据传输加密功能设置为“禁用”,这样一来,用户初次接入的网络是不安全的,非法攻击者很容易利用嗅探等工具,截获到在无线网络中传输的明文数据。因此,在初次连接无线网时,必须设置好网络密钥,对在无线网络中传输的数据进行加密,以有效抵御普通黑客的非法入侵。

(2)修改或隐藏 SSID

SSID(Service Set Identifier,服务集标识符)用于让无线客户端对不同无线网络进行识别。参数在设备缺省设定中是被 AP 无线接入点广播出去的,客户端只有收到这个参数或者手动设定与 AP 相同的 SSID 才能连接到无线网络。在默认状态下,无线网络节点的生产商会利用 SSID 来检验企图登录无线网络节点的连接请求,一旦检验通过的话,就可能顺利连接到无线网络。为此,在初次安装好无线局域网时,必须及时重新设置一下初始化字符串。为了更有效地避免非法连接,在条件允许的前提下,取消 SSID 的网络广播,一般的漫游用户在无法找到 SSID 的情况下是无法连接到网络的,能有效降低黑客入侵的概率。

(3)分配静态 IP

由于 DHCP(动态主机配置协议)服务越来越容易建立,很多无线网络都使用 DHCP 服务来为网络中的客户端动态分配 IP。这引发了另外一个安全隐患,那就是接入网络的攻击端很容易通过 DHCP 服务来得到一个合法的 IP。然而在成员很固定的网络中,我们可以通过为网络成员设备分配固定的 IP 地址,然后在路由器上设定允许接入设备 IP 地址列表,从而可以有效防止非法入侵,保护用户的网络。

(4)MAC 地址过滤

通过对 AP 的设定,将指定的无线网卡的物理地址(MAC 地址)输入到 AP 中。而 AP 对收到的每个数据包都会做出判断,只有符合设定标准的才能被转发,否则将会被丢弃。我们可在无线网络节点设备中创建“MAC 访问控制表”,将合法的网卡 MAC 地址输入到表中,以后只有“MAC 访问控制表”中显示的 MAC 地址,才能进入无线网络中。

(5)采用加密技术

所有经过 Wi-Fi 认证的设备都支持 WEP(Wired Equivalent Privacy,有线等效保密协议)。WEP 采用 64 位或 128 位加密密钥的 RC4 加密算法,保证传输数据不会以明文方式被截获。采用 WEP 加密、安全令牌和数字证书等技术提高数据传输、认证等过程的安全性,将可以为员工和合作伙伴提供双重保护的安全远程接入。

(6)合适放置天线

无线网络节点中的天线位置,不但能够决定无线局域网的信号传输速度、通信信号强度,而且能够影响无线网络的通信安全,为此将无线网络节点摆放在一个合适的位置是非常有必要的。一般来讲,安放在中间的位置是最合适的。

4.4 中国保密工作对保密技术的要求

4.4.1 古代政府保密需求

古代政府的保密需求主要源于军事策略、政治运作和维护国家安全等方面,其中军事安全尤为重要,通过保密可以防止敌方获取重要战略信息,政治运作则需要对一些重要的政策和决定进行保密以维护政权稳定。同时,古代政府也需通过保密来维护国家安全,防止对国家利益构成威胁的信息外泄。

1.汉朝的保密需求

统治长达四百余年的两汉王朝是中华民族发展史上的一个重要时期。这一时期的"独尊儒术""丝绸之路""汉文化圈形成"等都对后世产生了深远影响。作为政治文化重要组成部分的保密文化,在该时期也是内容丰富。

必当密者:在保密需求方面,存在一种不论何时都需对其保密的类别,这主要涉及宫省事务、负面事件、官府之间的通信以及涉及告发和弹劾的文件等。一方面,宫省事务以及官府之间的通信,都包含了在汉朝行政操作过程中的重要信息,对于强化阶级的统治和提升管理效能具有重要的作用。因此,在整个王朝的存在期间,这些信息都不能对外公开,对于无端传播朝政旧事,以及偷窥官府秘书的行为都会受到惩罚。另一方面,对负面事件和告发文书的保密,对于维护统治阶级的形象以及保护告发者的安全也是必要的。这些措施有助于稳定社会心态、鼓励公众上书表达意见,从而推动朝政的稳定运行。

事先密者:对于政治决策和行动,通常是事前进行保密,而在事后则可进行公开。例如,汉宣帝向山阳太守张敞、汉元帝向京兆尹王尊发布的诏令都要求"密令警察,不欲宣露"。这样的保密目的是防止被捕的人提前得知而逃跑,以保证行动的顺利进行。然而,一旦事情得以解决,相关的政令就可以公开,以让公众了解政府的决策和行动。

高级官员的保密要求:在两汉时期,对于执掌枢机的尚书官,针对其职务的特性提出了相应的保密要求。实际上,这也逐渐成为评价官员素质的标准之一。例如,西汉景帝时,周仁因其"为人阴重不泄"的品性受到了信任。此外,其他如石建、霍去病、杜林和阴识等人,都因为他们谨慎保密的品行而得到君主的信任和敬重。

特殊性保密需求:除了上述的普遍性保密需求外,还有一些特殊情况下的保密需求。这主要是出于君主个人的意愿和统治考虑,对一些原本应公开的事务进行了隐藏。例如,出于个人情感保护宠臣、皇亲,或者为了维护皇室形象和巩固统治权威,对部分皇族成员的不齿之行和罪臣僭越之举进行了秘而不宣。这类保密需求通常并非制度化,但也是西汉政府保密需求的一部分。

2. 唐朝的保密需求

实际上，自进入封建社会以来，保密制度的发展就从未中断，在大唐得以完善，成为后世的典范。

从政治方面看，唐朝政治秘密主要涉及皇帝和朝廷的权力、地位、声望和利益，关系到国家的统一、安全和发展。这些秘密如果被泄露，可能会引起政治动荡、社会不安、外敌侵扰等严重后果，危及国家和民族的生存和利益。皇帝的身份、行踪、健康状况、死亡消息等，都是关系国家最高权力的秘密，不得泄露给外界。例如，唐太宗李世民死后，为了防止朝野动乱，长孙无忌等人“闭门不发丧”，直到李治即位后才公布。此外朝廷的决策、人事、法令、谏书等，也都是关系国家政治运行的秘密，不得泄露给外界。例如，唐高宗李治为了平息武则天的叛乱，下诏“以武三思为相”，实际上是“欲以诱之出”。

从军事方面看，唐朝与一些周边国家或者少数民族有着较频繁的冲突，像一些涉及军事情报、军事部署、军事装备、军事通信等的军事秘密关系到国家的防御、进攻和战略，如果这些秘密被泄露会给朝廷带来毁灭性的灾难。具体来讲，敌我双方的兵力、战略、战术、战场形势、战果等，都是关系到战争胜负的秘密，都不得泄露给敌方。例如，唐太宗李世民为了对付突厥可汗突利可汗，“乃遣使者魏徵诱之……突利信之，遂入朝”。此外，还有像武器、器械、粮草等的装备秘密体现出军队的实力，同样需要严格保密，一旦泄露后果不堪设想。例如，唐太宗李世民为了对付突利可汗，派遣使者魏徵去给对方送礼物，突利可汗也同意，并让魏徵入朝。魏徵向突利可汗赠送了唐朝的弓箭，让他误以为唐朝的弓箭不如突厥的强劲，从而放松警惕。

从经济方面看，唐朝经济秘密主要涉及税收、仓储、货币、贸易等，关系到国家的财政收入和支出，以及国家的经济实力和竞争力。像税率、税目、税额、征收方式等一些和税收有关的秘密，需要对其他国家进行保密，保证本国内部的经济按期望运行。例如，唐太宗李世民为了鼓励农业生产，告诉所有田户减少对他们的租税，但不让外人知道。还有，贸易对象、贸易物品、贸易条件等对外经济关系也需要保密。唐高宗李治为了对付吐蕃，派遣使者王毂去回纥，然后使用金帛贿赂回纥酋长，以换取其对吐蕃的背叛，让他做内应。

从文化方面看，唐朝文化秘密主要涉及科举、教育、文艺、宗教等。科举制度、三省六部制度、台谏制度都是在唐朝时期得到发展并成为后世模板的。而保密制度的发展完善和这些制度是分不开的，保密制度需要真实的载体。大部分文书在平时的治理当中，官员和皇帝都是需要用到的。这就涉及对应的官僚体系的完善程度和监察体系的完善程度是否足以支撑更加严格的保密制度的实施。比如唐朝的中书省、门下省、尚书省、翰林院等都存放着大量的文书，除了高官能够翻阅以外，大部分官员是无法接触到这些文书的。

4.4.2 近代政府保密需求

1. 晚清时期

清末以来，列强环伺、内乱绵延。为实现民族独立和国家统一，清政府和民国政府积极进行保密法制建设，建立电报保密制度、军事保密制度和新闻保密审查制度，颁布刑法典，惩治泄露国家秘密犯罪。

晚清时期,电报传入中国,最早出现于上海租界,戊戌变法之后得到了普及,内地大中型城市陆续设置电报局,不久,电报局就覆盖全国。电报的出现,使新闻的时效性得到了较好的保障,传统的口头、书信传媒慢慢被取代,但同时泄密问题也随之而来。作为中国电报事业的开拓者,晚清时期的郑观应非常重视电报保密问题,其主持修订《电报新编》,加强对电报人员的管理,这些都相应推动了晚清时期的保密建设。

电报的传入加快了中国迈向近代社会的步伐,但由于缺乏与之匹配的保密制度,导致其后一段时间内泄密问题相当严重。外国人员很容易就得到清政府的内部情报,尤其在甲午海战之际,由于中方的保密意识薄弱,日本破译了中国驻日公使汪凤藻全部往返密电,而清廷对此毫无察觉,从而在整个甲午战争及马关谈判中一直未编订新的密电本。结果日本在甲午海战中,轻而易举地获悉了"高升"号开船日期这一关键情报,又破译李鸿章与国内往来的所有 22 通密电。两国交兵,生死存亡悬于一线而核心机密被敌人一览无余。其后签订《马关条约》之前,中方有关谈判的密电更是被日方悉数破解,可见固有的保密技术非常落后,不能适应此时的需要。清政府开始重视电报的保密工作,于 1902 年颁布《处分泄露电报章程》,堪称中国近代第一部保密法规。该章程根据泄密的内容以及泄密人员的参与程度定罪量刑,分别处以三月以上十年以下的监禁。1911 年颁布《钦定大清刑律》,该刑律的前身是 1907 年的《大清新刑律(草案)》,其设专章规定"泄露机务罪",对刺探、泄露政务秘密、军事机密的行为,按情况分别处以有期徒刑,为敌国间谍者可以判处死刑。《大清新刑律》移植了西方资产阶级刑法典的体例和原则,所以其中大部分条文后来为民国初期继续沿用。针对军事机密的保护,清政府在 1908 年颁布《惩治泄露军事机密章程》,对泄露军事机密的行为,可以判处一年以上有期徒刑直至死刑。另外,为禁止新闻报道国家秘密事项,清政府先后颁布《报章应守规则》《大清报律》以及《钦定大清报律》,初步建立起新闻保密审查机制。

2. 北洋政府时期

中华民国成立之初,百废待兴,急需制定相关法律维护政治统治和社会秩序,但短时期内无法迅速制定刑法典,政府宣布所有从前施行的法律和新刑律,除与民国国体抵触的失效外,其余各条都可以暂时援引施用。正因此,《大清新刑律》和其后所附《暂行章程》在删除一些条文后,以《暂行新刑律》名称正式公布实施。在《暂行新刑律》的分则中,第 5 章专章规定了"泄露机务罪",从其具体规定来看,对于泄露秘密的行为处罚是非常严酷的。在《暂行新刑律》被 1928 年南京国民政府制定的《中华民国刑法》取代之前,形成过关于它的两个刑法修正案。1915 年《刑法第一次修正案》完成,但其并未公布。《刑法第二次修正案》不再设专章规定"泄露机务罪",而是将其并入"外患罪"一章,并以有损害于国家之安全致贻外患者为限。北洋政府后来又颁布《报纸应守军事秘密范围条款》,首次规定了军事秘密的具体范围。这些具体规定被南京民国政府继续沿用。

3. 南京民国政府时期

南京国民政府为保护军事机密,陆续颁布了《陆海空军刑法》《军机防护法》《惩治汉奸条例》等刑事特别法,对泄露军事机密者可以判处死刑。同时鉴于北洋政府《暂行新刑律》对泄露机务罪的惩罚非常严酷,对其做出修改,废除死刑,并且区分不同时期以及不同秘密类型定罪量刑。抗战爆发后成立战时新闻检查局,并颁布《战时新闻禁载标准》《战时新闻违检惩罚办法》等新闻保密法规,明确规定政治、经济、军事、外交等多方面禁载事项。此外,国民政府于 1944 年颁布的《机密文件管理办法》和 1947 年颁布的《防止各部队失落重要机密文件办法》,系统规定了政府内部的保密事项。为人熟知的国民党政府军事委员会调查统计局(简称“军统”,后改名保密局)和国民党中央执行委员会调查统计局(简称“中统”)内部也有一系列的保密规定。

4.4.3 现代政府保密需求

中国近代的保密法律制度主要是在战争环境中发展壮大的,主要是为了应对战争的需要而出现的。在保护国家机密的安全性以及在争取革命战争胜利等方面,保密法律制度发挥了积极作用。

在近代社会中,鉴于当时科技的相对落后和信息传播的不便,政府在处理军事、外交等敏感问题时,需要更为严格地控制信息的传播和接触,以确保秘密的安全。然而,随着互联网和现代通信技术的不断发展,现代政府面临着更加复杂的保密挑战。因为信息的数量都在以前所未有的传播速度增加,同时信息泄露的可能性也大大增加。因此,政府需要采取更有效、更全面的保密措施以保护国家安全和利益。例如,政府可能需要借助加密技术和人工智能等先进技术来增强信息的安全管理。在现代民主社会中,政府信息的透明度是不可或缺的,因此,协调信息公开和信息保密的关系自然也成为当今政府信息保密工作的必然要求。通过研究,我们发现当今政府的信息保密主要表现在以下几个方面。

(1)要明晰国家秘密的内涵以及密级确定的含义。明晰国家秘密内涵的几个层面并强调其整体性:一是可能对国家安全与利益造成损害的;二是根据法定程序确定的;三是有法律规定保护时限的;四是仅限于特定主体知晓范围的。确定政府信息密级的客观依据是信息的敏感性、风险性,即可以合理预见的由信息泄露而产生危害的程度。立法上要对特别严重的损害、严重损害和一般损害做出严格的界限划分,可以根据保密信息泄露造成的经济损失以及影响程度来明确国家绝密、国家机密和国家秘密三个等级的界限。

(2)要明确规定国家秘密范围的事项。在今天经济发展国际化、全球化、一体化的情况下,经济贸易的往来、科学技术的交流等日益频繁,我们在确定该事项为国家秘密时,不能损害我国的安全与利益,不能成为我们学习别国先进技术以及发展国际贸易的障碍,也不能成为国外先进技术与产品进入中国的障碍。

(3)要缩减设密主体范围,明确设密主体的权限。应严格限定设密主体的范围,其他国家机关无权设定国家秘密,如果认为在本部门工作权限范围内需要设定国家秘密的,应报送以上本类主体来确定。

(4)要严格设密程序。设密程序是对权利的保障,是对权力的限制。在确定国家秘密范围的问题上,需要防范的问题就是行政机关的自由裁量权扩大,其自由裁量权扩大,就使得权力行使时侵犯性突出。法治社会给行政权以严格的法律约束,程序就成为不可或缺的约束机制。在国家秘密范围的确定上规定严格程序,是对国家权力的限制、对公民权利保障的重要措施。

从古至今,政府信息的保密是必不可少的,虽然它们会随着时代的变迁有着不同的需求,但是它们是政府有序治理社会、国家长治久安的保障。

4.4.4 公民保密需求

保密的需求是因其必要性而产生的。作为独立的个体,我们每个公民无疑都有自身的保密需求。通过对比和理解古代与现代公民对保密需求的变化,我们可以更深层次地探讨保密历史的发展轨迹。

(1)古代公民对保密需求体现出对人权的认知相对较弱。那时的保密法规主要是为了保护国家的秘密,并没有涉及对个人隐私的保护。因此,在那个时代,公民涉及的保密主要是关于他们的核心技术或者生活经验,这些信息对他们来说是必要的生存手段。例如,如图 4-12 所示的川剧中的变脸、吐火和藏刀技术都是行业秘密,每一个剧团的师傅通常只会将这些技术传授给他们最看重的弟子。在即将表演变脸的演员更换戏服和化妆的时候,其他人需要主动避开,以防止这些技术被外界知道。这样做是为了保护行业秘密,使得川剧在观众眼中始终带有一种神秘的魅力,这种传统至今仍在延续。另外,与现代相比,古代的通信技术和科技手段并不发达,秘密一旦被泄露,其影响范围相对较小,对公民日常生活的影响也较小,因此,古代公民对于保密的需求相对较低。

图 4-12　川剧表演

(2)现代公民保密需求

随着社会的发展和人权观念的普及,公民的自我认知不断加强,人们开始更重视个人信息的保密。在当今时代,由于信息技术和通信工具的快速进步,互联网尤其是移动互联网用户数量呈爆发式增长。虽然互联网为我们的生活带来了极大的便利,但同时它也给公民的个人信息安全带来了空前的挑战。因此,公民对保密的需求变得更加强烈。互联网应用的普及使得我们在日常生活中离不开网络,然而这也意味着我们可能面临着信息被恶意窃取的风险。公民在网络中有可能被恶意窃取的信息如下:

(1)个人基本信息。为了完成大部分网络行为,公民会根据服务商的要求提交包括姓名、性别、年龄、电话号码、Email 地址及家庭住址等个人基本信息,有时甚至包括婚姻状况、信仰、身份证号码、职业、工作单位、收入等相对隐私的个人基本信息。

(2)设备信息。主要是指公民所使用的各种计算机终端设备(包括移动和固定终端)的基本信息,如位置信息、Wi-Fi 列表信息、Mac 地址、CPU 信息、内存信息、SD 卡信息、操作系统版本等。

(3)账户信息。主要包括网银账号、第三方支付账号、社交账号和重要邮箱账号等。

(4)隐私信息。主要包括通讯录信息、通话记录、短信记录、应用软件聊天记录、个人视频、照片等。

(5)社会关系信息。主要包括好友关系、家庭成员信息、工作单位信息等。

(6)网络行为信息。主要是指上网行为记录,消费者在网络上的各种活动行为,如上网时间、上网地点、输入记录、聊天交友记录、网站访问行为、网络游戏行为等信息。

这些重要的个人信息一旦在网络上泄露,就会在很短的时间内被广泛传播,从而给公民的生活带来很大的困扰。

4.4.5 档案保密需求

1. 对于任何国家、组织或企业而言,档案管理都是其发展中的重要组成部分

随着信息化和网络化的进步,涉及机密档案的保密工作变得更加严谨和复杂。因此,提升档案管理人员的综合素质,加强机密载体的管理,以及加强档案利用过程的监督,已成为现代档案管理工作中必不可少的要素。只有这样,我们才能更有效地保护国家和社会的利益,推动档案资源的有效利用,以及实现档案管理的信息化和数字化目标。

档案管理人员必须提高自身的综合素质和保密意识。一是具有较强的政治素质,恪尽职守,做好档案工作;二是具有较强的档案法制意识,熟悉档案法律法规内容;三是熟练掌握涉密载体(档案管理专用计算机、移动硬盘、软盘)的操作技能;四是具有较强的档案保密意识,严格贯彻执行国家保密法规,遵守保密纪律。档案工作人员要明确保密职责,定期签订保密承诺责任书,并严格履行保守国家秘密和工作秘密的义务。档案工作人员要维护档案的完整和安全,按章办事,防止失、泄密事故发生,做到不该说的国家秘密不说,不该知道的国家秘密不问,不该看的国家秘密不看,不该记录的国家秘密不记录。

2. 做好涉密档案的安全保管工作

涉密文件密级的划分、变更和解密,必须按照国家有关制度和规定办理。根据《保密法》的规定,涉密档案文件可分为绝密、机密、秘密三级。档案管理人员要根据档案的不同密级采取相应的管理措施,确保涉密档案不失、泄密。国家秘密事项在其确定的期限内,受国家有关保密法律、法规的保护。国家秘密事项在一定时间内如被泄露,将会对国家安全和利益造成危害。《国家秘密保密期限的规定》对不同密级的保密期限有着严格的规定:除有特殊规定外,绝密级事项不超过 30 年,机密级事项不超过 20 年,秘密级事项不超过 10 年。这里所说的特殊规定是指制定保密范围的中央、国家机关可以规定有关保密范围中某类事项的保密期限为长期。凡规定为长期的秘密事项,在授权机关解密前,其他机关、单位应当对其采取长期保密措施,不得擅自决定解密和随意对外提供利用。按照有关规定要求,涉密档案应与非涉密档案分别保管,涉密档案要用单独的库房和相应的保管设备,确保其安全。当然,档案在保管过程中,其密级不是一成不变的,而是随着时间的推移和文件贯

彻的情况而发生变化。档案密级的基本变化包括升密、降密、解密。其中升密是极少数的，大多数是降密或解密。档案管理人员应对档案的密级变化做到了如指掌，及时做好本单位涉密档案的升密、降密和解密工作。

3. 加强涉密载体管理，确保档案信息安全

各单位要配置档案专用计算机，并采取有效的身份认证措施，将局域内网与公共外网实行物理隔离；涉密文件需有相应的密级标识，非涉密计算机不得与涉密网络相连。档案管理人员要对涉密移动存储进行严格登记，并定期对涉密电子文档和存储、处理过涉密信息的计算机、移动硬盘、软盘、光盘、优盘、录音带、录像带等进行全面、彻底的清理，严格把握好涉密载体保密关，确保涉密档案信息安全。

4. 加强档案利用过程中的监督工作

加强档案利用过程中的监督工作是确保档案利用过程中不失密、不泄密的重要举措，能有效地发现和制止档案利用过程中不利于档案保密的不良行为，从而做到既能让百姓利用档案，又能保证档案的完整与安全，特别是档案信息的安全。要加强档案制度建设，确保档案利用工作有序进行。档案利用制度一般有档案阅览制度、档案外借制度、档案复制制度等。要根据实际情况，对不同层次的利用者确定不同的利用范围，规定不同的审批手续，使档案利用工作有章可循。涉密档案的调阅必须经指定领导审批，认真履行登记、签字手续，任何人无权擅自调阅。涉密档案利用完毕后应及时清对、检查，发现失密、泄密问题，应及时查明原因，全力进行补救。

4.5 保密技术的发展前景

4.5.1 量子保密通信的应用前景分析与展望

目前，学术界和产业界对于量子保密通信网络建设和产业发展的另一个关注点，是对于其技术成熟度、实用化水平和大规模组网应用的社会、经济价值方面的讨论。本书结合对量子保密通信的技术产业调研、测评和标准化等方面的工作体会，总结出以下主要观点并进行分析。

1. 量子密钥分发系统的性能指标和实用化水平仍有提升空间

目前，由于系统协议、关键器件和后处理算法等方面的限制，量子密钥分发系统在光纤网的单跨段传输距离通常在百公里以内，密钥成码率约为数十 KB/s 量级，系统传输能力和密钥成码率有待进一步提高。同时，量子密钥分发系统的工程化水平也有一定的提升空间，例如偏振调制型设备在抗光纤线路扰动方面存在短板；单光子探测器需要低温制冷，对机房环境温度变化较为敏感；量子密钥分发系统的网管和运维等方面尚未完全成熟。此外，量子保密通信系统和网络需要密钥管理设备和加密通信设备进行联合组网，密钥管理设备属于信息安全领域，加密通信设备属于信息通信领域，而目前量子保密通信行业和信息通信行业、信息安全行业的融合与协同配合还比较有限，设备产品工程化和标准化的提升和演进速度较慢。

2. 量子保密通信技术的应用发展还面临加密体制的技术路线竞争

量子保密通信技术的应用背景主要是面向未来量子计算对于现有公钥加密体系的计算破解威胁。一方面,量子计算的发展目前还处于多种技术路线探索的原理样机试验阶段,尽管近年来发展加速,但是距离实现真正具备破解密码体系的大规模通用量子计算能力仍有很长的差距。另一方面,信息安全行业也在为应对量子计算可能带来的安全性威胁进行积极准备。目前以美国国家标准与技术研究院(NIST)主导的抗量子计算破解的新型加密体系和算法的征集和评比已经完成第一轮筛选,并推出新型加密体制标准,我国上海交通大学、复旦大学和中国科学院等单位也参与其中。未来,抗量子计算破解的安全加密体制存在量子密钥分发和后量子安全加密的技术路线竞争。加快提升量子密钥分发技术和设备成熟度、实用化水平和性价比,是赢得加密技术体制竞争的关键。

3. 量子保密通信技术的商业化应用和市场开拓仍需进一步探索

量子保密通信技术是对现有的保密通信技术中的对称加密体系的一种安全性提升,能够解决密钥分发部分的安全性问题,提升对称加密通信的安全性水平,但并不能完全解决信息网络中面临的所有安全性问题。量子保密通信主要适用于具有长期性和高安全性需求的保密通信应用场景,例如政务、金融专网以及电力等关键基础设施网络等,其产业规模和市场容量相对有限。我国量子保密通信产业化始于 2009 年,至今发展已有十余年,但产业规模仍然有限,并且主要依靠国家和地方政府的支持和投入。量子保密通信技术的商业化应用推广和市场化发展仍然面临技术成熟度、设备可靠性和投入产出性价比等方面的考验,需要产学研用各方共同努力,从设备升级、产业链建设、标准完善和市场探索等多方面进行推动。

4.5.2 RSA 算法的应用及其前景

RSA 技术既可用于加密通信又可用于数字签名和认证。由于 RSA 算法的速度远远逊于 DES 等分组算法,所以 RSA 算法多用于加密会话密钥、数字签名和认证中。RSA 以其算法的简单性和高度的抗攻击性在实际通信中得到了广泛应用。在许多操作平台如 Windows、Sun、Novell 等,几乎所有的网络安全通信协议如 SSL、IPSec 等都应用了 RSA 算法。ISO 几乎已指定 RSA 用作数字签名标准。在 ISO9796 中,RSA 已成为其信息附件。法国银行界和澳大利亚银行界已使 RSA 标准化,ANSI 银行标准的草案也利用了 RSA。许多公司都采用了 RSA 安全公司的 PKCS(公钥加密标准)。

RSA 在目前和可预见的未来若干年内,在信息安全领域的地位是不可替代的,在没有良好的分解大数因子的方法以及不能证明 RSA 的不安全性的时候,RSA 的应用领域将会越来越广泛。但是一旦分解大数因子不再那么困难时,RSA 的时代就将成为历史。

4.5.3 混沌保密通信技术的应用前景

目前混沌通信系统的发展已经处于成熟状态,正在对其进行实质性应用的研究,需要解决实际混沌通信系统的一些关键技术,包括在噪声存在和通道畸变下通信的关键问题,发射高数据速率时需要发展具有良好特性的比特误码率(BER)系统抵制多路传播技术,增强带宽/提高功率谱密度的发送能力等等,主要涉及以下 9 个方面。

1. 基于混沌的调制技术

迄今文献中已经提出几种基于混沌的调制技术,考虑到通信噪声和带宽限制等问题,已对频率调制进行了拓展,应用了动力学系统的状态轨迹作为载波。

2. 基于混沌的相干通信系统

国际上有几个研究小组在过去 10 年里,为了弄清混沌通信目的,一直重视开发混沌系统的自同步性质。例如,研究在相干混沌通信中可逆系统及其稳定性理论等。Carrol 证明一个自混沌同步的通信系统中甚至在信噪比很低时也能产生同步。

3. 基于混沌的非相干通信系统

2000 年“IEEE 电路和系统学报”编辑了关于非相干混沌通信专刊。非相干混沌通信系统已经从一些基本方案,诸如 COOK(chnotic on-offkeying)和 CSK(chaos-shift keying)演变为 DCSK(不同的 CSK)的更复杂的不同相干检测和现代的 FM-DCSK(frequency modulation DCSK)。已经提出 DCSK 的改进方案,它不仅继承了混沌信号的优良特性,还具有结构简单、抗多径干扰等特点。

4. 混沌脉冲定位调制技术

最近几年,人们对超宽带(UWB)脉冲无线(IR)通信系统的兴趣快速增长。因为它们简化了复杂性,而具有低功率消耗和探测/窃听概率小等优点。将多路传播与多用户容量相结合,对于短程无线通信有特别好的应用前景。应用这些概念从符号动力学到发展一种创新的 UWB 脉冲无线调制方案,已经进行了详细的性能分析。利用混沌脉冲定位调制的数学通信方案已取得了最新进展(包括为二进制信息发送而设计的混沌自同步通信方案)。

5. 利用混沌的宽谱通信

近年来一直在应用混沌理论设计宽谱序列以增强 DS-CDMA(direct sequence-codedivision multiple access)系统的性能,从理论和实践两个方面验证了基于混沌的 DS-CDMA 方法。提出的频率选择通道的方法和非频率选择通道的方法都具有极大的优越性。

6. 基于混沌通信的非线性电路

混沌通信系统的未来应用将大大地依赖于发展可靠的非线性电路的硬件性能,以可靠地产生和处理混沌信号,特别是研制有效的和可靠性好的混沌发生器是一项根本任务。已经提出混合信号映象集成混沌发生器用于混沌通信的方案适合于硅集成电路。

7. 研发混沌的光通信技术

应用激光混沌是实现混沌通信和混沌信息技术的一条极为重要的途径,从最近进展来看,其大有发展前景。一是因为激光混沌具有宽带谱,所以能够加密数据;二是因为光子很难被窜改,所以保密性强;三是激光器便宜,光纤作为发射器和通信通道价格也低廉;四是激光具有最小色散。因此,它适合于研究信息的获取、传递、处理、存储和显示等,对信息技术领域很有吸引力,特别是对通信技术和高速信息公路。因此,激光混沌及其通信技术成为该领域高科技一个新的生长点。最近世界各国的一些研究小组一直力图开发混沌的光通信技术,例如,应用半导体激光来达到混沌光通信。从数值研究到实验工作都在加紧进行。近年来,美国加利福尼亚大学两所分校和斯坦福大学组成的混沌通信“大学研究联合体”(MURI)在利用激光通信演示装置的研制中,已经取得了很好的进展,主要表现在三个方面:一是建立了 CPPM 系统,利用混沌调制实现了自由空间激光通信的演示;二是改善了非线性混沌系统的分析技术;三是解决了通信应用的符号动力学的分析方法或技术。应用光注入单模半导体激光器和具有延时光反馈的单模半导体激光器来编码和解码信息。已经采用带有外部环形光反馈的单模半导体激光器产生混沌进行混沌同步通信实验,也提出了应用激光的时空混沌进行并行通信的方案。

8. 混沌和密码学

混沌信号具有高度不可预测性和伪随机特性,这是确定论混沌系统最具吸引力的特性,它可以应用在最新的工程方面。混沌和密码学具有一些共同特点,最主要的特点就是对变量和参数的变化的敏感性。混沌与密码学之间的一个重要区别就是在混沌所用的系统都只界定在实数上,而密码学处理具有有限整数的系统。将实数集上的实数映射成一个有限集上的整数的可行方法,这是实现混沌密码编码算法的一个重要环节。

尽管混沌保密通信和混沌信息技术还有上述一系列理论问题和关键技术有待进一步深入研究和解决,但是作为一种高新科技的生长点,将可能在未来的信息战中具有战略意义,和其他高新技术一样,既有创新性、战略性、带动性,也有风险性。由于该技术初步显示了应用潜力和发展前景,因此,特别引起了发达国家的高度关注和重视,他们正在加紧研究这一新兴通信技术,以适应 21 世纪对信息技术的迫切需要。

应当指出,利用超混沌和时空混沌实现保密通信比一般混沌通信具有更好的保密性、更大的存储容量和信息处理能力,具有更强的鲁棒性等优点,因此它将是今后混沌理论和混沌通信应用中最重要的研究方向之一。

4.6 本章小结

在本章中,我们对中国与西方的保密实践,从古代到现代,进行了深度的探索,并对网络保密技术以及其发展前景进行了精确的考察。

首先,我们对中国的保密工作进行了研究。在古代,我们探索了如何利用复杂的汉字和众多的方言创建了一种自然的加密环境。同时,我们也探讨了各种保密技术,如火书和金丝书,用来守护重要的信息。而在近代和现代,中国对保密工作进行了更为严格和系统化的管理,这一点在我国《保密法》的两次修订中得以体现。

其次,我们的研究焦点转向了西方的保密工作。在古代,我们了解到了一些加密技术的应用,如著名的恺撒密码。这时期的保密工作主要集中在军事和政治领域。然而,在近代和现代,我们看到了保密制度在不断完善和发展。在世界大战和"冷战"等历史时期,保密法制的研究重心转向了防范和惩罚上。

再次,网络保密技术是本章的另一主要内容。我们详细讨论了 SSL/TLS 加密、哈希函数、对称加密、公钥加密等一系列技术,并思考了在当今社会中如何保护信息。然而,网络保密面临的挑战也在不断增加,其中包括来自黑客攻击的威胁,以及在保护用户隐私与满足国家安全需求之间寻求平衡的问题。

最后,我们展望了保密技术的发展前景。随着科技的持续进步,我们期待未来的保密技术能够更加高效、安全。未来的保密技术可能包括更先进的加密算法,以及利用量子计算和人工智能等前沿技术来提升保密效能。

本章对中国和西方的保密工作以及网络保密技术进行了全面的探讨,并介绍了保密工作的历史和现状,以及预测其未来发展前景,以期为研究者提供独特的视角。

第5章 涉密信息系统分级保护制度的发展和应用

涉密信息系统分级保护制度是指依据国家有关法律、法规和标准,以及涉密信息的重要程度、外泄危害性和对保密要求的严格程度等因素,区分涉密信息系统的安全等级,并采取相应的保护措施的一种制度。该制度从2004年开始逐步建立,目前已经得到了广泛的应用和推广。

分级保护制度的应用可以有效提高国家和单位对涉密信息的安全保护能力,防范信息泄露和攻击,保障国家机密、商业秘密等重要信息的安全。在实际应用中,涉密信息系统分级保护不仅仅是一个技术层面的问题,还需要考虑管理、人员培训等多个方面的因素。

针对分级保护的具体实施,不同部门和单位可以根据自身情况制定相应的保密制度和技术措施,确保涉密信息的安全。同时,国家也对涉密信息系统的集成资质管理、审查等方面做出了相应的规定和管理办法,以进一步加强对涉密信息系统的保护。

5.1 涉密人员的保密管理

涉密人员是指具备一定的任职资格,并允许合法接触或知悉国家秘密的人员。涉密人员有广义和狭义之分。广义的涉密人员,是指一切允许接触国家秘密载体、知悉国家秘密内容的人员。狭义的涉密人员,是指其所从事的工作本身涉及国家秘密或直接从事涉及国家秘密工作的人员。

若要理解涉密人员的含义,应当把握三个基本要素。首先是经用人单位依据一定任职条件进行严格审查,符合任职资格的;其次是因岗位工作性质决定,对其业务工作中所涉及的国家秘密信息有条件作详尽而全面了解的;最后是因工作需要知悉国家秘密,且符合法律规定的。由此可见,涉密人员是经法律法规许可而知悉国家秘密的人员。

5.1.1 古代的涉密人员管理

历史上有很多由于保守不住秘密而导致失败的事例。《三国演义》虽然只是小说,与正史记载相比存在文学创作的虚构成分,但其中描写的下面的两个和涉密人员管理相关的故事也反映了作品创作年代的保密观,仍能给今天的保密工作带来启示。

1.“反曹计划”

东汉末年,曹操总揽权政,挟天子以令诸侯,致使汉献帝形同傀儡皇帝。曹操的专权让汉献帝意识到曹操并非真心对待自己,造反只是时间问题,于是汉献帝决定召集力量反曹。

汉献帝写好血诏缝于衣带中,授给国舅董承,希望他能凭衣带诏邀请一些有志之士,共同进行诛杀曹操的行动。董承成功躲过曹操的盘查,先后发展内臣王子服、太医吉平以及外臣马腾、刘备等多人多方参与谋划,准备内外联合反曹。但可惜董承非能成大事者,在小事上纠缠不清。当他发现家仆庆童与其小妾有私情后,严厉拷打并关押庆童,却被其逃脱,随后向曹操告发。曹操采取严厉措施,诛灭董承、吉平、王子服等人全族,衣带诏反曹计划也因泄密而失败。

2. “张缉之死”

以拯救汉室为目的而针对曹操的多个密谋均因泄密而失败,曹操后人也同样遭此厄运。魏后期,司马懿长子司马师总揽朝政,在朝政已被权臣司马氏兄弟牢牢控制,此时的皇帝曹芳深恨司马氏兄弟跋扈,在密室亲授在龙凤汗衫上写成的诏书并给张皇后父亲张缉等三人,命其联系宗室力量除掉司马氏兄弟。因有曾祖父曹操诛灭董承的先例,曹芳一再叮嘱三人要保密。不料,三人领诏出宫时就被司马师带兵拦住盘问,原来是宫中眼线看到了四人密谋。查出密诏后,三人均被灭族。

虽然这两个案例从表面上看似乎都是遭小人举报而泄密,但根本原因却是涉密人员的保密意识薄弱,或在非保密场所处理秘密,没有做到密事密办。汉献帝对衣带诏的加密措施是成功的,但是其委托的董承却头脑简单,大摇大摆地在自家多次与王子服等人谋事,甚至向其他大臣出示衣带诏,导致本该秘密进行的计划让全家上下甚至仆人都有所耳闻。可以说,就是作为涉密人员的董承不识大体、能力有限,才导致了汉献帝反曹计划的失败。同样,在案例二中,魏帝曹芳明知宫中处处都布满了司马师的耳目,却仍心存侥幸,在谈不上密室的“密室”召来三人授之以诏,结果遭耳目举报,结局凄惨。这两个案例警示我们要增强保密意识,也反映出涉密人员的保密素质对保密管理的重要性。

3. “道府记载”

乾隆时期,乾隆皇帝有一个小本子,名为“道府记载”。“道府记载”主要是对官员功过的记载,往往还有皇帝的评语,就是记下来这个人可用或不可用、可否重用等。可以说这个小本子上记录的东西关乎满朝文武的仕途前程,其机密程度是相当高的。一般情况下,这个小本子由皇帝口述、执笔太监书写,高云从就是乾隆的执笔太监之一。乾隆三十九年(1774 年),一个兵部侍郎在某次聚会的茶歇时间,听见其他几个侍郎聚在一起窃窃私语,他凑过去一听,发现他们谈论的内容正是绝密的“道府记载”,而且内容是从内廷执笔太监那里打听到的,可信度很高。这个侍郎一转身就去求见乾隆,当面举报。乾隆一直很注意对太监的监管和限制,他龙颜震怒,太监高云从很快就被锁定。经过调查发现,正是高云从为了利益将“道府记载”的内容泄露出去,于是高云从就被执行了一种叫磔刑的酷刑,可以说下场非常凄惨。

中国古代对于涉密人员的管理,并非只是在泄密事件发生后施以严刑峻法,而是在选拔、任用期间就开始了层层把关。古代用人一般都强调德才兼备,但在对保密人员的选用时更强调德。比如,唐朝在选拔中书舍人时,优先录用“靖默专敏之士”。有些人因为品行问题,在拟任机密职务时就遇到麻烦。为了保密,对于有些底层涉密官吏,甚至将不识字作为一个任用条件,如明太祖朱元璋时,规定“内臣不许读书识字”。此外,在涉密人员的外交方面也有着严格的管理。在汉朝就有“比尚书,不得出入,不通宾客”的规定。也就是说,在当时,身为尚书是不允许结交宾客的,这也是为了防止双方通晓机密。唐朝也有类似的规定,如“驸马,国之亲密,不合与朝廷要官往来”。

对于涉密人员的惩罚制度也要比其他人更严厉。如《大明律·吏律》的《公式》卷对“漏泄军情大事”条进行规定:“若近侍官员漏泄机密重事于人者,斩”。若漏泄的是非机密的“常事,杖一百,罢职不叙。”《职制》卷“交结近侍官员”条则规定,各衙门官员交结近侍官员,漏泄机密事情的,“皆斩,妻子流二千里安置”。由此可见,有关于泄密的刑罚都较一般的要重,而且亲人还要连坐。当然,如果对涉密人员仅有限制规定而无一些优惠政策,那将少有人会愿意从事涉密工作。对于涉密人员在待遇上也是有一些照顾的,例如宋神宗时,为解决当时部分官员住在城外距离远,“吏持文书走诸第,率多稽迟,或至漏泄”的问题,专门为二府官员营建宿舍。南宋绍兴十五年(1145 年),宋高宗诏令“临安府两浙运司,依在京例修盖两院。”绍兴二十年(1150 年),为大理寺官员及其家属“量行盖造吏院”,“并令就院内居住,严其出入之禁”,这固然有保密考虑,但也有优待、安抚涉密官员的用意。

最后,还要注意两点。首先,中国古代并无涉密官员的专门概念,也没有系统的保密管理制度。上述制度有些虽然客观上有保密的作用,但其初衷和本意是出于其他目的,如禁止请谒、保举制度,主要还是从政治上考虑的,防止这些官员结党营私。还有一些制度虽然主要是为了保密,也有着比较好的保密效果,但违背人性,如不许内官识字、连坐,我们应予批判。后来的历史发展也证明这一做法是不可取的,如明宣宗时期就安排内阁大学士教小宦官们读书识字,以便帮助办理政务。不过,品行端正的要求,定期轮换、改善生活条件等制度和做法,并未因为时代变化而被遗弃,当代社会还在采用。对这些具体制度的得失利弊,要放在当时的历史条件下,具体情况具体分析,不能完全以今天的立场和观点,简单地予以肯定或者否定。

从某种意义上来讲,通过教育一点一滴地建立起一套保密纪律,让广大民众特别是政府官员都信任和支持保密制度,这是比法律或刑事诉讼还有效的保密手段。中国古代保密管理至少在局部是这样做的,也在一定程度上达到了这一目的。比如禁止请谒,一些自爱的官员主动净化自己的交往圈;又如焚毁奏稿,自汉朝时就成为一个根深蒂固的仕宦传统,但在法律上并未规定,主要是出于官员个人自觉。这是中国古代官员保密管理的一大亮点,也给现代保密管理特别是涉密人员管理带来许多启发。

5.1.2 涉密人员及涉密人员管理措施

1. 涉密岗位与涉密人员

涉密人员是指在涉密岗位工作的人员。一般认为,涉密岗位是指机关单位按照法定程序确定,在日常工作中产生、经管或者经常接触、知悉国家秘密事项的岗位。根据涉密程度,即涉及国家秘密事项的范围、等级、数量、时效等不同,涉密岗位分为核心、重要和一般三类。日常工作中产生、经管或者经常接触、知悉绝密级国家秘密事项的岗位为核心涉密岗位;日常工作中产生、经管或者经常接触、知悉机密级国家秘密事项的岗位为重要涉密岗位;日常工作中产生、经管或者经常接触、知悉秘密级国家秘密事项的岗位为一般涉密岗位。涉密人员依据涉密岗位的不同,相应地分为核心涉密人员、重要涉密人员和一般涉密人员。“以密定岗、以岗定人”,这是涉密人员确定的原则,如图 5-1 所示。

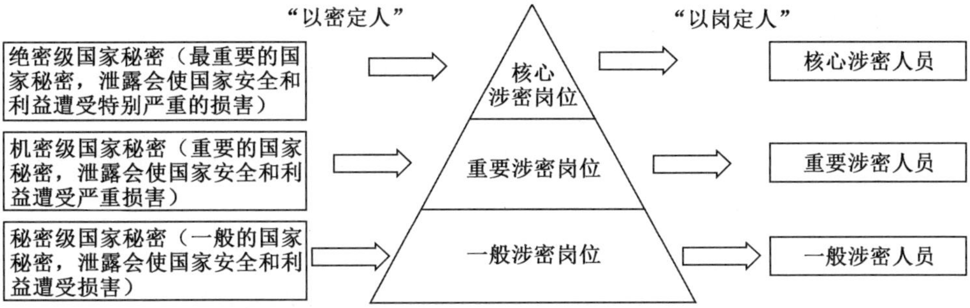

图 5-1 涉密人员确定的原则

涉密人员这一法定概念的基本特征可简单概括为以下三要素。

(1)在涉密岗位工作。涉密人员和涉密岗位应该相对应,实在无法对应的,应对应到最小的内设部门。

(2)具备一定的能力和条件。这是对涉密人员承担涉密工作的资格要求,既包括应当具备的基本条件,如国籍、品行、作风、涉密岗位要求的业务素质和能力,也包括禁止性条件,如吸毒、赌博、酗酒等不良嗜好,或者可能影响国家安全和利益的倾向等不适合在涉密岗位工作的情形等。

(3)通过任(聘)用审查。这是程序性要求,即涉密人员按照一定审查程序接受审查后,经批准在涉密岗位工作,涉密人员要先审后用、严格把关。

涉密人员和接触、知悉少量国家秘密的人员是有所区别的。在内涵上,涉密人员须与涉密岗位直接相关,接触、知悉国家秘密的人员则属于以事定人。在外延上,涉密人员的范围小于接触、知悉国家秘密人员的范围,涉密人员必然是接触、知悉国家秘密的人员,但接触、知悉少量国家秘密的人员不必确定为涉密人员。在保密管理上,涉密人员在审查资格、审查标准、审查周期、教育措施、脱密期限等方面有更系统严格的管理。当然,机关单位也应重视对接触、知悉少量国家秘密人员的管理。

2. 涉密人员管理的措施

(1)加强保密教育,提高保密意识。保密工作既是一项长期工作,也是一项需要层层推进的工作。对于涉密人员,从其参与涉密工作,直至离开涉密岗位,整个过程都需要持续对其进行保密培训和教育。提高保密教育效果主要包括以下两个方面。

一是保密内容的全覆盖。保密教育工作应覆盖到思想意识方面,包括使保密人员认识到保密工作的重要意义,以及国家、省、市在保密工作方面的相关方针政策等,使其从根本上重视保密工作;在保密条例及规定方面,涉密人员应熟知与保密相关的法律法规、规章制度等内容,作为其保密工作中的要求和准则;在到保密工作方法方面,涉密人员应熟悉日常保密工作中的流程、业务知识、与保密相关的技巧等内容。

二是采用多种形式的培训以提高效果。除了采用常规的集中上课培训以外,还可以采用观看视频、收听音频、参观、报告会、实操指导以及趣味答题等形式来提高培训质量。教育培训既可以进行综合培训、集中教育,也可以进行专题培训,采取分别教育、个人自学方式,结合业务实际灵活开展。

(2)完善工作机制,堵上工作漏洞。要想实现涉密人员管理从经验化管理到制度化管理的转变,主要通过以下三个方面进行改革。

一是完善保密管理制度。针对不同类别的涉密人员,建立专项涉密人员管理制度,保证所有类别的涉密人员管理都做到有章可循。

二是建立保密长效机制。要狠抓重点岗位和关键环节的监管,加大对涉密人员日常行为的检查力度,确保每个环节都能得到有效监督。

三是实行奖惩激励机制。遵循赏罚分明原则,将保密考核结果与奖金分配、职务晋升、评优评先、保密补贴发放等个人利益紧密挂钩。而对于违反保密规定、发生泄密事件的相关人员,要严厉追究其责任。

(3)更新业务知识,提高管理水平。在实际工作中,可以通过以下三个方面对涉密人员管理人员的工作能力进行提升。

一是丰富保密管理人员的知识水平。涉密人员管理人员要适应时代发展要求,掌握更多防止泄密的技术和手段,丰富保密知识存储。

二是提高保密管理人员的技能水平。通过参加保密专项培训、合作院校交流,提高自身的保密素质,建立一支作风优良、技术熟练的保密工作队伍。

三是加强保密管理人员的应变能力。对于保密工作中出现的新问题、新情况,要从实际出发,探索新方法,总结新经验,使涉密人员管理专业化、科学化、规范化。

5.1.3 涉密人员管理原则、内容及主体

1. 涉密人员管理原则

涉密人员保密管理必须遵循保密工作内在的客观规律及以下管理原则。

(1)科学确定。指严格按照确定标准和程序确定涉密岗位和涉密人员,保证涉密岗位和涉密人员没有遗漏,同时也要严格控制,确保涉密岗位和涉密人员“最小化”。这是做好涉密人员管理的前提和基础。

(2)严格审查。指按照统一的审查标准和程序,对拟在涉密岗位工作的人员进行审查,严把涉密人员入口关。

(3)分类管理。指根据涉密岗位的不同,将涉密人员分为核心、重要和一般三类,分别采取相应管理措施。这是做好涉密人员管理的重点和难点。

(4)全程监督。指对涉密人员实施全过程、全方面管理。综合运用教育培训、签订承诺书等多种手段,严格上岗、在岗、离岗保密管理,确保各环节无缝衔接、环环相扣。

2. 涉密人员管理内容

涉密人员保密管理是一项集综合性、系统性、动态性于一体的工作,包括涉密人员分类确定、上岗审查、在岗管理、出国(境)管理、离岗离职管理等。

(1)分类确定。指按以岗定人的原则,确定涉密岗位及涉密人员等级,采取不同管理措施。当国家秘密密级、数量等发生变化,或者涉密岗位调整时,要及时调整涉密人员的涉密等级。

(2)上岗审查。指对拟任(聘)用涉密人员应严格审查,已在涉密岗位工作的,要定期复审。对拟任(聘)用到核心涉密岗位工作的人员,还应对其配偶、子女的有关情况进行审查。

(3)在岗管理。指机关单位通过开展保密教育培训、组织涉密人员签订保密承诺书、实施重大事项报告以及履行保密职责考核等,对涉密人员进行管理。其中,保密教育培训、保密承诺等已有相对完善的机制,是机关单位开展涉密人员管理的经常性工作。

(4)出国(境)管理。指涉密人员出国(境)应当经有关部门批准,机关单位要严格审查,必要时可以征求有关部门意见。涉密人员出国(境)前,所在机关单位要对其进行保密教育和保密提醒。

(5)离岗离职管理。该管理是做好涉密人员管理的最后关口。涉密人员离岗离职前要实行脱密期管理,在脱密期内,涉密人员应当按照规定履行保密义务,不得违反规定就业,不得以任何方式泄露国家秘密。机关单位根据涉密人员涉密等级等具体情况,确定脱密期,进行相应管理。

3. 涉密人员管理主体

涉密人员保密管理遵守“谁主管、谁负责”的原则。

根据保密法及其实施条例的有关规定,国家保密行政管理部门主管全国涉密人员保密管理工作,县级以上地方各级保密行政管理部门在上级保密行政管理部门指导下,主管本行政区域涉密人员保密管理工作。保密行政管理部门会同组织、公安、安全、人力资源社会保障等部门,制定全国或本行政区域涉密人员管理的有关规定,组织开展涉密人员管理活动,督促机关单位落实涉密人员管理工作。

国家机关和涉及国家秘密的单位负责本机关本单位的涉密人员管理,中央国家机关在其职权范围内,管理或者指导本系统的涉密人员保密管理工作。机关单位应当依法履行涉密人员管理职责。按照我国人事管理制度,涉密人员管理需要涉密人员所在部门、机关单位组织人事部门和保密工作机构各尽其责,分工合作,相互配合。

5.1.4 涉密人员管理创新

习近平总书记在党的二十大报告中指出,实践没有止境,理论创新也没有止境。涉密人员是党和国家特殊的人力资源,直接维护国家安全和利益,具有严格的保密性、较高的政治标准以及特殊的管理要求。在新时代,运用战略性人力资源管理理论,对涉密人员管理创新路径进行研究,推动涉密人员管理创新,具有显著的现实意义,能够拓宽涉密人员管理研究视野,提升涉密人员管理的科学化和专业化水平。

目前,我国涉密人员管理已经实现从经验化管理到制度化管理的跨越。制度化管理能保“底线”,而科学化管理则可创“高线”。涉密单位在依据保密法律法规“依法治密”的基础上,还应按照现代先进的管理理论及方法“科学管密”,促使制度化管理与科学化管理相辅相成、相得益彰,形成涉密人员综合管理体系,构筑起牢固的管理安全屏障。涉密人员管理创新有以下三个主要路径。

一是运用战略性人力资源管理理论,加强涉密人员管理研究,推动管理理论发展和管理实践创新,提升管理专业化和科学化水平。战略性人力资源管理是人力资源管理发展的新阶段和前沿理论体系，其具有“顶层设计”清晰、战略协同一致、职能协调发展等优势。从学科角度看，涉密人员是一种特殊的人力资源，其管理属于人力资源管理范畴。因此，应着重从人力资源管理的前沿视角，运用战略性人力资源管理理论，加强和深化对涉密人员管理理论、方法、体制机制等问题研究，揭示其内在规律，推动涉密人员管理理论发展以及工具和方法创新，提升管理的专业性、科学性和有效性。

二是明晰组织的保密工作使命、核心价值观、愿景与战略，促使涉密人员管理与之协同一致，强化战略牵引力，发挥战略合力。涉密单位应结合实际加强本单位保密工作“顶层设计”，明晰保密工作使命、核心价值观、愿景与战略，通过宣传教育，将之传导至每个人，特别是加强对涉密人员及其主管领导的宣传教育，以发挥保密工作使命、核心价值观、愿景与战略的指引和激励作用，切实增强涉密人员的使命感、神圣感和责任感。

三是补齐短板、完善体系，推动涉密人员管理各项职能协调发展，发挥管理的整体协同效应。一方面，要在巩固和强化现有成果的基础上，加快补齐和建设缺失或薄弱的职能环节，完善涉密人员综合管理体系，包括制定并实施涉密人员战略规划；推进涉密工作分析，完善涉密职位分类制度；构建涉密人员胜任素质模型；完善涉密人员任（聘）用制度；健全绩效计划、绩效监控、绩效评价和绩效反馈等各环节的全程绩效管理机制；实施涉密人员职业生涯管理制度；加强涉密人员薪酬管理；完善涉密人员综合激励系统等。另一方面，要协调推进并促使各个管理职能融合发展，以获得良好的整体效果和协同效应。例如，根据不同岗位类别及要求，设定不同的任（聘）用标准、选拔内容和方式，并实施更具人文关怀的职业生涯管理、薪酬管理与培训开发制度。同时，以涉密人员绩效管理为核心，科学实施绩效评价，并充分发挥其辐射作用，为涉密人员薪酬调整、教育培训、职务升降、激励奖惩与交流退出等管理决策提供基本依据。

5.1.5　涉密人员管理中的问题及改进

1. 涉密人员管理中的问题

为适应保密事业发展需要，我国涉密人员管理相关研究成果日益丰富，但总体上仍比较滞后，还处于经验总结层次，或仅偏重涉密人员管理制度研究，或只就某项常规职能进行孤立研究，鲜有基于组织顶层设计以及整合各相关职能活动的通盘考察，其前瞻性、指导性有待提升。

具体到涉密单位来说，其涉密人员管理主要存在以下三个方面的问题。

一是保密工作“顶层设计”匮乏或不健全，导致涉密人员使命感、神圣感和责任感缺失或淡化。

二是管理经验化现象和实用主义倾向严重，只关注常用、易于操作以及见效快的制度，人力资源管理基础薄弱、战略体系不完善，导致涉密人员管理与组织的“顶层设计”脱节，各项管理职能活动相互不协调，不能形成整体合力，难以实现协同效应。例如，薪酬管理、激励与权益保障措施不完善，致使涉密人员人心不稳，甚至“铤而走险”。

三是不重视涉密人员的重要性和特殊性，将之混同于一般人员进行管理，人事部门与保密部门沟通协作不畅，导致涉密人员管理不到位。

具体到涉密人员管理这项保密工作本身,也存在以下常见问题。

一是涉密人员缺乏主体意识。是不是涉密人员,能不能涉密,业务工作中有哪些属于涉密内容,这些问题常常使机关工作人员,特别是涉密部门和涉密科室的工作人员感到困惑。有的部门认为保密工作是一项烦琐的工作,在部门内设定的涉密人员只有一名,有的部门认为本部门很重要,涉密人员几乎涵盖了所有人员。这就造成了一种现象,认为相关单位的人员似乎都是涉密人员,又似乎都不是涉密人员。因此,导致了涉密人员的教育管理成了泛泛之词,而涉密人员缺乏主体意识,正是与这种涉密人员分类确认标准不明确有很大关系。

二是涉密人员缺乏担当意识。当前,涉密人员的资格审查相对简单,由此容易造成这样的误解:只要进入了涉密岗位就取得了涉密资格,涉密资格取得的简单,涉密人员也就不把涉密资格当作一回事,担当意识也就无从谈起。因此,涉密人员缺乏担当意识与长期以来涉密人员保密审查简单化不无关系。

三是涉密人员缺乏责任意识。涉密人员日常行为的监督管理的重要性不言而喻。然而,如何监督管理涉密人员的日常行为却是保密管理的一大难题。涉密人员监管不力所导致的后果就是“干好干坏一个样”的思想的蔓延。因此,涉密人员缺乏责任意识与长期以来对涉密人员缺乏日常监督考核相关。

党和政府历来高度重视对涉密人员的管理,针对此问题在实践中出台并逐步完善了许多相关法律制度及政策。《保密法》及《关于进一步加强涉密人员保密管理工作的意见》等对涉密人员的分类管理、上岗审查、出境审批、脱密期管理,以及涉密人员分类确定的原则和标准、任(聘)用审查、保密教育培训、日常监管、权益保障等方面,都做出了详细具体的规定。同时,涉密单位也针对这些问题采取了相应的措施来加强涉密人员的教育培训和管理,以提高其主体意识、担当意识和责任意识。

这些问题的存在,给涉密信息系统的保护工作带来了很大的挑战。但是,在相关法律制度的推动下,涉密人员管理也逐步向着制度化、规范化和法治化的轨道发展,并积累了丰富的管理经验,形成了一系列重要的实践成果。加之涉密单位开展的教育培训等举措,涉密信息的安全能得到更好的保障,最大限度地防止泄露和攻击等问题的出现。

2. 涉密人员管理的改进措施

涉密人员管理全程监督的原则要求对涉密人员严格上岗、在岗、离岗保密管理。在上岗、在岗、离岗三个阶段,对涉密人员管理措施的改进也可以从这三个方面入手。

涉密人员上岗管理主要包括涉密岗位界定、保密审查、岗前培训、签订承诺书、报告备案等工作。首先需要明确涉密岗位以及涉密岗位的涉密程度、性质和频率,由此将涉密人员确定为核心、重要或一般涉密等级。涉密人员上岗前要进行保密审查,保密审查要严格按照《保密法》的要求进行审查,对于受过刑事处罚,存在吸毒、酗酒、赌博等不良嗜好,以及配偶、子女不是中国国籍等情形的不得进入涉密岗位工作。另外,单位应与进入涉密岗位工作的涉密人员签订保密承诺书,对其进行保密教育培训,使培训对象能够掌握《保密法》的主要内容、保密工作中所需要的基本能力、保密工作中所涉及的岗位职责等。不允许任何人员在没有参加保密培训的情况下,参与保密相关工作。同时,通过建立涉密人员管理台账,对涉密人员进行动态管理,并及时将涉密人员在出入境管理局进行备案。如图 5-2

图 5-2　涉密人员须上岗培训

所示为涉密人员须上岗培训。

涉密人员在岗管理主要包括教育、保密补贴、保密考核、岗位变更、复审、出入境管理等工作。涉密人员应保证每年接受 15 学时以上的保密教育，着重做好保密意识的培养，保证保密知识、保密规章制度的学习，典型案例警示教育、安全保密形势分析等内容。按照权责利对等的原则，合理设计补贴标准，保障涉密人员合法权益。坚持将保密考核融入绩效考核中，要求涉密人员述职述密。涉密人员岗位变动需进行审批，重点做好涉密载体和涉密信息设备的交接工作。单位应当定期对涉密人员进行复审，通常核心涉密人员每年复审一次，重要涉密人员每三年复审一次，一般涉密人员每五年复审一次。当涉密人员岗位发生变化时，也要根据新调整岗位情况重新对其进行复审。涉密人员出国（境）前需进行审批，做好行前保密教育；回国（境）后在规定时限内主动接受单位安全保密情况回访，交回因公或因私出国（境）证件；对于擅自出国（境）或逾期不归的，应追究责任。

涉密人员离岗管理主要包括离岗审批、涉密载体清退、签订承诺书、脱密期管理等工作。离岗指离开涉密工作岗位，包括转岗、辞职、辞退、解聘、调离、退休等情形。离岗前的重点工作是清退涉密载体、清退涉密设备、取消信息系统访问权限、收回场所出入权限，单位负责人应对其进行复核确认。涉密人员离岗后所涉及的保密责任主要通过签订保密承诺书进行约束，保密责任书的内容包括离岗以后涉密人员需要继续承担的保密义务和违反相关内容后需要承担的相关责任。脱密期的管理内容中包括了涉密人员脱密的开始时间和终止时间，脱密期间的责任单位部门以及脱密期间的管理细则，包括再就业、出国（境）、重大事项报告、定期回访等。虽然涉密人员离开了相应的涉密岗位，但是这并不意味着保密责任到此结束。相关保密责任和相应的国家秘密的解密时间直接挂钩，只有国家秘密解密后，涉密人员承担的保密责任才能画上句号。如图 5-3 所示为严格脱密期管理。

图 5-3　严格脱密期管理

5.2 涉密计算机及信息系统保密管理

5.2.1 涉密计算机与涉密载体

运用采集、加工、存储、传输、检索等功能，处理涉及国家秘密信息的计算机通常称为涉密计算机。承载国家秘密的纸介质、光介质、电磁介质等载体统称为国家秘密载体，简称涉密载体。其中，光介质涉密载体是利用激光写入和读取涉密信息的存储介质，主要包括各类光盘；电磁介质涉密载体是利用电磁原理写入和读取涉密信息的存储介质，包括录音带、录像带、计算机硬盘、软盘、U 盘、移动硬盘等。涉密内容的处理必须在涉密计算机上进行，并使用涉密载体。机关、单位对国家秘密载体以及属于国家秘密的设备、产品，应当做出国家秘密标志，如图 5-4 所示。

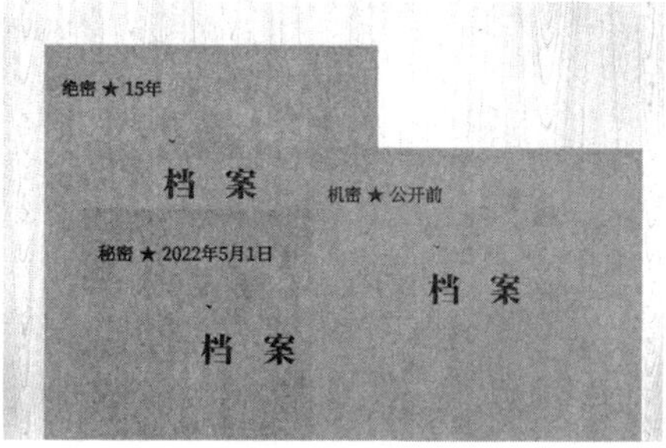

图 5-4 各类涉密载体上的国家秘密标志

外国，特别是一些发达国家，往往要求其计算机、加密机等电子设备设计生产商，在出口的计算机和设备中设置“后门”，为窃取别国信息提供方便。此外，有的计算机具有无线互联功能，有的安全性能达不到标准，如果购买这样的计算机用于处理涉密信息，极易留下泄密隐患和信息安全风险。

根据《保密法》及《计算机信息系统保密管理暂行规定》的有关规定，国家秘密载体的制作、收发、传递、使用、复制、保存、维修和销毁，应当符合国家保密规定。涉密计算机、涉密存储设备不得接入互联网及其他公共信息网络。非涉密计算机、非涉密存储设备不得用于存储、处理国家秘密信息。未经安全技术处理的退出使用的涉密计算机、涉密存储设备不得赠送、出售、丢弃或者改作其他用途。存储国家秘密信息的计算机媒体，应按所存储信息的最高密级标明密级。存储过国家秘密信息的计算机媒体不能降低密级使用。不再使用的媒体应及时销毁。

无线键盘、无线鼠标、无线网卡等都是具有无线互联功能的计算机外围设备。这些设备与计算机之间是通过无线方式连接的，处理、传输信息的信号完全暴露在空中，无关人员可以通过相关技术设备接收这些信号并做还原处理，也可以在关闭联网程序时通过无线网络激活无线网卡。因此，涉密计算机必须拆除机内无线网卡等无线互联设备，且不能连接具有无线互联功能的外围设备。如图 5-5 所示为无线互联功能导致泄密的情形。

5.2.2 涉密信息系统分级保护及其安全问题

1. 涉密信息系统的定义及其分级保护

涉及国家秘密的计算机信息系统简称涉密信息系统，是指党政机关、企事业单位中由计算机及其相关的配套设备、设施构成的，按照一定的应用目标和规则存储、处理、传输国家秘密信息的系统或者网络。涉密信息系统通常以网络为平台,包括服务器、终端计算机、防火墙、网络交换机、存储设备和输出设备以及在其上存储、处理、传输和运行涉密信息的信息管理系统和应用软件系统,同时包含各类涉密的计算机、电话机、传真机、打印机、文字处理机、音像设备等终端设备,以及通过计算机通信网络技术进行信息采集、处理存储和传输的设备、技术、管理的组合。

(a) 无线网络被黑客激活

(b) 无线键盘、无线鼠标信号被截获

图 5-5　无线互联功能导致泄密的情形

要认定一个计算机信息系统是否属于涉密信息系统,主要是看其是否存储、处理或传输了涉及国家秘密的信息,不论其中的涉密信息是多还是少,只要有,这个信息系统就是涉密信息系统。比如,一些企业的计算机信息系统为保护其商业秘密而采取了许多安全保密的技术和管理措施,达到了较高的安全等级,但由于其中没有涉及国家秘密的信息,就不能算是涉密信息系统。而有一些党政机关的涉密网,范围很小,只在一间或几间房内的若干台计算机之间联网,采取了较封闭的物理安全措施,与外界物理隔离,虽然没有采用更多的安全保密技术,系统安全等级也并不是很高,但管理严密、安全可控,因其系统中运行了国家秘密信息,这些系统就属于涉密信息系统。

涉密信息系统分级保护是指涉及国家秘密的党政机关、企事业单位需要依据涉密信息系统分级保护管理规范和测评指南,对涉密信息系统分等级实施保护,并根据涉密信息系统的保护等级实施监督管理,确保保密单位涉密信息系统的安全。

涉密信息系统以系统内所处理信息的最高密级确定系统分级保护等级,且应该达到相应的等级保护技术要求,即秘密级涉密信息系统的总体防护水平不应低于国家信息安全等级保护三级的要求;机密级涉密信息系统的防护水平不应低于国家信息安全等级保护四级的要求;绝密级涉密信息系统的防护水平应不低于国家信息安全等级保护五级的要求,且绝密级涉密信息系统应该被建设并应用到封闭的场地建筑之内,不能与外网连接。

涉密信息系统分级保护的管理原则是:规范定密,准确定级;依据标准,同步建设;突出重点,确保核心;明确责任,加强监督。

涉密信息系统分级保护的实施步骤如图 5-6。

2. 涉密信息系统的安全问题与安全审计

涉密信息系统由于其局域网的本质,在各个环节和层面上都可能面临各种内外部威胁,导致信息系统的安全属性,即保密性、完整性、可用性、可控性和不可否认性受到损害,并由此引发系统内处理的国家秘密被破坏、泄露,乃至发生窜改、伪造等风险。涉密信息系统常见的安全问题如下。

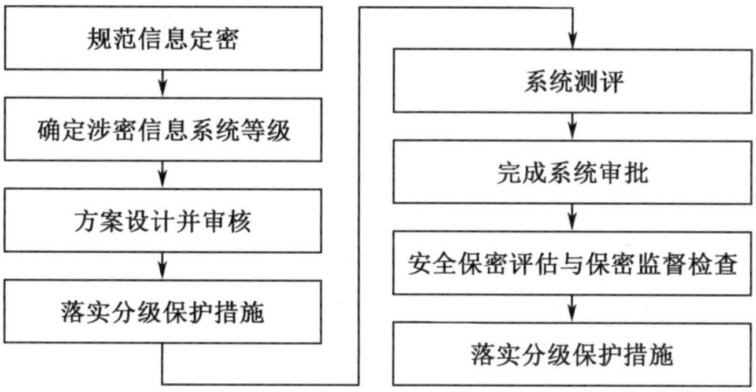

图 5-6　涉密信息系统分级保护的实施步骤

(1)黑客攻击。黑客攻击是涉密局域网安全的重大威胁因素之一。虽然对黑客的抵御随着计算机网络技术的发展不断升级,但层出不穷的恶意破坏使信息盗取的现象仍然普遍存在,特别是针对涉密网络的特种木马更是不断出现,它们不仅会造成系统数据丢失,恶意窜改、伪造数据,还会利用病毒对软件、存储介质进行破坏,截获信息,等等。

(2)病毒侵害。涉密信息系统内不同设备间需要进行信息交换,这就给了计算机病毒可乘之机。计算机病毒一般是由两种情况引起:一是黑客或网内用户通过系统内局域网恶意攻击,二是疏忽大意导致交换信息用的涉密载体硬件感染了病毒。无论何种感染途径,都可能造成巨大损失和危害。大量病毒不断复制,轻则导致计算机瘫痪,重则可能发生失泄密事件,后果十分严重。面对不断迭代的计算机病毒,能防患于未然是涉密信息系统安全性技术的客观要求。

(3)管理漏洞。科学、严格的管理是涉密信息系统安全性设计的关键因素之一。缺乏严格的管理意识、不合理的管理配置可能导致涉密信息系统不同程度的软、硬件损伤,操作系统混乱,认证安全漏洞等,一系列的不当管理会使涉密信息系统的安全出现严重隐患。强化对涉密信息系统管理意识,合理进行设备配置,从而有效填补安全漏洞,防范内外攻击。

(4)人员误操作。涉密信息系统使用人员在使用过程中,不可避免地会有误操作,这就使得涉密信息系统存在大量的失泄密隐患,所以不断地通过系统设计和实施,逐步减少因使用不当而产生的隐患。

(5)边界防护隐患。涉密信息系统的各个边界更容易存在风险,可能导致非法接入和不可控因素的发生,因此在设计涉密信息系统时,物理和虚拟安全都必须充分考虑在内。

为了应对这些潜在的安全问题,就需要对涉密信息系统进行安全审计。涉密信息系统安全审计是指运用各种技术手段,全面检测信息系统中的各种会话和事件,记录并分析各种可疑行为、违规操作,帮助定位安全事件源头和追查取证,防范和发现网络违规活动。目前我国没有比较完善的、权威的、有规范性的安全审计法规和指南,现在的审计工作都是依照各自经验开展，其对象、方法、分析角度各有不同。

涉密信息系统安全审计按审计主体对象可分为系统管理员审计、安全保密管理员审计、安全审计员审计等；按审计客体对象可分为网络设备审计、服务器审计、用户终端审计、应用系统审计、安全保密产品审计、数据库审计、安全保密管理实施情况审计等。

通过安全审计工作，管理人员能够清楚系统内安全策略、管理制度的执行情况，为信息系统安全保密策略制定、风险评估提供数据支撑，从而保证信息系统的安全属性。

5.2.3 涉密信息系统管理原则及保密规定

1. 涉密信息系统的管理原则

涉密信息系统是国家重要信息资产的组成部分，保障其安全对于保障国家的安全具有非常关键的作用。因此，在管理涉密信息系统时，需要遵循一系列管理原则，确保其安全性与保密性。涉密信息系统有以下管理原则。

(1) 适度安全的原则。该原则是指与信息泄露、滥用，非法访问或非法修改而造成的危险和损害相适应的安全。没有绝对安全的信息系统，任何安全措施都是有限度的，关键在于"实事求是""因地制宜"地去确定安全措施的"度"，即根据信息系统因缺乏安全性造成损害后果的严重程度来决定采取什么样的安全措施。

(2) 按最高密级防护的原则。涉密信息系统处理多种密级的信息时，应当按照最高密级采取防护措施。

(3) 最小化授权的原则。涉密信息系统的建设规模要最小化，非工作所必需的单位和岗位，不得建设政务内网和设有内网终端；涉密信息系统中涉密信息的访问权限要最小化，非工作必需知悉的人员，不得具有涉密信息的访问权限。

(4) 同步建设、严格把关的原则。涉密信息系统的建设必须要与安全保密设施的建设同步规划、同步实施、同步发展。要对涉密信息系统建设的全过程进行保密审查、审批、把关。要防止并纠正"先建设、后防护，重使用、轻安全"的倾向，建立健全涉密信息系统使用审批制度。不经过保密部门的审批和论证，信息系统不得处理国家秘密信息。

(5) 内、外网物理隔离的原则。即涉及国家秘密的通信、办公自动化和计算机信息系统不得直接或间接与国际互联网或其他公共信息网络相连接，必须实行物理隔离。

(6) 安全保密措施与信息密级一致的原则。涉密信息系统应当采取安全保密措施，并保证所采取措施的力度与所处理信息的秘密等级相一致。

(7) 资格认证的原则。涉密信息系统安全保密全面解决方案的设计、系统集成及系统维修工作，应委托经过国家保密部门批准授予资质证书的单位承担。涉密系统不得采用未经国家主管部门鉴定、认可的保密技术设备，更不准使用国外进口的各类安全防范产品，包括软件。

(8) 以人为本、注重管理的原则。涉密信息系统的安全保密三分靠技术、七分靠管理。加强管理可以弥补技术上的不足，而放弃管理，就算再好的技术也不安全。

2. 涉密信息系统的保密规定

除了一系列管理原则外，涉密信息系统还需要遵循以下保密规定。

(1)规划和建设计算机信息系统,应当同步规划落实相应的保密设施。

(2)计算机信息系统的研制、安装和使用,必须符合保密要求。

(3)计算机信息系统应当采取有效的保密措施,配置合格的保密专用设备,防泄密、防窃密。所采取的保密措施应与所处理信息的密级要求相一致。

(4)计算机信息系统联网应当采取系统访问控制、数据保护和系统安全保密监控管理等技术措施。

(5)计算机信息系统的访问应当按照权限控制,不得进行越权操作。未采取技术安全保密措施的数据库不得联网。

5.2.4 涉密信息系统的安全保密工作实践

涉密信息系统的建设与使用关系到国家安全和利益,必须坚持涉密信息系统的管理原则和保密规定,积极防范,依法管理,实现涉密信息系统本质安全和安全保密零事件的目标。

涉密信息系统和外部互联网是物理隔离的,且部署了严密的防护措施,受到外网攻击的可能性很小,主要安全威胁来自涉密信息系统内部。而内部人员均有经过保密培训,有较强的保密意识,因此故意造成安全隐患攻击涉密系统的可能性不大。但是由于网络管理人员疏忽大意而造成的安全隐患及漏洞不可避免。造成内网安全隐患的原因有两个:一是使用涉密信息系统的涉密人员在操作中因疏忽大意或保密意识不强而造成的安全隐患;二是涉密信息系统技术管理人员因误操作和保密意识不强而造成的安全隐患。这就要求我们加强对使用涉密信息系统的涉密人员的保密管理的同时,加强规范对系统管理人员的管理。

安全保密三分靠技术、七分靠管理,系统管理人员在涉密信息系统安全保密中的作用举足轻重。要注重涉密信息系统保密技术人才队伍的培养,一方面注重对现有保密技术人员的相关业务理论知识和技能的培训;另一方面,积极培养新的保密技术管理人员,不断提升涉密信息系统保密技术管理人员的业务能力。只有做到以上两个方面,才能打造一支意志坚定、技术过硬的信息系统保密技术人才队伍,为涉密信息系统构筑一道强有力的人墙保密防线。

要确保涉密信息系统最大限度的安全,还需要“硬道理”“软环境”一起抓。“硬道理”是指网络安全管理的基础设施建设,它包括设计规范的线缆铺设、规划严格的终端分布、不间断的供电系统、醒目的控制区警示标志、低微的电磁辐射设备等等,都应参照国家网络统一的防护安全等级标准实施建设和管理。特别是在网络设备的购置使用上,必须完全符合国家技术标准,满足安全保密的要求,确保安全措施可靠得力。“软环境”涵盖所有需要软件支持和安全配置的网络设备,是网络安全管理的重中之重,必须下大力气管理好这样的复杂环境。只有抓好“硬道理”和“软环境”,才能确保涉密信息系统的安全保密。

5.3 涉密信息系统分级保护方案设计

方案设计是涉密信息系统分级保护工作的重要环节,直接关系到涉密信息系统是否符合分级保护的技术要求和管理规范,关系到方案实施后能否通过测评与审批。

5.3.1 涉密信息系统分级保护方案的设计依据

根据《保密法》第二十三条的规定,涉密信息系统按照涉密程度实行分级保护。《保密法实施条例》第二十三条对此做出了进一步的解释,即涉密信息系统按照涉密程度分为绝密级、机密级、秘密级。机关、单位应当根据涉密信息系统存储、处理信息的最高密级确定系统的密级,按照分级保护要求采取相应的安全保密防护措施。这是涉密信息系统分级保护方案设计的法律依据。

2003 年,中共中央办公厅、国务院办公厅转发的《国家信息化领导小组关于加强信息安全保障工作的意见》(中办发〔2003〕27 号)中明确提出,要重点保护基础信息网络和关系国家安全、经济命脉、社会稳定等方面的重要信息系统,抓紧建立信息安全等级保护制度,制定信息安全等级保护的管理办法和技术指南。2004 年,《关于信息安全等级保护工作的实施意见》(公通字〔2004〕66 号)明确了信息安全等级保护制度的原则、基本内容、职责分工、工作要求,并给出了用三年左右的时间在全国范围内分三个阶段实施信息安全等级保护制度的实施计划,在要求中已提到要“对信息系统分级实施保护”。中共中央保密委员会关于《加强信息安全保障工作中保密管理的若干意见》(中保委发〔2004〕7 号)中,进一步提出要建立健全涉密信息系统分级保护制度。2006 年,公安部等颁布实施了《信息安全等级保护管理办法(试行)》(公通字〔2006〕7 号),并在次年被《信息安全等级保护管理办法》(公通字〔2007〕43 号)替代。该办法明确指出,涉密信息系统应当依据国家信息安全等级保护的基本要求,按照国家保密工作部门有关涉密信息系统分级保护的管理规定和技术标准,结合系统实际情况进行保护。

与这些文件中有关分级保护的要求相适应,国家保密局也先后组织制定并颁布实施了一系列关于涉密信息系统分级保护的文件与标准,分别是:在 2005 年发布的《涉及国家秘密的信息系统分级保护管理办法》(国保发〔2005〕16 号);2006 年发布的国家保密标准 BMB17—2006《涉及国家秘密的信息系统分级保护技术要求》;2007 年发布的国家保密标准 BMB20—2007《涉及国家秘密的信息系统分级保护管理规范》与 BMB22—2007《涉及国家秘密的信息系统分级保护测评指南》;2008 年 5 月发布的国家保密标准 BMB23—2008《涉及国家秘密的信息系统分级保护方案设计指南》。自此,我国关于涉密信息系统分级保护的法规与标准体系基本建立。这些法规与标准,都是设计与测评涉密信息系统分级保护方案的重要依据。

5.3.2 涉密信息系统分级保护方案设计的主要内容

涉密信息系统的分级保护工作包括系统定级、方案设计、工程实施、系统测评、系统审批、日常管理、测评与检查、系统废止八个环节，其中，方案设计是涉密信息系统分级保护的重要环节和基础性工作。国家保密标准 BMB23—2008《涉及国家秘密的信息系统分级保护方案设计指南》规定了涉密信息系统分级保护方案应包括的主要内容。该标准适用于涉密信息系统建设使用单位和集成资质单位对涉密信息系统分级保护方案的设计，也可用于保密工作部门对涉密信息系统的审批管理。

1. 国家保密标准 BMB23—2008 制定的指导思想

BMB23—2008 替代了此前的 BMZ2—2001《涉及国家秘密的计算机信息系统安全保密方案设计指南》，结合了后者实施多年的涉密信息系统方案设计实践，充分继承了后者中的合理内容，并根据信息安全保密技术的发展情况和分级保护的新要求，对部分内容进行了更新与完善，并加入了系统定级、安全保密需求分析等新内容。

BMB23—2008 的制定也是以 BMB17—2006 和 BMB20—2007 为依据的。从内容上看，BMB17—2006 规定了涉密信息系统等级划分准则和相应等级的安全保密技术要求，BMB20—2007 规定了涉密信息系统分级保护的管理过程、管理内容和管理要求，这两个标准分别从技术和管理两个方面提出了对涉密信息系统的分级保护要求。因此，BMB23—2008 以 BMB17—2006 和 BMB20—2007 为设计依据，针对不同密级的信息系统采取不同强度的技术和管理措施，提出科学、合理的保护方案，才能确保按照方案实施后的涉密信息系统能够符合 BMB17—2006 和 BMB20—2007 的相关要求。

BMB23—2008 的制定还紧密结合了此前涉密信息系统安全保密方案设计的实践，充分征求了涉密信息系统集成资质单位的意见，总结了涉密信息系统安全保密方案设计的思想和内容，确保设计思路贴合实际，设计内容全面合理，不重不漏。2006 年 8 月至 2007 年 3 月，国家保密局在中共中央组织部、中共中央对外联络部和中国航天科技集团公司 3 个单位开展了涉密信息系统分级保护试点工作，并通过实施试点工作，形成了具有典型代表性、可供指导实践、软硬件技术结合的涉密信息系统分级保护方案。

2. 涉密信息系统分级保护方案的主要内容

根据 BMB23—2008，涉密信息系统分级保护方案应包括以下主要内容：系统定级、系统分析、安全保密风险分析、安全保密需求分析、方案总体设计、方案详细设计、残留风险控制、实施计划、经费概算、相关附件。涉密信息系统分级保护方案应按照这 10 项主要内容进行设计。

首先，在通过对涉密信息系统处理信息的最高密级进行核定并确定系统等级后，应对系统建设使用单位情况、系统物理环境、网络平台、硬件与软件资源、信息资源与应用系统以及系统管理情况等进行分析。通过了解涉密信息系统实际情况，对系统存在的脆弱性、面临的威胁进行分析，并确定系统的安全保密风险。针对系统存在的安全保密风险，采用技术和管理相结合，分析并确定系统的安全保密需求。根据安全保密需求提出建设目标，从设计原则和依据、系统安全保密防护框架、系统分域定级、系统保护要求的调整与确定等方面进行总体设计。然后，从物理安全、运行安全、信息安全保密、安全保密管理、产品选型与安全服务等方面进行详细设计，通过分析分级保护方案与 BMB17—2006 和 BMB20—2007 等相关国家保密标准的符合性，指出方案实施后的残留风险点，并提出残留风险规避措施。最后，方案中还应提供包括工程组织、任务分工、进度安排在内的实施计划，列出经费概算,并提供承担或参与方案设计与实施工作的单位的基本情况、安全保密产品资质证书等相关附件。

3. 涉密信息系统分级保护方案现场调研的重点

我国各部门涉密信息系统情况不尽相同,即应用需求不同、网络规模不同、涉密程度不同、面临的风险不同。要正确界定保护对象,准确评估攻击者从内部和外部进行攻击的可能性,识别系统存在的风险,明确系统保护需求,确立安全保密建设目标,设计出满足实际需求的分级保护方案,定级与分析阶段的现场调研必不可少。此外,分级保护方案是针对涉密网络的信息安全保障进行设计的,由于网络、应用都涉密,实现方式也有其特殊性,不能按照常规思路想当然地进行推理,因此,若忽视现场调研的结果就更为严重。对分级保护方案进行现场调研时,涉及所处理信息的密级、系统物理环境、信息资源、管理情况等诸多方面,内容点多、面广。以下是调研中需要重点关注的一些信息内容。

(1)涉密信息内容。涉密信息内容是整个方案的设计出发点,应该首先明确,以期为后期的方案设计提供依据。确定涉密信息内容包括明确涉密信息与敏感信息的内容,以及明确每个应用系统中处理的涉密信息与敏感信息内容。每个应用系统中所处理的涉密信息内容的最高密级确定了该系统的密级。

(2)网络拓扑与现有安全措施。网络拓扑是安全域划分的依据,明确网络拓扑结构是为了解业务系统部署的必要信息。分级保护方案设计中,要综合考虑处理信息的密级、行政级别、功能区域、信息交换需求等因素对涉密信息系统进行安全域划分。对这部分内容进行调研时,一要厘清分级保护网络与其他网络的关系,了解各个接口交换信息的内容,保证高密级信息不能流向低密级网络区域;二要关注与分级保护网络联通的其他网络的安全状态,了解现有网络的安全设备,确保安全策略对应用的限制作用有效。

(3)物理安全与布线图。涉密信息系统不得以任何方式直接或间接与互联网及其他非密网络进行连接,系统内不同安全域之间也有需要进行的流向控制。因此,应在调研时明确网络的边界,保证涉密信息的流动在可控的范围内。

(4)应用系统调研。应用系统调研的重点包括功能架构图、安装部署图、数据流图、访问授权、涉密信息的管理、系统日志、数据交换等内容。通过调研,确保所设计的方案满足BMB23—2008 的要求。

(5)组织信息与现有管理制度。对系统建设使用单位的分析也是调研中的重点。系统建设使用单位即主持建设、使用涉密信息系统的单位。通过对单位中用户组织架构、各部门的工作职能,及现有的安全管理制度的了解,有助于分析潜在的安全隐患,同时保证安全管理的顺畅,不让设计的安全措施成为束缚工作的枷锁。

5.3.3 涉密信息系统分级保护方案设计中的常见问题

下面是涉密信息系统分级保护方案设计中几个常见的问题。

1. 忽视了身份鉴别措施与应用系统的结合

有些分级保护方案中,身份鉴别措施与应用系统没有结合,是相互独立的。身份鉴别是实现访问控制的前提条件,身份鉴别结合应用系统的授权机制,才能提供访问控制功能,而访问控制是涉密信息系统的重要安全保密措施之一。因此,分级保护方案中应该重点说明如何通过身份鉴别与应用系统的紧密结合,实现对用户访问信息资源的细粒度控制。

2. 对数据的导入、导出未提出安全保密措施

数据导入、导出是容易存在泄密隐患的重要方面,分级保护方案中应提供对来自互联网或者其他信息系统(包括涉密和非涉密)的数据如何导入系统、系统内的数据如何导出的方法的描述,并分析其安全保密性。数据导入时,应对导入的数据进行安全保密检查,并尽可能减少接入网的操作,优先采用刻录光盘或其他经批准的涉密载体。数据导出时,必须在涉密信息数据导出的专用终端上进行,经部门领导审核同意并批复后,由安全保密管理员在数据导出终端上刻录成光盘或打印成纸质,同时要对导出内容及使用单位进行相关登记。

3. 未做到技术与管理的结合

有些分级保护方案中,对技术措施进行了详细设计,但没有管理方面的设计或管理措施很少。有些分级保护方案中,对重要的安全保密方面,如违规外联监控、移动存储介质管理等,只有管理要求,却没有配套的技术措施,难以保证管理要求得到落实。还有些分级保护方案中,没有建立"统一监控、分级负责"的安全保密管理平台,难以对系统安全漏洞补丁、病毒样本库等进行统一升级,不能对用户违规外联、恶意代码与计算机病毒等进行集中监控,难以掌控系统的整体安全保密态势。在分级保护方案中,还普遍存在安全保密管理措施缺乏可操作性的问题,原因是对 BMB20—2007 等相关国家保密标准的理解和掌握不够,在方案中照抄了保密标准的内容。应该结合涉密信息系统建设使用单位的机构设置、人员情况、业务工作等进行有针对性的管理措施设计,包括管理机构、管理人员和管理制度,都应该具体明确而且符合建设使用单位的实际。

4. 安全保密措施不够明确和完整

有些分级保护方案中,未明确安全保密产品的具体数量,缺少产品配置图及相关说明。应该在方案中提供与网络拓扑结构图相结合的安全保密产品部署图,说明各安全保密产品所在的安全控制点及其作用。有些分级保护方案中,对于建设使用单位已经完成或将另外单独立项实施的保护措施,例如物理安全和应用系统安全改造等,在方案中未加以说明,导致方案不完整。应该在分级保护方案中说明已经完成或将由其他项目实施的安全保护措施,对照 BMB17—2006 和 BMB20—2007 等相关国家保密标准的要求,分析其符合性,对不符合的提出改进完善方案。

5.4 涉密信息系统分级保护测评

涉密信息系统风险评估是依据国家保密标准,从风险管理角度,运用科学的分析方法和手段,分析涉密信息系统所面临的威胁及其存在的脆弱性,评估安全保密事件一旦发生可能造成的危害程度,提出有针对性的防护对策和整改措施,为防范和化解涉密信息系统安全保密风险,最大限度地保障涉密信息系统安全保密提供科学依据。涉密信息系统分级保护测评是涉密信息系统风险评估的重要形式。

2004 年以来,国家保密局陆续制定发布了《涉及国家秘密的信息系统分级保护管理办

法》等分级保护相关法规及与其相适应的保密标准。BMB22-2007 则对涉密信息系统的分级保护测评工作起到了规范和指导作用。

以上标准是涉密信息系统分级保护测评的重要依据。它们都是在此前经过实践的技术要求和测评指南基础上加入分级保护相关内容发展而来的。具体来讲,BMB17—2006 和 BMB20—2007 分别从技术和管理方面提出了涉密信息系统的分级保护要求,共同替代了此前的 BMZ1—2000《涉及国家秘密的计算机信息系统保密技术要求》。BMB22—2007 作为涉密信息系统分级保护测评工作的重要参考,替代了原来的 BMZ3—2001《涉及国家秘密的计算机信息系统安全保密测评指南》。

根据《信息安全等级保护管理办法》的规定,涉密信息系统建设使用单位在系统工程实施结束后,应当向保密工作部门提出申请,由国家保密局授权的系统测评机构依据国家保密标准 BMB22—2007,对涉密信息系统进行安全保密测评。

5.4.1 涉密信息系统分级保护测评的流程与内容

1. 涉密信息系统分级保护测评的流程

根据有关国家保密标准的规定,涉密信息系统分级保护测评的基本流程包括资料审查、现场考察、制定测评方案、现场检测、检测结果分析、专家评估、给出测评结论等流程。各流程的具体内容如下。

(1)资料审查。涉密信息系统建设使用单位应向测评机构提交《涉及国家秘密的信息系统分级保护测评申请书》。测评机构对《申请书》进行审查,应重点审查《申请书》内容的完整性和安全保密措施是否描述清晰、准确。对于《申请书》内容不完整或安全保密措施描述不清晰、准确者,测评机构应要求涉密信息系统建设使用单位补充资料。

(2)现场考察。现场考察的重点是核查涉密信息系统实际情况是否与《申请书》描述一致,并应根据涉密信息系统等级相应的技术和管理要求,重点分析基本测评项。若发现基本测评项中有不合格的,则该涉密信息系统必须先对所有不合格的基本测评项进行整改。若涉密信息系统对部分保护要求进行了调整,将某测评项(或测评小项)调整删除或者降低保护要求,测评机构进行现场考察时应判断其合理程度。若判断其不合理,应要求涉密信息系统建设使用单位重新进行风险分析,加强安全保密措施,并修改《申请书》。涉密信息系统实际情况与《申请书》不相符合的,应要求涉密信息系统建设使用单位修改《申请书》。

(3)制定测评方案。应根据涉密信息系统的等级及安全保密措施的实际情况,制定测评方案。可根据涉密信息系统对分级保护要求所做的调整对测评表进行相应的调整。可根据涉密信息系统的地理位置和密级划分不同的安全域进行测评。

(4)现场检测。根据制定的测评方案实施现场检测,并将相关数据和结果准确记入测评表。现场检测分为不同安全域进行检测,每个安全域应有各自的测评表。

(5)检测结果分析。根据现场检测的数据和记录,对测评表中测评项和测评小项检测结果进行综合分析,给出“符合”“基本符合”或“不符合”的判定结果,计算具体分数,最后给出涉密信息系统“合格”“基本合格”或“不合格”的检测意见,并完成检测报告。若涉密信息系统的检测意见为“不合格”,则该涉密信息系统必须先进行整改,然后重新进行检测。

(6)专家评估。测评机构应组织召开专家评估会。专家组听取涉密信息系统的情况介绍后,审阅检测报告,分析分级保护测评的方法、流程和结果,对具体测评项或测评小项检测结果提出调整意见,给出系统改进建议。

(7)给出测评结论。测评机构根据专家组对具体测评项或测评小项检测结果提出的调整意见,重新计算最后得分并出具涉密信息系统的测评结论。测评机构将测评报告交给涉密信息系统建设使用单位,并报保密工作部门。

2. 涉密信息系统分级保护测评的内容与方法

现场检测过程中,采用技术测试与问询核实相结合的方法。技术测试主要包括:网络安全漏洞分析、服务器和个人主机安全配置检查、应用系统安全保密性分析和电磁泄漏发射防护检测等。问询核实主要是对物理安全、运行安全和安全保密管理的各个方面进行查问核实。

从检测的方式来看,检测分为合规性检测和安全保密隐患检测。合规性检测是核查被测信息系统所采取的保护措施和手段是否符合国家保密标准的各项要求,是否落实、有效。安全保密隐患检测是根据被测信息系统的安全需求和应用需求,进行隐通道分析、安全漏洞分析、木马及后门检查、网络渗透性测试等。

涉密信息系统安全保密测评平台软件的工作流程概述如下:

(1)用户通过测评申请软件填写完测评申请书后,导出测评申请书数据文件。

(2)测评中心将测评申请书导入数据库,并在测评软件中自动导入资料申报相关信息。

(3)现场考察阶段,软件生成现场考察表,并导入现场考察用笔记本计算机中。

(4)测评中心将现场考察结果导入到数据库。

(5)制定检测方案并生成现场检测表,导入到三个检测组的专用笔记本计算机。

(6)按照检测方案进行检测时,将结果记录在现场检测表,检测结束后,将检测结果导入到数据库,系统自动进行分析并生成《检测报告》,经测评人员修改后确定。

(7)将专家对《检测报告》的修改意见记入系统,并生成《测评报告》,经测评人员修改后确定。

5.4.2 涉密信息系统分级保护测评结果的判定方法

1. 基本测评项的确定

BMZ3—2001 中就提出了基本条款的概念,若系统中存在不符合基本条款的情况,则该系统的评估结果为“不合格”。依据 BMZ3—2001 进行系统测评的工作实践表明,通过设立基本条款,可确保涉密信息系统的基本安全。基本条款不满足,则易于给系统带来重大风险。在涉密信息系统测评中,设置必须满足的基本条款已经得到了广泛的认可。BMB22—2007 继承了 BMZ3—2001 提出的设立基本条款的思想。

在 BMB17—2006 和 BMB20—2007 中均提出了各自必须满足的基本要求。BMB17—2006 中的“涉密信息系统基本保护要求”包括物理隔离、安全保密产品选择、安全域边界防护和密级标识。BMB20—2007 中的“涉密信息系统分级保护基本管理要求”包括安全保密管理策略、安全保密管理机构、安全保密管理制度和安全保密管理人员。

从测评工作的角度来看,这些要求的实现还不能为涉密信息系统提供基本安全保障,如身份鉴别与访问控制、电磁泄漏发射防护等并未列入,若缺少这些则面临重大安全隐患,故有必要将其作为涉密信息系统必须满足的基本测评项。在系统测评工作流程中,应在资料审查阶段对涉密信息系统进行分析,确定其是否有不合格的基本测评项;在现场考察时,应重点考察基本测评项措施的防护情况,确保其符合要求;在现场检测时,应对基本测评项措施进行重点测试,以确定其是否有效。

2. 百分制的确定与分值构成

BMZ3—2001 对被测系统给出的是"合格""基本合格"和"不合格"的定性结论。为动态地反映涉密信息系统安全保密状况,同时也为了便于不同涉密信息系统的横向比较,有必要对涉密信息系统的安全保密状况给出定量的得分。考虑到百分制作为传统的评价方式更易于被接受和理解,BMB22—2007 改用百分制的评分标准,满分为 100 分。

涉密信息系统的安全保密防护包括技术和管理措施两部分,分别涉及 BMB17—2006 和 BMB20—2007 两个保密标准。由于信息技术的快速发展,传统意义上的管理措施也开始越来越多地依赖于技术措施的实现,因此,涉密信息的安全保密必须坚持"技管并重"的原则,以技术保护为基础,与管理措施相配合。为体现技术措施的基础性地位,技术部分测评内容的满分定为 70 分,管理部分测评内容的满分定为 30 分。检测结果为 60 分以下的,检测意见为"不合格";检测结果为 60 分(含)至 84.9 分的,检测意见为"基本合格";检测结果在 85 分(含)以上的,检测意见为"合格"。

3. 分值的调整与结果判定

涉密信息系统应按照相应级别的要求进行保护,结合实际情况,逐项进行安全风险分析,根据安全风险分析的结果,可对部分保护要求进行适当的调整。若将某测评项调整删除、降低或提高保护要求时,应判断其合理程度。若判断为"不合理",则该测评项不得分。若判断为"合理"或"基本合理",则根据其对相应密级保护要求的符合程度给出该测评项得分。若将系统划分为若干个安全域进行检测,涉密信息系统的检测得分取各安全域中最低的得分。

5.4.3 涉密信息系统分级保护工作中的常见问题分析

涉密信息系统分级保护建设中,严密的保密标准与复杂的实际情况相结合时,难免遇到许多问题。下面列举技术层面操作实施时可能会出现的一些问题。

1. VLAN 技术的使用

这一问题产生的原因是,在涉密信息仅供本部门有限人员知晓或者需要其他部门部分人员知晓时,难以实现信息知悉范围的精确把控。

VLAN(virtual local area network)即虚拟局域网,是目前网络管理中广泛采用的一种控制技术,它可用来防范广播风暴、提高网络安全性和降低网络管理成本。它的划分通常有四种,基于端口、基于 MAC 地址、基于网络和基于规则。

在分级保护工作中,涉密单位往往采用基于端口的 VLAN 划分方式。也就是说,把一个或多个交换机上的端口划分为一个 VLAN。这样处于同一个楼层的人可以这样,很方便。

可是如果要几个部门中的部分人员要在一起合作一个项目,怎么办？涉密系统中本部门的业务信息还不能被其他部门人员知道,因为保密管理的目的就是要实现信息知悉范围的最小化和合理化,把他们办公地点临时迁移到同一个楼层,显然很不现实。在这种情况下,将部门楼层作为 VLAN 划分就难以实现对信息知悉范围的精确把控了。因此,要解决这一问题,需要与业务人员深入沟通,综合采用不同 VLAN 技术进行精确把控以提供其他网络层和应用层的方案。

2. 802.1X 协议的使用

802.1X 协议是 IEEE(电气与电子工程师协会)制定的一种基于 Client/Server 结构的访问控制和认证协议,它可以限制未经授权的用户或设备通过接入端口访问网络。由于分级保护标准中对涉密网络的接入控制提出了明确要求,因此能够提供基于端口网络接入控制的 802.1X 协议正日益广泛地被用于涉密网络管理。

然而,该协议在端口认证模式下,存在只要连接到端口的某个设备通过认证,其他设备不需认证,就可以访问网络资源的问题,这可能导致非授权用户搭接设备访问涉密网络数据。这就相当于只要有一把钥匙打开大门,就欢迎所有人光临了,当然在涉密信息系统中是不允许发生这样的事情的。怎么解决呢？应该结合 802.1X 协议和实际网络情况进行优化,例如采用 MAC 认证模式,结合 MAC、端口、IP 等绑定技术。

3. 网络设备与安全保密设备的远程管理

随着分级保护工作逐步向大型广域网络推进,对涉密信息系统中网络设备与安全保密设备进行远程管理,几乎已成为运维管理部门的必然选择。但是,通过网络进行远程管理,在方便设备管理人员的同时,也方便了网络中非授权人员对这些设备管理端口的访问。若非授权人员通过暴力破解管理口令等方式进一步获得网络设备或安全保密设备的管理权限,修改有关安全策略,则可能带来重大安全保密隐患。因此,对于远程管理的安全问题有必要加以重视,实施一些基础性的防范措施。

常用的防范方法有:一是减少管理终端数量,并在被管理设备中绑定管理终端的 IP 地址;二是在网络层将远程管理设备的管理地址放在一个独立网段,通过防火墙或交换机设置策略,禁止其他网段对其进行访问;三是采用安全的协议对信息传输进行保护,避免使用明文传输的 Telnet 等协议进行管理;四是关注网络设备和安全保密设备厂商的安全公告,及时安装有关补丁程序;五是加强对这些设备异常访问行为的监控审计,及时发现和堵塞安全漏洞。

4. 安全域的划分

作为建设和使用单位,要正确认识分级保护工作中安全域的有关概念和使用场合。合理划分的安全域,是整个涉密信息系统各项安全监控机制有效发挥作用、有效控制信息流向的基础。但是在保护建设实践中,由于对安全域的概念区分不清,一些集成单位在进行方案设计时仅仅按照物理地点划分安全域,却忽视了涉密网络自身安全架构、应用模型和管理方式等对于划分安全域的重要作用,从而导致问题的发生。

事实上,分级保护系列标准中提到两种安全域。一种是从涉密网络建设和管理角度提出的安全域,即同一系统内有相同的安全保护需求,它们相互信任,并具有相同的安全访问控制和边界控制策略的子网或网络,且相同的安全域共享一样的安全策略。此种安全域主要通过防火墙、路由器或交换机等设备来划分。另一种是 BMB22—2007 中从测评角度提出的安全域,即测评机构按照实际测评工作需要划分的不同测评范围,主要根据系统的地理位置来划分。

解决办法是当从测评角度划分安全域时,既要满足实际测评工作的需要,又要兼顾涉密网络自身的安全架构、应用模型和管理方式,避免因测评范围划分不合理给检测结论的科学性带来不利影响。作为建设和使用单位,要正确认识分级保护工作中安全域的有关概念和使用场合,只有正确合理地划分安全域,才能为整个涉密信息系统的分级分域控制打好基础。

5. 涉密服务器的管理

服务器操作系统和数据库系统的维护管理,往往全权委托给一名管理员。由于涉密信息集中在服务器上存储,导致服务器管理员可以轻易获得大量涉密信息。若出现失泄密事件,服务器管理人员很难撇清责任。

针对此问题,应采取必要措施加强对涉密服务器的管理,如可以由两名管理员共同负责对涉密服务器的维护管理,每人掌握一部分口令,以实现相互监督;如条件具备,还可以考虑增加服务器访问控制中间件或安全审计监控等技术手段。

5.5 针对涉密信息系统的网络攻击技术

在科学技术发展的今天,计算机网络正在逐步改变着人们的工作和生活方式,全球信息化已成为人类发展的大趋势。但是,任何事物都是一把双刃剑,计算机网络在给人们带来便利的同时也使人们面临着巨大的威胁,这种威胁危及涉密信息系统时,将给国家和社会带来巨大的损失。因此,涉密信息系统必须保证网络安全,而提出网络攻击技术这个课题具有非常重要的理论意义和实践意义。

虽然计算机网络安全已被信息社会的各个领域所重视,但由于计算机网络具有连接形式多样性,终端分布不均匀性、开放性和互连性等特征,因此无论是在局域网中还是在广域网中,都存在着自然和人为等诸多因素的潜在威胁以及计算机网络自身的脆弱性,致使计算机网络易受黑客、病毒、恶意软件和其他不轨行为的攻击,对涉密信息系统来说,则可能进一步导致泄密等事件的发生。若要保证涉密信息系统的安全、可靠,则必须熟知计算机网络攻击技术的种类、特点以及相应的应对方法。只有这样,方可在被攻击前做好必要的防备,从而确保计算机网络运行的安全和可靠。

5.5.1 涉密信息系统易受到的网络攻击介绍

网络攻击(cyber attacks)也称赛博攻击,是指针对计算机信息系统、基础设施、计算机网络或个人计算机设备的,任何非授权而进入或试图进入他人计算机网络的任何类型的进攻动作。于计算机和计算机网络中,破坏、揭露、修改、使软件或服务失去功能、在没有得到授权的情况下偷取或访问任何一个计算机的数据,都会被视为于计算机和计算机网络中的攻击。

网络攻击的手段多种多样,范围从简单的使服务器无法提供正常的服务到完全破坏控制服务器。实施攻击行为的“人”称为攻击者。攻击者通常按照侦查、攻击与侵入、退出的阶段模型进行行动。他们利用计算机和网络技术,针对网络中的薄弱环节进行入侵,从而实施破坏性活动,包括搜集、修改、破坏和窃取信息等行为。为了实施网络攻击,攻击者首先确定攻击目标并收集相关信息,然后分析目标系统的弱点。

计算机网络本身存在一些固有弱点,包括操作系统的脆弱性、计算机系统本身的脆弱性等。涉密信息系统虽然不允许接入国际互联网或其他公共信息网络,但这些固有弱点本身对涉密信息系统的网络安全提出了挑战。涉密信息系统的安全性要求更高,需要采取严密的加密和防护措施来保护秘密数据。许多接触涉密信息系统的涉密人员倚仗的仅仅是涉密信息系统的内部网络功能本身,而对计算机或网络通信技术的了解有限,加之不恰当、不严密的使用习惯,都是涉密信息系统网络存在安全问题的潜在隐患。

涉密信息系统的网络攻击技术根据其特点可分为四大类:拒绝服务攻击、利用型攻击、信息收集型攻击、假消息攻击。

1. 拒绝服务攻击

拒绝服务(denial-of-service,DoS)攻击,是企图通过使涉密信息系统崩溃或压垮其服务来阻止正常的系统运行。DoS 攻击是最容易实施的攻击行为之一。常见的 DoS 攻击包括死亡之 ping(ping of death)、泪滴攻击(teardrop attack)、UDP 泛洪(UDP flood)、Fraggle 攻击、电子邮件炸弹、畸形消息攻击等。

(1)死亡之 ping。早期路由器对包的最大尺寸都有限制,许多操作系统对 TCP/IP 堆栈的实现在 ICMP(是 TCP/IP 协议族的一个子协议)包上都是规定 64 KB,并且在对包的标题头进行读取之后,要根据该标题头里包含的信息来为有效载荷生成缓冲区。当攻击者发送超过 64 KB 的畸形 ICMP 包时,就会出现内存分配错误,导致 TCP/IP 堆栈崩溃,致使接受方死机。不过,现在所有针对标准 TCP/IP 的实现,足以应对超大尺寸的包,并且大多数防火墙能够自动过滤这些攻击,包括从 Windows 98 之后的 Windows、Service Pack 3 之后的 NT、Linux、Solaris 和 MacOS,都具有抵抗一般死亡之 ping 攻击的能力。此外,对防火墙进行配置,阻断 ICMP 以及任何未知协议,也可以防止此类攻击。

(2)泪滴攻击。攻击者利用在 TCP/IP 堆栈实现中信任 IP 碎片中的包的标题头所包含的信息来实现自己的攻击。IP 分段含有指示该分段所包含的是原包的哪一段的信息,某些 TCP/IP(包括 Service Pack 4 以前的 NT)在收到含有重叠偏移的伪造分段时将崩溃。要抵御泪滴攻击,应该确保服务器应用最新的服务包,或者在设置防火墙时对分段进行重组,而不是转发它们。

(3)UDP 泛洪。攻击者利用各种简单的 TCP/IP 服务(如 Chargen 和 Echo)来发送大量无用数据包,占满带宽资源。通过伪造与某一主机的 Chargen 服务之间的一次的 UDP 连接,回复地址指向开着 Echo 服务的一台主机,这样就生成在两台主机之间的无用数据流,足够多的数据流就会导致带宽的服务攻击。防御手段是关掉不必要的 TCP/IP 服务,或者对防火墙进行配置,以阻断来自网络上这些服务的 UDP 请求。

(4)Fraggle 攻击。Fraggle 攻击类似于 Smurf 攻击,是后者的简单修改。攻击者发送大量 UDP 应答消息而非 ICMP 包来进行攻击。应对 Fraggle 攻击的防御手段是在防火墙上过滤掉 UDP 应答消息。

(5)电子邮件炸弹。电子邮件炸弹是最古老的匿名攻击之一,攻击者通过向目标地址连续发送大量电子邮件来消耗接收方的带宽资源。为防御电子邮件炸弹,可以配置邮件地址,自动删除来自同一主机的过量或重复消息。

(6)畸形消息攻击。许多操作系统上的服务存在处理畸形消息时的漏洞,在收到攻击者发来的畸形信息时,没有进行适当正确的错误校验,从而可能导致系统崩溃。为防御畸形消息攻击,应及时安装最新的服务补丁。

2. 利用型攻击

利用型攻击是一类利用涉密信息系统中存在的漏洞或弱点,通过执行恶意代码或利用已知的系统漏洞来入侵系统,试图直接对涉密信息系统进行控制的攻击。最常见的利用型攻击有三种:口令猜测、特洛伊木马、缓冲区溢出。

(1)口令猜测。攻击者尝试猜测涉密信息系统中用户账号的密码,一旦成功,就可以获得对系统的控制权。为防御口令猜测攻击,用户应选择强密码,包括使用字母、数字和特殊符号的组合,并确保不将 NetBIOS、Telnet 或 NFS 等可利用的服务暴露在公共范围。如果可能的话,启用锁定策略以增加安全性。

(2)特洛伊木马。特洛伊木马是一种秘密潜伏的,能够通过远程网络进行控制的恶意程序。一旦安装成功并取得管理员权限,攻击者就可以远程控制目标系统。常见的特洛伊木马包括 NetBus、Back Orifice、Back Orifice 2000 等。为防御特洛伊木马攻击,用户在向涉密信息系统导入数据时应严格进行安全保密检查,采用涉密载体;单位应对用户进行培训,提高保密意识,不出卖国家秘密,遇到可疑程序时拒绝执行,并定期使用网络扫描软件监视内部主机上监听的 TCP 服务。

(3)缓冲区溢出。在许多服务程序中,程序员使用“strcpy( )”“strcat( )”等不进行有效位检查的函数,攻击者可以利用此漏洞编写恶意代码,并将其附加到缓冲区有效载荷的末尾。当发生缓冲区溢出时,返回指针将指向恶意代码,从而控制系统。为防御缓冲区溢出攻击,可以使用 Safe Lib、tripwire 这样的程序保护系统,同时定期查看最新的安全公告,由技术人员更新、维护涉密信息系统。

3. 信息收集型攻击

信息收集型攻击并不对涉密信息系统本身造成危害。顾名思义,这类攻击被用来为进一步入侵系统提供有用的信息。这种类型的攻击主要包括以下几种。

(1)地址扫描。攻击者使用 ping 一类的程序来探测目标地址,并根据是否有响应来确定其存在。如可以通过在防火墙上过滤掉 ICMP 应答消息来防御地址扫描攻击。

(2)端口扫描。攻击者使用扫描软件,通过向大量主机连接一系列 TCP 端口,报告成功建立连接的主机所开放的端口。许多防火墙都能检测到是否被扫描,并自动阻断扫描企图,可以以此来防御此种攻击。

(3)体系结构探测。攻击者使用带有已知响应类型的数据库的自动工具,对来自目标主机对坏数据包的响应进行检查。通过比对目标主机的独特响应与数据库中的已知响应,攻击者通常能够确定目标主机所运行的操作系统。为防御体系结构探测攻击,可以去掉或修改各种应用服务的 Banner,以及阻断用于识别的端口,扰乱对方的攻击计划。

(4)DNS 转换。DNS 协议未对转换或信息更新进行身份认证,这使得攻击者可以利用该协议进行攻击。通过实施域转换操作,攻击者可以获取 DNS 服务器上所有主机的名称和内部 IP 地址。为防御这种攻击,用户可以在防火墙上过滤掉域转换请求,并确保配置正确的消息,以防止攻击目标。

4. 假消息攻击

假消息攻击是指利用涉密信息系统网络协议设计中的安全缺陷,通过发送伪装的数据包达到欺骗目标、从中获利的目的。假消息攻击主要包括 DNS 高速缓存污染和伪造电子邮件等。

(1)DNS 高速缓存污染。由于 DNS 服务器与其他名称服务器交换信息的时候并不进行身份验证,所以攻击者可以插入不正确的信息,将用户引导向自己的主机。为防御 DNS 高速缓存污染攻击,用户可以在防火墙上增加 DNS 更新过滤入站数据,并确保外部 DNS 服务器不能更改用户的内部服务器对内部机器的认识。

(2)伪造电子邮件。由于 SMTP(简单邮件传输协议)不对邮件的发送者的身份进行验证,攻击者可以伪造电子邮件,声称来自涉密信息系统内部信任的人,并附带可安装的特洛伊木马程序。为防御伪造电子邮件攻击,可以使用 PGP 等安全工具,并安装电子邮件证书来加强认证和加密。

5.5.2 网络攻击技术简史

自从互联网诞生以来,网络攻击已成为信息安全领域中的重要问题。了解网络攻击的历史与发展,有助于我们更好地应对涉密信息系统易受到的网络攻击。

早期的网络攻击主要集中在探索和测试网络系统的弱点。在 20 世纪 80 年代,麻省理工学院的计算机爱好者组织一批铁路模型技术俱乐部成员,他们对技术充满热爱,对探索未知领域充满好奇心,被认为是最早的一批黑客。此后,黑客文化迅速发展,并形成了早期的网络攻击模式。

随着互联网的普及,网络攻击进一步增加。蠕虫病毒的出现引发了第一次大规模的互联网攻击。1988 年康奈尔大学学生莫里斯编写的莫里斯蠕虫(Morris worm)病毒,几个小时就感染了数以千计的 Unix 计算机,数量是当时连接到互联网的计算机的 10%。计算机感染该病毒后,会不断执行、复制这段病毒程序,直到资源耗尽、死机。直到现在,针对个人电脑、服务器甚至手机的病毒一直存在,实现对个人电脑、服务器、手机的控制和破坏。这次攻击引起了人们对网络安全的广泛关注,并推动了防御技术的发展。

随着互联网的快速发展和商业化,网络犯罪活动也呈现出更加复杂和有组织的趋势。黑客开始利用漏洞和技术弱点进行盗窃、欺诈和间谍活动。Web 应用系统相比操作系统更加开放,交互性更强,针对 Web 应用的多种类型的攻击手段开始涌现,如 SQL 注入、远程命令执行、任意文件上传等,通过不断发掘系统本身和交互过程中的高危漏洞,攻击者可远程控制系统、非法偷取数据,而且能够以安全漏洞为突破口,进一步渗透至企业或组织内部网络。电子邮件钓鱼、网络钓鱼和恶意软件也成为常见的网络攻击手段。

此外,分布式拒绝服务(distributed denial-of-service,DDoS)攻击也在网络攻击中变得流行,通过占用目标系统的资源来使其无法正常工作。2000 年,化名“黑手党男孩”(MafiaBoy)的 15 岁加拿大高中生迈克尔·卡尔斯在网络上发起了 DDoS 攻击,受到攻击的网站包括亚马逊、CNN、eBay、戴尔和雅虎等,造成的损失估计有 12 亿美元。到了 2007 年,OWASP 所统计的所有安全威胁中,跨站脚本攻击占到了 22%,高居所有 Web 威胁之首。

进入 21 世纪后,无线网络技术开始普及,给人们的生活带来极大的便利。众多企业或组织内部架设了无线网络,并与办公网等核心网络相连,这在方便员工办公的同时,也给攻击者以可乘之机。恶意应用程序、无线网络漏洞和移动设备的信息泄露成为攻击的目标。攻击者潜伏在无线网络覆盖区域,利用口令破解、弱口令漏洞等获得目标无线网络的访问权限,即可渗透至内部网络。隐私保护和数据安全的重要性日益凸显。

当前,网络攻击已经成为全球性的威胁,国家间的网络战争和间谍活动不断升级。高级持续性威胁(APT)、勒索软件、黑客集团和国家支持的攻击行为成为网络安全面临的主要挑战。为了应对不断演化的威胁,安全专家和组织致力于研究和开发创新的安全技术和解决方案,以保护网络和信息资产的安全。

随着网络安全防护手段的逐步完善,直接利用技术漏洞进行网络攻击的方式越来越难达到目的,社会工程学攻击开始出现。攻击者将矛头对准了网络安全防线中最重要但同时也是最薄弱的环节——人。社会工程学网络渗透利用人的心理弱点,诱使人进入攻击者精心设计的圈套,从而在坚固的网络安全防线上打开突破口。

总体而言,网络攻击的发展与科技进步和互联网的普及紧密相连。随着技术的不断演进,网络攻击的形式和手段也在不断改变。网络安全的重要性日益凸显,保护网络和信息资产的安全已成为个人、企业和国家的重要任务。网络攻击是一个严肃的问题,需要我们共同努力来防范和应对。

5.5.3 网络攻击技术的发展

网络攻击的方法已经从早期的粗糙、单一的攻击方法发展到当前的精致、综合的攻击方法。早期主要的攻击方法以口令破解、DoS 和特洛伊木马为主,当前的攻击技术主要有网络信息探测、网络漏洞探测、缓冲区溢出、网络欺骗攻击、DDoS 攻击和分布式网络病毒攻击等。按照攻击行为可将网络攻击分为阻塞类攻击、控制类攻击、探测类攻击、欺骗类攻击、漏洞类攻击、病毒类攻击、电磁辐射攻击等。

下面着重介绍网络攻击发展史上的蠕虫病毒及其一些变种,以及当前比较成熟、常见、主流的六种攻击技术:特洛伊木马、ARP、会话劫持、跨站点请求伪造(CSRF)、DDoS、跨站脚本(XSS)。对于一些恶意程序,即便系统不接入网络也会对涉密信息系统造成破坏,甚至造成泄密事件。

1. 蠕虫病毒

蠕虫病毒是一种能够快速繁殖,同时让计算机运行缓慢的恶意程序。它们利用各种系统漏洞,通过网络或电子邮件进行自我复制和传播。从 1988 年第一个蠕虫病毒出现后,蠕虫病毒的种类和威力不断增加,给全球造成了巨大的经济损失。以下按照出现的时间顺序,分别介绍一些著名的蠕虫病毒。

(1)莫里斯蠕虫。出现于 1988 年,利用 Unix 系统的缺点,用 Finger 命令查联机用户名单,然后破译用户口令,用 Mail 系统复制、传播本身的源程序,再编译生成代码。

(2)红色代码蠕虫。出现于 2001 年,利用微软 IIS 的缓冲区溢出漏洞,针对网络服务器攻击。它只存在于内存,并不向硬盘中拷贝文件,而借助网络连接攻击其他服务器。它利用了 TCP/IP 协议,把自己当成一个 TCP/IP 流直接发送到目标缓冲区攻击,利用 Web 服务器和浏览器信息交流的渠道——端口 80 向外扩散。红色代码蠕虫第一次出现即感染了 25 000 台服务器,总计造成全球约 26 亿美元的损失。此后又出现了“红色代码 II”“蓝色代码”等变种,与其大同小异。

(3)尼姆达蠕虫。它的出现与红色代码蠕虫仅相隔两个月。用 JavaScript 编写,通过电子邮件把自己作为附件发送给目标,然后只要用户用 Outlook、Outlook Express(没有安装微软的补丁包的情况下)收取邮件,在预览邮件时,病毒的执行代码就已经在不知不觉中执行了。接着,它会通过共享网络资源的方式把自己放入别人的共享目录,攻击随机 IP 地址,当遇到没打补丁的微软 IIS 服务器即会传播。

(4)SQL Slammer 蠕虫。出现于 2003 年,利用 Microsoft SQL Server 2000 缓冲区溢出漏洞攻击,传播速度比红色代码蠕虫快两个数量级。它攻击微软 SQL 开放端口——1434/UDP 端口,攻击成功后把自身代码注入,并取得最高级别的系统权限。

(5)冲击波蠕虫。冲击波蠕虫是一种散播于 Microsoft 操作系统、Windows XP 与 Windows 2000 的蠕虫病毒,主要针对 A. DCOM RPC 缓冲区漏洞进行攻击。它利用了漏洞中的 TCP/IP 消息交换部分,通过 TCP 135 端口向远程计算机发送特殊的请求,从而获得管理员权限来执行任意代码。

目前看来蠕虫病毒的传播方式主要是通过网络、电子邮件。但是随着技术的发展,蠕虫病毒的变种、传播途径也在逐渐增多。

2. 特洛伊木马

特洛伊木马是隐藏在正常程序中的具有特殊功能的恶意代码,是具备破坏、删除和修改文件,发送密码,记录键盘,实施 DoS 攻击甚至完全控制计算机等特殊功能的后门程序。它隐藏在目标计算机里,可以随计算机自动启动并在某一端口监听来自控制端的控制信息。特洛伊木马主要有以下 4 个特点。

(1)伪装性。程序将自己的服务器端伪装成合法程序,并且诱惑被攻击者执行,使木马代码会在未经授权的情况下装载到系统中并开始运行。

(2)隐藏性。木马程序同病毒程序一样,不会暴露在系统进程管理器内,也不会让使用者察觉到木马的存在,它的所有动作都是伴随其他程序进行的,因此在一般情况下,使用者很难发现系统中有木马的存在。

(3)破坏性。通过远程控制,攻击者可以通过木马程序对系统中的文件进行删除、编辑操作,还可以进行诸如格式化硬盘、改变系统启动参数等恶性破坏操作。

(4)窃密性。木马程序最大的特点就是可以窥视被入侵计算机上的所有资料,这不仅包括硬盘上的文件,还包括显示器画面、使用者在操作电脑过程中在硬盘上输入的所有命令等。

3. ARP 攻击

ARP(address resolution protocol)即地址解析协议,用于将 IP 地址转换为 MAC 地址,以实现网络通信。IP 地址是网络层的地址,用于标识网络中的主机;MAC 地址是数据链路层的地址,用于标识网络中的设备。在以太网中,一个主机要和另一个主机进行直接通信,必须要知道目标主机的 MAC 地址。这个目标 MAC 地址就是通过 ARP 协议获得的。

以下是 ARP 协议的工作流程。

首先,每台主机都会在自己的 ARP 缓冲区中建立一个 ARP 列表,以表示 IP 地址和 MAC 地址的对应关系。当源主机需要将一个数据包发送到目的主机时,会首先检查自己 ARP 列表中是否存在该 IP 地址对应的 MAC 地址,如果有,就直接将数据包发送到这个 MAC 地址;如果没有,就向本地网段发起一个 ARP 请求的广播包,查询此目的主机对应的 MAC 地址。此 ARP 请求数据包里包括源主机的 IP 地址、硬件地址以及目的主机的 IP 地址。网络中所有的主机收到这个 ARP 请求后,会检查数据包中的目的 IP 是否和自己的 IP 地址一致。如果不相同就忽略此数据包;如果相同,该主机首先将发送端的 MAC 地址和 IP 地址添加到自己的 ARP 列表中。如果 ARP 表中已经存在该 IP 的信息,则将其覆盖,然后给源主机发送一个 ARP 响应数据包,告诉对方自己是它需要查找的 MAC 地址。源主机收到这个 ARP 响应数据包后,将得到的目的主机的 IP 地址和 MAC 地址添加到自己的 ARP 列表中,并利用此信息开始数据传输。如果源主机一直没有收到 ARP 响应数据包,表示 ARP 查询失败。

例如,假设 A 的 IP 地址为 192.168.10.1,MAC 地址为 AA-AA-AA-AA-AA-AA;B 的 IP 地址为 192.168.10.2,MAC 地址为 BB-BB-BB-BB-BB-BB。A 要和 B 通信,A 就需要知道 B 的以太网地址,于是 A 发送一个 ARP 请求广播(谁是 192.168.10.2,请告诉 192.168.10.1),当 B 收到该广播,就检查自己,结果发现和自己的地址一致,然后就向 A 发送一个 ARP 单播应答(192.168.10.2 在 BB-BB-BB-BB-BB-BB)。这一通信过程的示意图如图 5-7 所示。

ARP 攻击就是通过伪造 IP 地址和 MAC 地址实现 ARP 欺骗,其示意图如图 5-8 所示,C 监听的情况下,只需要在 B 的响应包之后发出自己的伪造响应包,就能在 A 的 ARP 列表中将自己伪装成 B。攻击者只要持续不断地发出伪造的 ARP 响应包,就能更改目标主机 ARP 缓存中的 IP-MAC 条目,造成网络中断或中间人攻击。ARP 的攻击主要有以下几种方式。

(1)简单的诈骗攻击。这种攻击比较常见,通过发送伪造的 ARP 包来诈骗路由和方针主机,让方针主机认为这是一个合法的主机,便完成了诈骗。这种诈骗多发生在同一网段内,因为路由不会把本网段的包向外转发。当然,完成不一样网段的攻击也有办法,只需要经过 ICMP 协议来告诉路由器从头挑选路由。

(2)根据 ARP 的 DoS。这是一种新型的攻击方法,当大量的连接请求被发送到一台主机时,因为主机的处理能力有限,不能为正常用户提供服务,便呈现拒绝服务。在这个过程中,假如运用 ARP 来隐藏自己,在被攻击主机的日志上就不会呈现真实的 IP 攻击,也不会影响到本机。

(3)MAC 泛洪。攻击者通过发送大量的伪造的 MAC 地址来溢出交换机的 ARP 列表,使整个网络失去连接。

(4)交流环境的嗅探。攻击者通过将自己伪装成一个中心转发站来监听两台主机之间的通信。

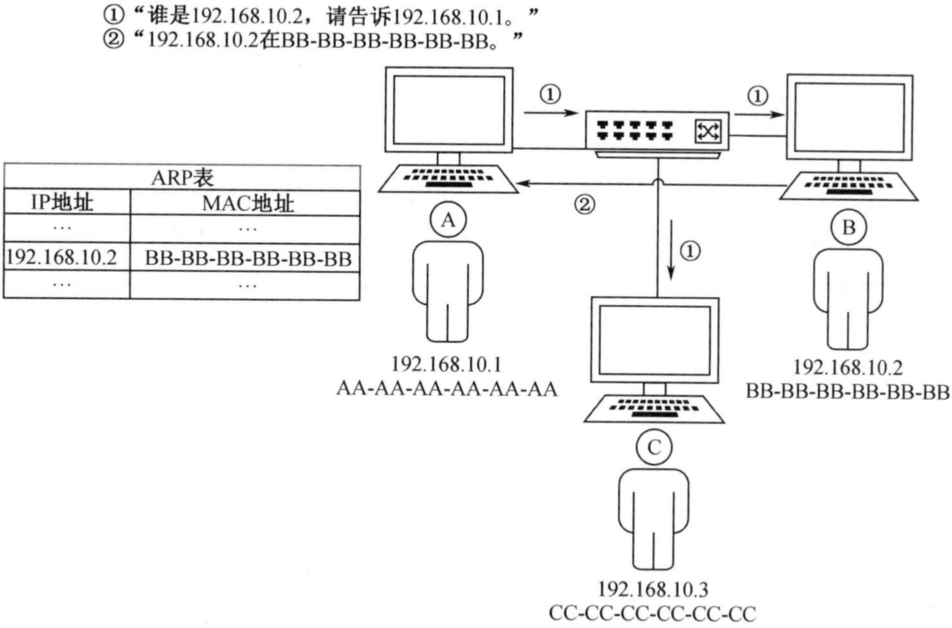

图 5-7　正常情况下 A、B 间的通信

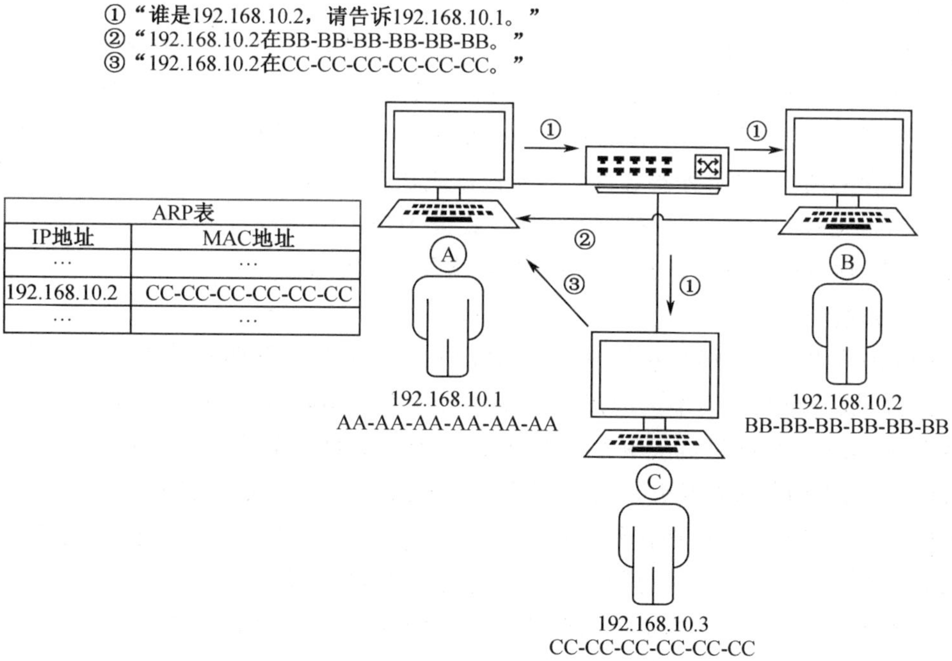

图 5-8　被 ARP 攻击时的通信

要应对 ARP 攻击,可以提前做好一些防护。例如,通过缩短 ARP 列表项的超时值来避免 ARP 列表的溢出(ARP 高速缓存超时设置)、通过绑定 IP 地址和 MAC 地址来建立安全的信任关系(IP+MAC 访问控制)、通过手动设置正确的 IP-MAC 对应关系来防止被欺骗(静态 ARP 缓存表)、通过定时检查 IP 和 MAC 的对应关系,以及通过交换机的流量和丢包率来监控网络状况(自动查询)等。

ARP 攻击虽然看似简单,但是如果结合其他手段,就会对涉密信息系统造成很大的危害。因此,需要经常检查网络状况、监控流量来防止 ARP 攻击。

4. 会话劫持

会话是指两台主机之间的一次通信过程。例如,使用 Telnet 协议连接到某台主机,就构成了一次 Telnet 会话;使用 HTTP 协议访问某个网站,就构成了一次 HTTP 会话。而会话劫持是一种结合了嗅探和欺骗技术的攻击手段。例如,在一次正常的会话过程中,攻击者作为第三方介入,可以在正常数据包中插入恶意数据,也可以在双方的会话中进行监听,甚至可以替代某一方主机接管会话。我们可以根据攻击方式将会话劫持攻击分为两种类型:中间人(man-in-the-middle,MITM)攻击和注入式攻击;还可以根据攻击形式将会话劫持攻击分为两种类型:被动劫持和主动劫持。被动劫持是指在后台监视双方会话的数据流,从中获取敏感数据;而主动劫持是指将会话中的某一台主机“踢”下线,然后由攻击者取代并接管会话,这种攻击方法危害极大。中间人攻击是一种间接的入侵攻击,这种攻击模式是通过各种技术手段将受攻击者控制的一台计算机虚拟置于网络连接中的两台通信计算机之间,这台计算机就称为“中间人”。

5. 跨站点请求伪造

CSRF(cross site request forgery,跨站点请求伪造)是一种网络攻击方式,该攻击可以在用户不知情的情况下,利用用户已经建立的会话,向受信任的网站发送伪造的请求,从而执行未经授权的操作,造成严重的后果。CSRF 攻击是基于用户的 Cookie 来实现的,但是攻击者并不能获取或修改 Cookie 的内容。另外,由于浏览器同源策略的限制,攻击者也无法读取服务器返回的结果。因此,攻击者只能发送请求,而不能获取响应,其所能做的就是利用请求中所包含的命令,在服务器端直接改变数据或状态,而非窃取数据。

目前防御 CSRF 攻击主要有三种策略:验证 HTTP Referer 字段;在请求地址中添加 token 并验证;在 HTTP 协议的头部信息中自定义属性并验证。

6. DDoS 攻击

DoS 攻击可以从单个机器执行,但是这种攻击容易被检测和阻止。为了提高攻击效果和难度,可以从分布在不同地区的多个设备执行攻击。DDoS 攻击通过发送大量合法或伪造的请求,占用大量网络带宽或服务器资源,以达到瘫痪网络或服务器的目的。

DDoS 攻击采用分布式的方式,在攻击模式上改变了传统的点对点的方式,使攻击方式呈现无规律和随机性。而且在进行攻击时,通常使用的也是常见的协议和服务,这样从协议和服务的类型上很难对攻击进行区分。在进行攻击时,攻击数据包都是经过伪装和混淆的,在源 IP 地址上也是进行伪造或变换的,这样很难对攻击进行地址的确定和追踪,因此导致了对 DDoS 攻击的检测和防御都很困难。

7. 跨站脚本攻击

跨站脚本(cross site script,XSS)攻击是一种常见于 Web 应用中的计算机安全漏洞,也是 Web 中最常见的攻击方式之一。XSS 攻击是指攻击者利用网站对用户提交数据没有进行充分的转义或过滤,向网页中注入恶意代码,导致其他用户访问该网页时执行该恶意代码,从而泄露用户信息、盗取用户身份、感染恶意软件等。

5.6 本章小结

本章主要介绍了涉密信息系统分级保护的发展和应用。

首先,回顾了古代的涉密人员管理。从古代的涉密人员管理案例,到现代的涉密人员及涉密人员管理措施,再到涉密人员管理原则、内容及主体,以及涉密人员管理创新和存在的问题,提出了相应的改进措施,全面阐述了涉密人员管理的历史沿革和现状。接下来探讨了涉密计算机及信息系统保密管理的相关内容。从涉密计算机与涉密载体,到涉密信息系统分级保护及其安全问题,再到涉密信息系统管理原则及保密规定,以及涉密信息系统的安全保密工作实践的分享,详细说明了涉密计算机及信息系统保密管理的基本概念和方法。

其次,从涉密信息系统分级保护方案的设计依据,到涉密信息系统分级保护方案设计的主要内容,再到涉密信息系统分级保护方案设计的常见问题,引入了与涉密信息系统分级保护相关的国家保密标准,并系统地介绍了涉密信息系统分级保护方案设计的原理和步骤。在此基础上,还从涉密信息系统分级保护测评的流程与内容到涉密信息系统分级保护测评结果的判定方法,深入地讲解了涉密信息系统分级保护测评的过程和技术,并分析了涉密信息系统分级保护工作中的常见问题及其解决方法。

最后,从涉密信息系统易受到的网络攻击介绍,到网络攻击技术简史,再到网络攻击技术的发展,广泛地概述了针对涉密信息系统的网络攻击技术的类型和特点。

本章通过以上方面,全面地展示了涉密信息系统分级保护的理论和实践,为读者提供了一个清晰而完整的视角。

参考文献

[1] 席彩云. 保密工作实务概论[M]. 武汉:武汉大学出版社,2022.

[2]《保密工作培训教材》编写组. 保密工作培训教材[M]. 北京:石油工业出版社,2016.

[3] 张建军. 毛泽东与保密工作[M]. 北京:金城出版社,2023.

[4] 国家测绘局测绘成果管理司. 保密工作法规文件选编[M]. 北京:测绘出版社,2012.

[5] 弗罗斯特. 美国政府保密史:制度的诞生与进化[M]. 雷建锋,译. 北京:金城出版社,2019.

[6] 莫兰. 现代英国保密史:国家秘密与国家治理[M]. 孟宇鸿,刘畅,刘煜,译. 北京:金城出版社,2022.

[7] 韦勒斯坦. 天生机密:美国核保密史[M]. 李永霞,彭建明,译. 北京:中信出版社,2023.

[8] 刘冬. 保密概论[M]. 哈尔滨:哈尔滨工程大学出版社,2009.

[9] 顾江,金立山. 两代保密人,半部保密史[J]. 保密工作,2020(7):72-73.

[10] 余剑锋. 铸牢新时代核工业安全保密坚强盾牌[J]. 保密工作, 2021(12): 13-15.

[11] 刘惟煌,杨庆明,谢宝华,等. 中央苏区金融保密工作框架及体系研究[J]. 党史文苑,2015(10):8-11.

[12] 张群. 中国保密法制史研究的意义、现状与展望[J]. 北京电子科技学院学报,2013,21(3):24-36.

[13] 孙玮蓬. 明代政务保密制度研究[D]. 开封:河南大学, 2023.

[14] 童敬坤. 论美国国家安全保密法律制度的新发展及对中国保密立法的启示[D]. 贵阳:贵州大学, 2021.

[15] ROGERS A. Secrecy and power in the British State: a history of the official act[M]. London: Pluto Press, 1997.

[16] WADE H W, FORSYTH C F. Administrative Law[M]. 11th ed. New York: Oxford University Press, 2009.

[17] AFTERGOOD S. Intelligence transparency to build trust: a postscript[EB/OL]. [2023-12-11]. https://fas. org/publication/transparency-trust-postscript/.

[18] KUHN T S. The structure of scientific revolutions[M]. 3rd ed. Chicago: University of Chicago Press, 1996.